建築保全標準・同解説

JAMS 4-RC　補修・改修設計規準——鉄筋コンクリート造建築物

JAMS 5-RC　補修・改修工事標準仕様書——鉄筋コンクリート造建築物

2021

Japanese Architectural Maintenance Standard

JAMS 4–RC　Design Standard for Repair and Refurbishment

JAMS 5–RC　Standard Specification for Repair and Refurbishment Work

2021 制　定

日本建築学会

本書のご利用にあたって

　本書は，材料施工委員会・改修工事運営委員会による審議を経た原案に対して，公平性・中立性・透明性を確保するために査読を行い，取りまとめたものです．本書は，作成時点での最新の学術的知見や長年蓄積されてきた経験・実績をもとに，目標性能やそれを具体化する技術的手段の標準を示したものであります．利用に際しては，本書が最新版であることを確認いただき，かつ，規定の前提条件，範囲および内容を十分に理解ください．なお，本会は，本書に起因する損害に対して一切の責任を負いません．

ご案内

　本書の著作権・出版権は(一社)日本建築学会にあります．本書より著書・論文等への引用・転載にあたっては必ず本会の許諾を得てください．
Ⓡ＜学術著作権協会委託出版物＞
　本書の無断複写は，著作権法上での例外を除き禁じられています．本書を複写される場合は，学術著作権協会（03-3475-5618）の許諾を受けてください．

一般社団法人　日本建築学会

「建築保全標準・同解説（鉄筋コンクリート造建築物）」の発刊に際して

　資源・エネルギーの大量消費や環境問題等を背景として，従来のフロー型社会から脱却して「よい建築物をつくり，きちんと手入れして，長く大切につかう」ストック型社会への移行が求められている．

　本会材料施工委員会は主要な活動として，日本建築学会建築工事標準仕様書・同解説（JASS）を制定および改定してきた．JASS は絶版になったものを含めると全部で 30 あり，我が国における建築工事の施工標準として受け入れられ，建築物の質的向上と合理化に貢献してきた．JASS は新築工事を対象としており，点検，調査・診断，補修・改修設計，補修・改修工事の部分に関しては，規準や標準仕様書の整備が遅れていた．

　一方で，本会材料施工委員会は，規準や標準仕様書のレベルには到達していないものの建築保全へのニーズの高まりに対応して「建築物の調査・劣化診断・修繕の考え方（案）・同解説」（1993），「外壁改修工事の基本的な考え方（湿式編）」（1994），「鉄筋コンクリート造建築物の耐久性調査・診断および補修指針（案）・同解説」（1997），「外壁改修工事の基本的な考え方（乾式編）」（2002），「建築物の改修の考え方」（2002），「建築物の調査・診断指針（案）・同解説」（2008），「内外装改修工事指針（案）・同解説」（2014）等の指針類を発刊してきた．

　このような指針類の整備と並行して，2007 年本会大会時に材料施工部門研究協議会「維持保全技術の現状と今後の課題」が開催され，材料施工委員会が保全技術の標準化に対する取組みをより一層進めること，補修改修工事に関する標準仕様書等を検討する時期にきていること等が指摘された．この研究協議会の指摘を受けて，材料施工委員会傘下に「改修工事標準仕様書検討小委員会」（2009〜2010 年度）を設置し，作成すべき規準および標準仕様書の内容，タイムスケジュール，研究体制等について検討した．そして，始めに鉄筋コンクリート造建築物を対象とすることとした．2011 年度からは「改修工事運営委員会」を設置し，傘下に「維持保全計画・保守点検小委員会」，「調査・診断小委員会」および「改修設計・改修工事小委員会」を設置して，具体的な規準および標準仕様書の作成に着手した．そして，2012 年度日本建築学会大会では「建築改修工事標準仕様書の制定に向けて」と題した材料施工部門研究協議会を開催し，規準および標準仕様書の内容に関する会員からの意見を収集した．その後，作業を継続して 2016 年度に，「一般共通事項」，「点検標準仕様書」，「調査・診断標準仕様書」，「補修・改修設計規準」，「補修・改修工事標準仕様書」から構成される「建築保全標準（鉄筋コンクリート造建築物）」の本文案を作成した．

　2017 年度日本建築学会大会では「建築保全標準の作成に向けて」と題した材料施工部門の研究協議会を開催し，作成した規準および標準仕様書の本文案を示し，会員からの意見を収集した．その後，会員からの意見や査読意見を参考に解説執筆および全体調整を行い，2019 年度に「JAMS 1

-RC 一般共通事項——鉄筋コンクリート造建築物」，「JAMS 2-RC 点検標準仕様書——鉄筋コンクリート造建築物」，「JAMS 3-RC 調査・診断標準仕様書——鉄筋コンクリート造建築物」，「JAMS 4-RC 補修・改修設計規準——鉄筋コンクリート造建築物」，「JAMS 5-RC 補修・改修工事標準仕様書——鉄筋コンクリート造建築物」から構成される「建築保全標準・同解説（鉄筋コンクリート造建築物）」を完成した.

　JASS では工事ごとに建築工事標準仕様書の制定および改定作業が進められるが，「建築保全標準・同解説（鉄筋コンクリート造建築物）」の作成過程では躯体関係者，内外装仕上げ関係者，防水関係者間の垣根を超えた活発な議論があったことを付記したい.「建築保全標準・同解説（鉄筋コンクリート造建築物）」は，本会が初めて刊行する建築保全に係る規準および標準仕様書である.不十分な点もあると考えられるが，発刊したうえで皆様の意見をいただき，更に充実した改定版を作成したいと考えている.「建築保全標準」の重要性は今後ますます高まると考えられる.会員からの活発な意見を期待したい.更に，鉄骨造建築物や木造建築物を対象とした「建築保全標準」についても検討を進める予定である.

　最後に，長期間にわたって「建築保全標準・同解説（鉄筋コンクリート造建築物）」の制定に携わった執筆者および関係委員の皆さんに深く感謝する.

2021 年 2 月

一般社団法人　日　本　建　築　学　会

JAMS 4-RC 補修・改修設計規準——鉄筋コンクリート造建築物 制定の趣旨

　「JAMS 4-RC　補修・改修設計規準——鉄筋コンクリート造建築物」（以下，本書）は「建築保全標準・同解説」の一部として制定されたものであり，「JAMS 3-RC　調査・診断標準仕様書」に従って調査・診断された結果に基づき，補修・改修工事を実施する際に，補修・改修材料および工法を選択するための規準を示している．

　本会は補修・改修工事に関連した出版物として，「外壁改修工事の基本的な考え方（湿式編）」(1994)，「鉄筋コンクリート造建築物の耐久性調査・診断および補修指針（案）・同解説」(1997)，および「内外装改修工事指針（案）・同解説」(2014) 等を発刊している．一方，RC 造建築物の補修・改修工事に関しては，国土交通省大臣官房官庁営繕部制定「公共建築改修工事標準仕様書（建築工事編）」，UR 都市機構「保全工事共通仕様書」等で既に標準化されている．補修・改修材料および工法の選択の考え方についても，国土交通省大臣官房官庁営繕部監修「建築改修工事監理指針」等で解説されている．また，市場には公的仕様書で標準化されたもの以外にも多種多様な材料および工法が存在している．

　上述のような背景を踏まえて，以下のような考えに基づき本書を制定した．

　　① 　本書では，本会がすでに発刊した建築物の補修・改修に関する出版物に示された考え方を尊重し，考え方を整理統合したうえで本会としての RC 造建築物に対する補修・改修設計規準を制定した．

　　② 　本書では，補修・改修材料および工法を示すことが必要となる．材料名，工法名，およびその内容等に関して，国土交通省大臣官房官庁営繕部制定「公共建築改修工事標準仕様書（建築工事編）」や公的仕様書等で既に標準化されているものについて，それらを尊重した．

　　③ 　補修・改修分野では，新しい材料および工法の開発が活発であり，未だ標準化されていない技術が市場に多数存在する．これら新しい技術をすべて評価して本書に取り込むことは容易ではない．そこで，本会等において技術内容や施工実績が明らかになっている技術，一定の実績を有する技術について解説の中で紹介した．

　　④ 　本書は補修・改修設計規準であり，本書に基づき補修・改修工事の材料・工法が適切に選択されることが第一に重要である．それに加えて，本書では補修・改修材料の性質や補修・改修工法の特徴等を解説している．解説が，設計者，監理者のみでなく，施工者，材料製造業者，建物管理者等を含めた幅広い技術者の教育や啓発に役立つことを期待している．

　補修・改修材料および工法は，補修・改修工事における現場ニーズに対応して開発されたものが

多く，新設工事を対象とした JASS に示されている材料および工法と比較すると標準化は不十分である．本書の制定が契機となって，本書の改良および充実が進み，増加する補修・改修工事に対する標準化作業が一層進展することを期待する．

2021 年 2 月

一般社団法人　日 本 建 築 学 会

JAMS 5-RC 補修・改修工事標準仕様書——鉄筋コンクリート造建築物 制定の趣旨

　「JAMS 5-RC 補修・改修工事標準仕様書——鉄筋コンクリート造建築物」（以下，本書）は「建築保全標準・同解説」の一部として制定されたものであり，「JAMS 4-RC 補修・改修設計規準——鉄筋コンクリート造建築物」に従って設計された補修・改修工事を実施するための標準仕様書となっている．

　本会材料施工委員会は補修・改修工事に関連した出版物として，「外壁改修工事の基本的な考え方（湿式編）」（1994），「鉄筋コンクリート造建築物の耐久性調査・診断および補修指針（案）・同解説」（1997），および「内外装改修工事指針（案）・同解説」（2014）等を発刊している．一方，RC造建築物の補修・改修工事に関しては，国土交通省大臣官房官庁営繕部制定「公共建築改修工事標準仕様書（建築工事編）」，UR都市機構「保全工事共通仕様書」等で既に標準化されている．補修・改修材料および工法の選択の考え方についても，国土交通省大臣官房官庁営繕部監修「建築改修工事監理指針」等で解説されている．また，市場には公的仕様書で標準化されたもの以外にも多種多様な材料および工法が存在している．

　上述のような背景を踏まえて，以下のような考えに基づき本書を制定した．

　　①　本書では，本会がすでに発刊した建築物の補修・改修に関する出版物に示された考え方を尊重し，考え方を整理統合したうえで本会としてのRC造建築物に対する補修・改修工事標準仕様書を制定した．

　　②　本書では，補修・改修材料および工法を示すことが必要となる．材料名，工法名，およびその内容等に関して，国土交通省大臣官房官庁営繕部制定「公共建築改修工事標準仕様書（建築工事編）」や公的仕様書等で既に標準化されているものについて，それらを尊重した．

　　③　補修・改修分野では，新しい材料および工法の開発が活発であり，未だ標準化されていない技術が市場に多数存在する．これら新しい技術をすべて評価して本書に取り込むことは容易ではない．そこで，本会等において技術内容や施工実績が明らかになっている技術，一定の実績を有する技術について解説の中で紹介した．

　　④　本書は補修・改修工事標準仕様書であり，本書に基づき補修・改修工事が適切に実施されることが第一に重要である．それに加えて，本書では補修・改修材料の性質や補修・改修工法の特徴等を解説している．解説が，設計者，施工者，監理者のみでなく，材料製造業者，建物管理者等を含めた幅広い技術者の教育や啓発に役立つことを期待している．

　補修・改修材料および工法は，補修・改修工事における現場ニーズに対応して開発されたものが多く，新設工事を対象としたJASSに示されている材料および工法と比較すると標準化は不十分で

ある．本書の制定が契機となって，本書の改良および充実が進み，増加する補修・改修工事に対する本会の標準化作業が一層進展することを期待する．

2021 年 2 月

一 般 社 団 法 人　日 本 建 築 学 会

本書作成関係委員 (2021年2月)
― (五十音順・敬称略) ―

解説執筆委員

JAMS 4-RC　補修・改修設計規準——鉄筋コンクリート造建築物

全 体 調 整

　　　　本 橋 健 司　　兼 松　　　学　　野 口 貴 文　　鹿 毛 忠 継
　　　　黒 田 泰 弘　　輿 石 直 幸　　近 藤 照 夫　　濱 崎　　　仁

1章　総　　則

　　　　濱 崎　　　仁

2章　補修・改修設計

　　　　濱 崎　　　仁

3章　補修・改修設計図書の作成

　　　　桑 原 太刀男　　大 隈 健 五　　谷 口 政 和　　藤 田 克 己
　　　　鈴 木 史 郎

4章　材料および工法の選定

　4.1　構造体および打放し仕上げ補修における材料および工法の選定

　　　　黒 田 泰 弘　　梶 田 秀 幸　　掛 川　　　勝　　松 林 裕 二
　　　　阿知波 政 史　　谷 川　　　伸　　白 井　　　篤　　宮 口 克 一
　　　　佐々木　　　崇　　城 所　　　健

　4.2　外装仕上げの補修・改修における材料および工法の選定

　　　　近 藤 照 夫　　名 知 博 司　　小 川 晴 果　　岡 本　　　肇
　　　　久保田　　　浩　　和 田　　　環　　奥 田 章 子　　永 井 香 織

　4.3　シーリングジョイントの補修・改修における材料および工法の選定

　　　　岡 本　　　肇　　輿 石 直 幸　　古 賀 純 子

　4.4　メンブレン防水の補修・改修における工法および材料の選定

　　　　岡 本　　　肇　　輿 石 直 幸　　小 川 晴 果

JAMS 5-RC　補修・改修工事標準仕様書——鉄筋コンクリート造建築物

全 体 調 整

　　　　本 橋 健 司　　兼 松　　　学　　野 口 貴 文　　鹿 毛 忠 継
　　　　黒 田 泰 弘　　輿 石 直 幸　　近 藤 照 夫　　濱 崎　　　仁

1章　総　　則

　　　　濱 崎　　　仁　　持 田 泰 秀　　黒 田 泰 弘　　井 上 和 政
　　　　城 所　　　健

2章　構造体および打放し仕上げの補修工事

井 上 和 政　　位 田 達 哉　　掛 川　　勝　　松 林 裕 二
阿知波 政 史　　谷 川　　伸　　白 井　　篤　　宮 口 克 一
佐 々 木　　崇　　城 所　　健

3章　外装仕上げの補修・改修工事

近 藤 照 夫　　名 知 博 司　　小 川 晴 果　　岡 本　　肇
久保田　　浩　　和 田　　環　　奥 田 章 子　　永 井 香 織

4章　シーリングジョイントの補修・改修工事

岡 本　　肇　　輿 石 直 幸　　古 賀 純 子　　島 田 憲 章
清 水 祐 介

5章　メンブレン防水の補修・改修工事

輿 石 直 幸　　小 川 晴 果　　岡 本　　肇　　古 賀 純 子
島 田 憲 章　　中 沢 裕 二　　北 清 敏 之　　中 村 修 治
鈴 木　　博

建築保全標準・同解説

JAMS 4-RC　補修・改修設計規準
——鉄筋コンクリート造建築物

目　　次

建築保全標準・同解説

JAMS 5-RC　補修・改修工事標準仕様書
——鉄筋コンクリート造建築物

目　　次

3章　外装仕上げの補修・改修工事

JAMS 4-RC　補修・改修設計規準

——鉄筋コンクリート造建築物

日本建築学会建築保全標準

JAMS 4-RC　補修・改修設計規準——鉄筋コンクリート造建築物

1章　総　　則

1.1　目　　的

　本規準は，既存の鉄筋コンクリート造建築物の構造体，外装仕上げおよび防水の機能・性能を維持・向上するため，適切な補修・改修設計を行うことを目的とする．

1.2　適 用 範 囲

a．本規準は，鉄筋コンクリート造建築物における構造体，外装仕上げおよび防水の補修・改修設計に適用する．

b．本規準による補修・改修設計は，工事の対象となる建築物の調査・診断が実施され，その結果に基づく補修・改修工事の設計に適用する．

2章　補修・改修設計

2.1　基 本 事 項

　補修・改修の設計は，以下の流れで実施する．

（1）　補修・改修対象建築物の今後の使用予定期間の設定

（2）　補修・改修目的の明確化

（3）　補修・改修によって期待する性能項目およびその性能レベルの設定

（4）　補修・改修材料および工法の選定方針の設定

（5）　補修・改修材料および工法の選定

（6）　補修・改修設計の変更

（7）　補修・改修後の維持管理

2.2　補修・改修対象建築物の今後の使用予定期間の設定

a．補修・改修の対象となる建築物あるいは部位・部材等の今後の使用予定期間があらかじめ設定されている場合は，これに対応した設計を行う．

b．今後の使用予定期間が明確になっていない場合は，今後の使用予定期間あるいは目標となる使用予定期間について依頼者と協議のうえ，その結果に基づいた設計を行う．

2.3 補修・改修目的の明確化

a．補修・改修の設計においては，建築物の部位，これを構成する材料・部材に要求されている機能・性能と現有するそれを比較し，補修・改修の目的を明確にする．この際，特に対象建築物・部材等の目標耐用年数もしくは今後の使用予定期間との整合に留意する．

b．補修・改修の目的の基本的な考え方は，次のとおりとする．

（1）使用者の安全性の確保を図り，事故の発生を防止・抑制すること．

（2）所要の機能・性能の確保および向上を図り，建築物・空間等が使用上支障のないこと．

（3）目標耐用年数までの期間もしくは使用予定期間において，将来的に安全性および機能性に重大な支障が生じないこと．

2.4 補修・改修によって期待する性能項目および性能レベルの設定

使用予定期間内において建築物に求められる性能を明らかとし，目標とする性能項目とその性能レベルを明確にする．

2.5 補修・改修材料および工法の選定方針の設定

a．補修・改修材料および工法は，劣化程度および目標とする性能項目および性能レベルに応じて選定する．

b．補修・改修材料および工法は，関連法令等に適合し，かつ施工性の確保に配慮して選定する．

c．居住者および使用者の安全の確保および良好な環境の維持に配慮する．

2.6 補修・改修材料および工法の選定

a．構造体の補修材料および工法の選定は，4.1節による．

b．外装仕上げの補修・改修材料および工法の選定は，4.2節による．

c．シーリングジョイント・メンブレン防水の改修材料および工法の選定は，4.3節および4.4節による．

2.7 補修・改修設計の変更

施工者による工事着手時の調査，また工事開始後の追加の調査の結果や依頼者からの指示等により当初の設計内容を変更する必要が生じた場合は，設計図書や契約内容の変更，およびそれらに伴う工事費や工程の変更を依頼者に提案する．

2.8 補修・改修後の保全計画

設計者は，今後の使用予定期間における補修・改修後の保全計画を立案し，依頼者に提示する．

3章　補修・改修設計図書の作成

3.1　補修・改修設計図書の構成

補修・改修設計図書は，次の各項により構成する．

（1）　補修・改修工事仕様書

（2）　補修・改修工事図面

（3）　現場説明書および質問回答書

3.2　補修・改修工事仕様書の作成

補修・改修工事仕様書の作成にあたっては，一般新築工事における事項に加え，必要に応じて以下の事項を含める．

（1）　施工着手時の調査の内容

（2）　既存部が設計図書と異なる場合の措置

（3）　施工に関する制約条件

（4）　仮設に関する条件

（5）　廃棄物の処理

（6）　完成検査

（7）　引渡し

3.3　補修・改修工事図面の作成

補修・改修工事図面の作成にあたっては，新築工事の場合に加えて，必要に応じて以下の事項を実施する．ただし，これらの図面の一部は工事段階で作成する場合もある．

（1）　補修・改修対象建築物の既存部の図面がない場合は，既存部の図面を作成する．また，既存部の図面がある場合にも，それらが現況と一致しているかどうかを確認し，現況に合わせた図面を作成する．

（2）　既存部と補修・改修対象部分の関係が明示されるような図面構成とする．

（3）　特に必要な場合には，仮設指示図を作成する．

4章 材料および工法の選定

4.1 構造体および打放し仕上げ補修における材料および工法の選定

4.1.1 適 用 範 囲

a．本節は，鉄筋コンクリートの次の劣化および不具合のうち，（1）（2）および（4）の補修を主な対象とする．

（1） ひび割れ先行型劣化

（2） 鉄筋腐食先行型劣化

（3） 進行型コンクリート劣化

（4） 不具合

b．上記，（3）の補修設計は，使用実績，あるいは信頼できる資料によって行う．

c．鉄筋腐食が著しく進行し，構造的な検討が必要と考えられる場合は，対象としない．

4.1.2 基 本 方 針

a．補修材料および工法の選定に先立ち，補修対象とする部位・部材ごとに，調査診断・結果をもとに，劣化もしくは不具合の分類，劣化度もしくは不具合の程度，鉄筋腐食に及ぼす影響程度の確認を行う．

b．劣化部の補修に関しては，現状の劣化度だけでなく，劣化の進展および残存耐用年数を考慮したうえで，補修範囲を定め，合理的な補修方針を設定する．

c．劣化部の補修方針に基づき，回復目標を設定し，劣化度だけでなく，劣化原因の種類とその強さを踏まえたうえで，補修工法を選定して特記する．

d．外装や防水の補修・改修の際に見つかった部分的な欠損や未充填箇所については，鉄筋腐食あるいはコンクリートの劣化によるものでないことを確認したうえで，要求性能に応じた補修工法を選定して特記する．

e．補修材料および工法は，適切な試験方法，使用実績，あるいは信頼できる資料によって，その品質・性能が確かめられたものを選定して特記する．

4.1.3 ひび割れ先行型劣化

a．本項は，ひび割れ先行型の劣化形態において，鉄筋腐食が進行する前のひび割れの補修について示す．

b．対象とする部材ごとに，ひび割れの発生原因，幅，挙動および漏水の有無などの状況を考慮したうえで，劣化因子がひび割れ部から侵入しないように，次の（1）～（4）より，適切なものを選定して特記する．

（1） シール工法

（2） 樹脂注入工法

（3） Ｕカットシール材充填工法

（4） 全面的な表面被覆工法

ｃ．ひび割れが原因で，既に鉄筋腐食が進行している場合には，かぶりコンクリートをはつって，防せい処理をしたうえで，断面修復を行う．

4.1.4 鉄筋腐食先行型劣化

ａ．本項は，中性化および塩害を原因とする鉄筋腐食先行型の劣化形態における，鉄筋腐食部の補修および劣化原因が内在している部分の補修について示す．

ｂ．対象とする部材ごとに，劣化状況，劣化原因および回復目標に応じて，補修範囲を部分的とするか，全面的とするかを設定したうえで，次の（1）〜（3）より，適切なものを選定して特記する．

（1） 断面修復：鉄筋腐食による損傷箇所および劣化因子が内在している部分を除去し，鉄筋腐食の再劣化を防止・抑制するために実施するもの．

（2） 表面被覆：外部からの劣化因子の浸透を遮断・抑制して，コンクリートおよび鉄筋の劣化を防止・抑制するために実施するもの．

（3） 表面含浸：コンクリート表面の性能を改善し，コンクリートおよび鉄筋の劣化を抑制するために実施するもの．

ｃ．前記（1）〜（3）以外の補修材料および工法は，特記による．

4.1.5 コンクリートの不具合の補修

ａ．本項は，コンクリートの不具合において，鉄筋コンクリートの劣化とは関わりのない部分的な欠損やひび割れの補修について示す．

ｂ．外装仕上げや防水の改修などにおける下地としての要求性能も踏まえ，適切な補修材料および工法を選定して特記する．

4.2 外装仕上げの補修・改修における材料および工法の選定

4.2.1 適用範囲

本節は，既存建築物の外装仕上げとして適用されたセメントモルタル塗り，陶磁器質タイル張り，張り石，塗装，建築用仕上塗材仕上げ，金属製部材や部品に対する補修・改修工事およびパネル被覆による改修工事の設計に適用する．

4.2.2 基本方針

ａ．構造体や素地・下地の補修が完了していることを前提として，外装仕上げの補修・改修工事に適用する材料および工法を選定する．

ｂ．補修・改修工事の目的および外装仕上げの種類，既存仕上げに対する劣化因子，環境条件や使

用条件などを考慮して，補修・改修に用いる材料および工法を選定する．

c．補修・改修設計においては，調査・診断の結果に基づいて，既存外装仕上げの種類，劣化の状態と補修・改修の対象範囲を確認したうえで，補修・改修に適用する材料および工法を選定する．

4.2.3　目標性能

a．外装仕上げの補修・改修に用いる材料・工法は，外装仕上げに対する要求性能を満足するものとして，それらの形状，外観，寸法および仕上り状態は，補修・改修設計図書で指定する．

b．補修・改修後の外装仕上げは，所定の意匠性，防水性，安全性および防耐火性を有するものとする．

4.2.4　セメントモルタル塗り仕上げ

a．適用範囲

既存セメントモルタル塗り仕上げにおいて，調査・診断の結果により補修・改修が必要であると判定された部位を対象として，意匠性，剥落安全性，構造体保護等の確保を目的とする補修・改修設計に適用する．

b．補修・改修方針

既存セメントモルタル塗り仕上げに生ずる劣化の種類，程度および厚さに応じて，既存のセメントモルタル塗り仕上げを処理する方法を選定して特記する．

c．既存セメントモルタル塗り仕上げの処理方法の選定

既存セメントモルタル塗り仕上げの処理方法は，以下の中から選定して特記する．

（1）　既存セメントモルタル塗り仕上げの下地への固定

（2）　既存セメントモルタル塗り仕上げの除去

d．補修・改修に用いる材料・工法の選定

（1）　既存セメントモルタル塗り仕上げを処理した後，具体的な要求性能を満足することが可能な補修・改修に用いる材料・工法を選定して，特記する．

（2）　「災害危険度」の大きい壁面・部位については，剥落防止に対する入念な配慮をする．

4.2.5　陶磁器質タイル張り仕上げ

a．適用範囲

既存の陶磁器質タイル張り仕上げにおいて，調査・診断の結果により補修・改修が必要であると判定された部位を対象として，意匠性，剥落安全性，構造体保護等の確保を目的とする補修・改修設計に適用する．

b．補修・改修方針

既存の陶磁器質タイル張り仕上げに生ずる劣化現象の種類，程度および厚さ等に応じて，既存の陶磁器質タイル張り仕上げを処理する方法を選定して特記する．

c．既存陶磁器質タイル張り仕上げの処理方法の選定

　既存陶磁器質タイル張り仕上げの処理方法は，以下の中から選定して特記する．

（1）　表面の洗浄と清掃

（2）　下地に対する固定

（3）　既存陶磁器質タイル張り仕上げの除去

d．補修・改修に用いる材料・工法の選定

（1）　既存陶磁器質タイル張り仕上げ層を処理した後，具体的な要求性能を満足することが可能
　　　　な補修・改修に用いる材料・工法を選定して，特記する．

（2）　「災害危険度」の大きい壁面・部位については，剥落防止に対する入念な配慮をする．

4.2.6　張り石仕上げ

a．適 用 範 囲

　既存張り石仕上げにおいて，調査・診断の結果に基づき補修・改修が必要であると判定された部
位を対象として，意匠性，剥落安全性の確保を目的とする補修・改修設計に適用する．

b．補修・改修方針

　既存の張り石仕上げの劣化の種類およびその程度，石材の種類や寸法に応じて，既存の張り石仕
上げを残して補修するか，撤去して新たに張り石仕上げを行うかの方針を選定して，特記する．

c．既存張り石仕上げの処理方法の選定

　既存張り石仕上げを処理する方法は，以下の中から選定して特記する．

（1）　既存張り石仕上げを残す処理

　　（ⅰ）　清掃，表面洗浄

　　（ⅱ）　石材自体

　　　イ．石材表層の劣化進行抑制

　　　ロ．ひび割れの拡大抑制

　　　ハ．欠損部の補修

　　（ⅲ）　下地への固定

（2）　既存張り石仕上げの撤去

d．補修・改修に用いる材料・工法の選定

　既存の張り石仕上げを処理した後に補修・改修を行う際は，使用する材料・工法を特記する．

4.2.7　塗装仕上げ

a．適 用 範 囲

　本項は，調査・診断の結果に基づいて，既存の塗装仕上げに対して，補修・改修が必要であると
判定された部位を対象として，美観の回復，素地の保護，安全性の確保などを目的とした塗装によ
る補修・改修の設計に適用する．

b．補修・改修方針

　既存塗装仕上げの劣化の種類や程度に応じて，既存塗装仕上げを処理する方法と補修・改修に用いる材料・工法を選定して，特記する．

c．既存塗膜の処理方法の選定

　既存塗膜の処理方法は，既存塗膜の種類，素地の種類，劣化の種類や程度および補修・改修に適用する塗料の種類などに応じて，以下の中から選定して，特記する．

　（1）　表面清掃・研磨

　（2）　既存塗膜の一部除去

　（3）　既存塗膜全面除去後の素地調整

d．補修・改修に用いる材料・工法の選定

　（1）　補修・改修に用いる材料の種類

　　補修・改修に用いる材料の種類は，JASS 18（塗装工事）に準ずる．

　（2）　補修・改修材料の選定

　　既存塗膜の種類や劣化の程度，使用・環境条件等に応じて，塗膜の機能性，施工性，意匠性，経済性などを考慮して，補修・改修に適した材料を選定して，特記する．

　（3）　塗装仕様の選定

　　補修・改修に用いる塗装仕様は，JASS 18 に準ずる．

4.2.8　建築用仕上塗材仕上げ

a．適 用 範 囲

　調査・診断の結果に基づいて，既存の建築用仕上塗材仕上げに対して，補修・改修が必要であると判定された部位を対象として，美観の回復，下地の保護，安全性の確保を目的とする補修・改修設計に適用する．

b．補修・改修方針

　既存建築用仕上塗材仕上げの劣化の種類や程度に応じて，既存建築用仕上塗材仕上げを処理する方法を選定して，特記する．

c．既存塗膜の処理方法の選定

　既存塗膜の処理方法は，既存塗膜の種類，下地の種類，劣化の種類や程度，処理する範囲および補修・改修に適用する建築用仕上塗材の種類などに応じて以下の方法を選定して，特記する．

　（1）　塗膜表面の清掃

　（2）　既存塗膜の除去

d．補修・改修に用いる材料・工法の選定

　（1）　補修・改修に用いる材料

　　補修・改修に用いる材料は，JIS A 6916（建築用下地調整塗材），JIS K 5663（合成樹脂エマルションシーラー），JASS 18 M-201（反応形合成樹脂シーラーおよび弱溶剤系反応形合成樹脂シーラー），JIS A 6909（建築用仕上塗材）および JIS A 6021（建築用塗膜防水材）に適合するものとする．

（2）　補修・改修材料・工法の選定

　既存塗膜の種類や劣化の程度に応じて，使用・環境条件等や塗膜の機能性，施工性，意匠性，経済性などを考慮して，補修・改修に適した材料・工法を特記する．

4.2.9　金属製部材および部品の取付け

a．適 用 範 囲

　既存金属製部材および部品について，調査・診断の結果に基づき，補修・改修が必要であると判定された部位を対象として，美観の回復，機能性の回復，安全性の確保を目的とする補修・改修設計に適用する．

b．補修・改修方針

　既存の金属製部材や部品を構成する表面仕上げや金属材料の種類，劣化の種類や程度に応じて，既存の部材・部品を処理する方法を選定して特記する．

c．既存金属製部材・部品の処理方法の選定

　既存の金属製部材・部品の処理方法は，以下の中から選定して特記する．

（1）　既存の金属製部材・部品を存置する場合

　　　1）表面の清掃と洗浄

　　　2）表面処理層や既存塗膜等の仕上げ層の除去

　　　3）部材を構成する金属材料の腐食層の除去

　　　4）存置する部材・部品の表面に対する下地処理

（2）　既存の金属製部材・部品を撤去する場合

　　　既存の部材・部品の撤去

d．補修・改修に用いる材料・工法の選定

　cで選定された既存の金属製部材・部品に対する処理を施した後の補修・改修に用いる材料・工法の選定は，特記による．特記が無い場合は，以下の（1）〜（4）に示す補修・改修工法の中から選定する．

（1）　固定・補強工法

（2）　表面塗装工法

（3）　建具改修工法

（4）　新規部材・部品の取付け工法

4.2.10　パネル被覆改修工法

a．適 用 範 囲

　既存建築物の外装に対する調査・診断の結果に基づいて，所要の補修が施された素地・下地や構造体を対象として，パネル被覆による改修工法を採用する場合の改修設計に適用する．

b．改 修 方 針

（1）　パネル被覆改修工法を適用する目的は，意匠性，断熱性，構造体保護，剥落安全性の向上

もしくは確保とする.

（2）　以下の項目について検討して，改修材料・工法を選定して特記する.

　　建築物の立地，外力条件（耐震性，耐風圧性），適用部位，改修用パネルの種類

（3）　以下の項目を検討して，パネル被覆改修工法の詳細を決定して特記する.

　　改修用パネルの寸法・質量・割付，パネルの製作，取付け方法，アンカー耐力

4.3　シーリングジョイントの補修・改修における材料および工法の選定

4.3.1　適 用 範 囲

　本節は，鉄筋コンクリート造建築物のコンクリート構造体とサッシの取合い目地，コンクリート構造体の打継ぎ目地・ひび割れ誘発目地，笠木目地およびガラスまわり目地に施工された不定形シーリング材について，調査・診断報告書により補修（局所的な補修）・改修（全面的な補修を含む）が必要であると判定された部位を対象に，防水性の回復等を目的とする補修・改修設計に適用する.

4.3.2　基 本 方 針

　既存シーリング材の処理方法ならびに補修（局部的な補修）・改修（全面的な補修を含む）において，材料および工法を選定する際には，既存シーリング材の種類や劣化の程度，環境条件や使用条件，補修・改修を行う範囲などを勘案し，補修・改修後にシーリングジョイントの機能が適正に発揮できるように考慮する.

4.3.3　目 標 性 能

　本節で扱うシーリングジョイントは，以下の項目を満たすものとする.

（1）　シーリングジョイントの補修・改修に用いる材料および工法は，シーリング防水に対する要求性能を満足すること.

（2）　補修・改修後は，所定の耐久性および防水性を有すること.

4.3.4　補修・改修に用いる材料および工法の選定

a．既存シーリング材の劣化の状態，劣化因子，環境条件や使用条件を考慮して補修（局部的な補修）とするか，改修（全面的な補修を含む）にするかを決定し，補修・改修工法を選定して特記する.

b．補修・改修に用いる材料の種類は，JASS 8（防水工事）に準ずる.さらに，既存シーリング材の種類，劣化の程度や使用環境条件などに応じて，シーリング材の耐久性，耐候性，被塗装性，目地周辺への汚れ性，経済性等を考慮して，対象となる補修・改修工事に適した材料を選定して特記する.

4.4　メンブレン防水の補修・改修における材料および工法の選定

4.4.1　適　用　範　囲

　本節は，メンブレン防水において，調査・診断報告書により補修（局部的な補修）・改修（全面的な補修を含む）が必要であると判定された部位を対象に，防水性の回復等を目的とする補修・改修設計に適用する．

4.4.2　基　本　方　針

　既存メンブレン防水の劣化度を調査・診断結果より，以下の補修か改修かを決定する．

（1）　改修（全面的な補修を含む）

（2）　補修（局部的な補修）

4.4.3　目　標　性　能

　本節に示す補修・改修に使用するメンブレン防水層は，以下の項目を満たすものとする．

（1）　防水層は，所定の形状および寸法を有し，所要の仕上がり状態であり，取合い部も含めて漏水がないこと．

（2）　防水性の回復以外の目的に応じた性能を保有すること．

4.4.4　既存メンブレン防水層等の処理方法と補修・改修工法の選定条件

a．既存メンブレン防水層やルーフドレン回り，既存下地の処理方法等について，以下の項目について選定に必要な条件を確認する．

（1）　既存メンブレン防水の処理方法

　既存メンブレン防水の適用状況や劣化度および範囲に応じて，以下の方法の処理から選定する．

　（ⅰ）　保護防水および保護断熱防水の場合

　　①　すべての層残置

　　②　防水層残置（防水層以外撤去）

　　③　すべての層撤去

　（ⅱ）　露出防水および露出断熱防水の場合

　　①　すべての層残置

　　②　すべての層撤去

（2）　保護層，断熱層および防水層の撤去方法

　保護層，断熱層および防水層の撤去方法に関する留意点を確認する．

（3）　ルーフドレン回りの処理

　ルーフドレン回りの処理について確認する．

（4）　既存下地の補修および処理

　新設防水層の下地となる既存保護層のコンクリート面およびモルタル面，既存防水層を撤去し

たコンクリート面およびモルタル面，ならびに既存防水層面に対する下地補修および処理は，新規防水工法の種類に適応した材料・工法から選定する．

b．メンブレン防水の補修・改修工法を選定する際に，以下の条件を確認する．

（1）　既存建築物・部位等の劣化度

（2）　既存建築物・部位等に使用されている材料および工法の確認ならびに過去の補修・改修歴

（3）　補修・改修後の仕上がり面の状態

（4）　地域条件および環境条件

（5）　対象部位および使用条件

4.4.5　補修・改修に用いる材料・工法の選定

補修・改修工法の具体的な仕様は，既存防水の扱いおよび改修防水の条件の検討に基づいて選定して特記する．

JAMS 5-RC　補修・改修工事標準仕様書

——鉄筋コンクリート造建築物

日本建築学会建築保全標準

JAMS 5-RC　補修・改修工事標準仕様書——鉄筋コンクリート造建築物

1章　総　　則

1.1　適 用 範 囲

　本仕様書は，補修・改修設計図書に示された鉄筋コンクリート造建築物の構造体，外装仕上げおよび防水の補修・改修にかかる工事について適用する．

1.2　工事着手時の調査

　施工者は，工事着手にあたって，施工計画書の作成や数量把握のための調査を行う．また，補修・改修工事を実施する際に設計図書どおりに施工できるかどうかを確認する．

1.3　設 計 変 更

　施工者は，工事着手時の調査，工事着手後の追加の調査等により，設計図書を変更する必要が生じた場合，工事監理者に必要な状況の説明あるいは提案を行い，協議する．

1.4　施 工 計 画

1.4.1　総　　則

a．施工者は，設計図書および工事着手時の調査の結果に基づいて施工計画書を作成する．

b．施工者は，施工計画書を工事監理者に提出し，その内容について承認を受ける．

c．施工計画書の作成にあたっては，設計図書に示された内容を満足するほか，使用者の安全の確保および良好な環境の維持に配慮する．

1.4.2　施工計画書の作成

　施工計画書の内容は，原則として次の項目を含むものとする．ただし，小規模な補修・改修工事等においては，下記を参考に必要な事項について記載する．

（1）　総則（適用範囲，適用図書，準拠図書および参考図書，協議，その他）

（2）　工事概要（工期，工事規模，工事施工体制，施工管理体制，その他）

（3）　施工範囲

（4）　工程計画（実施工程表，作業数量，その他）

（5）　仮設計画（仮設建物，工事監理者事務所，請負者事務所，足場，仮設構台，材料置場，危

　　　険物貯蔵所，工事用機械，電力設備，給排水設備，仮囲い，その他）

（6）　工事用道路，駐車場所の計画

（7）　既存物の保護・養生計画（既存建築物の保護，仮設間仕切り，植栽の保護・移植，その他）

（8）　使用する材料，工法および使用機器の計画

（9）　品質管理，施工管理計画（材料の試験・検査方法および検査基準，施工品質の検査方法および検査基準，その他）

（10）　仮設物の撤去

（11）　居住者，近隣住民，通行人，車両通行に対する安全対策（事故，災害，公害対策）

（12）　廃棄物処理（既存部から発生する廃棄物，補修・改修工事に伴う廃棄物の適切な処理）

（13）　防災計画

（14）　安全管理

1.4.3　施工要領書の作成

　使用する材料・工法に応じて，施工順序に従って，前処理から検査まで含めた工程，手順，作業要領，および注意事項等を整理した施工要領書を専門工事業者に作成させ，それを承認する．

1.4.4　関係先への諸手続きの実施

　官公署への手続き，発注者その他の関係先に対する関係書類の提出，説明を遅滞なく行い，必要な承諾，承認を得る．

1.5　施 工 管 理

1.5.1　一 般 事 項

a．施工者は，設計図書に適合する工事目的物を目標工期内に完成させるために，施工管理体制を確立し，品質，原価，工程，安全，環境等の施工管理を行う．

b．施工者は，施工計画書に従って工事を進める．施工計画の変更を行う場合は，関係者で協議して適切な処置を講ずる．

1.5.2　工 程 管 理

　工事を合理的に進めるために，全体工程（設備工事，仮設等を必要に応じて含む），月間工程，週間工程，工種別工程などの工程計画に従い，目標工期内に合理的かつ信頼性の高い施工が安全に進められるように留意する．

1.5.3　品 質 管 理

　品質管理を行うための組織を作り，品質管理計画に従い，使用する材料および施工中の試験・検査等を行う．試験・検査の結果は，必要に応じて工事監理者に報告する．

1.5.4　安全衛生管理

　施工中の安全および周辺に対する安全の確保に留意する．特に，施工現場の条件，気象条件等を考慮し，作業者および周辺に対する安全および健康の確保に支障をきたすおそれがある場合には，適切な対策を講ずるか作業を中止する．

1.5.5　環 境 管 理

　騒音，振動，粉じん等に関する作業所および周辺環境，省エネルギーや廃棄物の発生抑制等の環境配慮について，法令等の規定を遵守し，かつ良好な環境を確保するための管理を行う．

1.6　完 成 検 査

ａ．施工者は，工事完成後に自主検査を行ったうえで，工事監理者の立会いによる完成検査を受ける．

ｂ．完成検査の結果が不合格の場合の措置は，工事監理者の指示による．

1.7　報　　　告

　施工者は，発注者に工事監理者が承認した設計変更図書，施工図，工事記録，各種検査記録などの必要書類を整備して提出し，工事報告を行う．

2章　構造体および打放し仕上げの補修工事

2.1　適 用 範 囲

　本章は，既存建築物の構造体を対象として作成された補修工事仕様書に基づいて，補修工事を実施する場合の施工および施工管理ならびに工事監理に適用する．

2.2　一 般 事 項

　構造体の補修工事にあたっては，補修工事仕様書に示される材料・工法および施工時の気象条件を考慮し，適切な処置を講ずる．

2.3　ひび割れ補修

2.3.1　適 用 範 囲

　本節は，ひび割れ先行型劣化におけるひび割れ補修に適用する．

2.3.2　施 工 方 法

ａ．ひび割れ補修は，施工要領書を作成し，その施工順序に従って行う．

b. ひび割れ補修の前処理として，下地となる施工面の脆弱部および異物の除去ならびに清掃を行う．

c. シール工法によるひび割れ補修は，補修設計で特記された材料を用い，ひび割れ補修部に，所要量を適切な方法で塗布する．

d. 樹脂注入工法によるひび割れ補修は，補修設計で特記された材料を用いて，ひび割れ補修部に，所要量を適切な方法で注入する．

e. Uカットシール材充填工法によるひび割れ補修は，補修設計で特記された材料を用いて，ひび割れ修復部に，所要量を適切な方法で充填する．

f. 表面被覆工法によるひび割れ補修は，補修設計で特記された材料を用いて，面全体あるいは処理しようとするひび割れ群を完全に含む面に，所要量を適切な方法で被覆する．

2.3.3 品質管理・検査

a. ひび割れ補修の品質管理では，前処理，材料の種類，調合，使用量および施工状況を確認する．

b. 完成検査では，施工範囲，材料の使用数量，仕上りなどについて検査を受ける．なお，ひび割れ補修性能に関する管理・検査が必要な場合には，必要に応じて項目・方法を定め，監理者の承認を受ける．

2.4 断面修復

2.4.1 適用範囲

本節は，鉄筋腐食に伴って生じたコンクリートのひび割れや浮き・剥離・剥落による劣化部分の断面補修に適用する．

2.4.2 施工方法

a. 断面修復は，施工要領書を作成し，その施工順序に従って行う．

b. 断面修復箇所の前処理では，コンクリートのはつり取り，鉄筋のさび落しおよび補修箇所の清掃を行う．

c. 下地処理（含浸処理，吸水調整処理，プライマー処理など）では，補修設計で特記された材料を用い，断面修復材で埋め戻すコンクリート面に均一となるように，所要量を適切な方法で塗布する．

d. 鉄筋防せい処理では，補修設計で特記された材料を用いて，鉄筋に均一となるように，所要量を適切な方法で塗布する．

e. 断面修復では，補修設計で特記された材料を用い，特記された施工方法で断面修復個所に所要量を適切な方法で修復する．施工方法の特記がない場合は左官工法とする．

2.4.3 品質管理・検査

a. 断面修復の前処理の品質管理では，はつりの範囲および深さ，鉄筋のさび落しおよび補修箇所

の清掃後の状況を確認する.

b．下地処理の品質管理では，材料の種類，調合，使用量および施工状況を確認する.

c．鉄筋防せい処理の品質管理では，材料の種類，調合，使用量および施工状況を確認する.

d．断面修復の品質管理では，材料の種類，調合，使用量および施工状況を確認する.

e．完成検査では，施工範囲，材料の使用数量，仕上りなどについて検査を受ける．なお，断面修復性能に関する管理が必要な場合には，必要に応じて項目・方法を定め，監理者の承認を受ける.

2.5 表面被覆

2.5.1 適用範囲

本節は，コンクリート表面からの劣化因子の浸透を遮断・抑制するためのコンクリート表面に施工する表面被覆に適用する.

2.5.2 施工方法

a．表面被覆は，施工要領を作成し，その施工順序に従って行う.

b．表面被覆の前処理として，下地となる施工面の脆弱部および異物の除去ならびに清掃を行う.

c．下塗材，主材および上塗材は，補修設計で特記された材料を用い，コンクリート表面に均一となるように，所要量を適切な方法で被覆する.

2.5.3 品質管理・検査

a．表面被覆の前処理の品質管理では，下地や構造体の状態，乾燥の程度，清掃状況などを確認する.

b．表面被覆の品質管理では，材料の種類，調合，使用量および施工状況を確認する.

c．完成検査では，施工範囲，材料の使用数量，仕上りなどについて検査を受ける．なお，表面被覆性能に関する管理・検査が必要な場合には，必要に応じて項目・方法を定め，監理者の承認を受ける.

2.6 表面含浸

2.6.1 適用範囲

本節は，コンクリート表面からの劣化因子の抑制を図るために，打放しコンクリート表面へ施工する表面含浸に適用する.

2.6.2 施工方法

a．表面含浸は，施工要領を作成し，その施工順序に従って行う.

b．表面含浸の前処理として，下地となる施工面の脆弱部および異物の除去ならびに清掃を行う.

c．表面含浸材は，特記による．特記のない場合は浸透性吸水防止材とする.

d．表面含浸材の施工は，コンクリート表面に均一となるように，所要量を適切な方法で塗り付け

る．数回に分けて塗布する場合には，塗布間隔を適切に設定する．

2.6.3 品質管理・検査

a．表面含浸の前処理の品質管理では，施工面の状態，乾燥の程度，清掃状況などを確認する．

b．表面含浸の品質管理では，材料の種類，調合，使用量および施工状況を確認する．

c．完成検査では，施工範囲，材料の使用数量，仕上りなどについて検査を受ける．表面含浸性能に関する管理・検査が必要な場合には，必要に応じて項目・方法を定め，監理者の承認を受ける．

2.7 特殊工法

2.7.1 適用範囲

本節は，鉄筋腐食環境が厳しい場合に採用する特殊工法に適用する．

2.7.2 施工方法

a．電気化学的補修は，施工要領を作成し，その施工順序に従って行う．

b．電気化学補修工法の前処理として，補修対象とする領域のコンクリートについて，正常な通電を行うための措置を行う．

c．再アルカリ化工法は，アルカリ性保持溶液を含む仮設した外部電極とコンクリート中の鉄筋に直流電流を流し，アルカリ性保持溶液をコンクリート中に強制浸透させる．

d．脱塩工法は，外部電極とコンクリート中の鉄筋に直流電流を流し，コンクリート中の自由塩化物イオンをコンクリートの外へ強制的に除去させる．

e．電気防食工法は，外部電源方式あるいは流電陽極方式により，構造物の供用期間中，防食電流を流し続ける．

2.7.3 品質管理・検査

a．電気化学補修工法の前処理では，補修対象とする領域のコンクリートの通電に関わる状態を確認する．

b．再アルカリ化工法では，コンクリートコアもしくはドリルサンプルにより，コンクリート躯体の補修設計で定められた深さまでアルカリ性を回復していることを確認する．

c．脱塩工法では，コンクリートコアにより，鉄筋位置付近の塩化物イオン量が補修設計で定められた値以下となっていることを確認する．

d．電気防食工法では，外部電源方式あるいは流電陽極方式による防食電流により，鉄筋の復極量が 100 mV を確保できていることを確認する．

e．完成検査では，a～dにおいて確認した事項について，監理者の検査を受ける．検査の数量，方法，合否基準等は特記による．

2.8　コンクリートの不具合の補修

2.8.1　適 用 範 囲

　本節は，劣化と無関係なコンクリートの部分的な欠損や未充填箇所の補修に適用する．

2.8.2　施 工 方 法

ａ．コンクリートの不具合の補修は，施工要領を作成し，その施工順序に従って行う．

ｂ．部分的な欠損部や未充填箇所の補修は，断面修復（左官工法）を適用し，補修設計で特記された材料を用いて所要量を適切な方法で修復する．

ｃ．ひび割れ部の補修は，ひび割れ補修（シール工法）を適用し，補修設計で特記された材料を用いて所要量を適切な方法で塗布する．

2.8.3　品質管理・検査

ａ．コンクリートの不具合における補修の品質管理では，前処理，材料の種類，調合，使用量および施工状況などを確認する．

ｂ．完成検査では，施工範囲，材料の使用量，仕上りなどについて検査を受ける．なお，外装下地や防水下地としての性能に関する管理・検査が必要な場合には，試験項目・方法を定め，実施する．

3章　外装仕上げの補修・改修工事

3.1　適 用 範 囲

　調査・診断の結果から，補修・改修が必要であると判定された既存建築物の外装仕上げを対象として作成された補修・改修設計図書に基づいて，補修・改修工事を実施する場合の施工および施工管理ならびに工事監理に適用する．

3.2　基 本 事 項

ａ．施工に先立ち，調査を実施して現場の状況が補修・改修設計図書に指定された状態であり，補修・改修設計仕様が施工可能であることを確認する．現場の状況が補修・改修設計図書の記載内容と異なる場合や補修・改修設計仕様の施工が困難な場合には，ただちに工事監理者と協議する．

ｂ．外装仕上げに対する補修・改修の施工にあたっては，素地・下地や構造体が仕上げを施すのに適切な状態に補修されていなければならない．

ｃ．補修・改修工事に用いる材料・工法は，補修・改修設計図書で指定されて工事監理者に承認さ

れたものとする.

d．補修・改修工事を実施した後の外装仕上げは，補修・改修設計図書で指定された形状，外観，寸法および仕上り状態であり，補修・改修設計図書で指定される所定の意匠性，防水性，安全性および防耐火性を確保するものとする.

3.3　セメントモルタル塗り仕上げ

3.3.1　適用範囲

　既存セメントモルタル塗り仕上げにおいて，調査・診断の結果により補修・改修が必要であると判定された部位を対象として，補修・改修設計図書に基づき，補修・改修工事をする場合の適切な施工および施工管理ならびに工事監理に適用する.

3.3.2　既存セメントモルタル塗り仕上げの処理

　既存セメントモルタル塗り仕上げの処理は，補修・改修設計図書で指定された材料と工法を採用して，的確に施工する.

3.3.3　セメントモルタル塗りによる補修・改修

　既存セメントモルタル塗り仕上げを除去した後に，セメントモルタル塗り仕上げによる補修・改修を施工する場合は，本会編「建築工事標準仕様書・同解説 JASS 15 左官工事」に準ずる.

3.3.4　検　　査

a．工程検査

　既存セメントモルタル塗り仕上げを処理した後，処理後の状態を検査する.

b．最終検査

　セメントモルタル塗り仕上げによる補修・改修をした後，仕上げ面に対する以下の検査を実施する.

　（1）　外観目視
　（2）　打音検査

3.4　陶磁器質タイル張り仕上げ

3.4.1　適用範囲

　既存陶磁器質タイル張り仕上げにおいて，調査・診断の結果により補修・改修が必要であると判定された部位を対象として，補修・改修設計図書に基づき，補修・改修工事をする場合の適切な施工および施工管理ならびに工事監理に適用する.

3.4.2　既存陶磁器質タイル張り仕上げの処理

　既存陶磁器質タイル張り仕上げの処理は，補修・改修設計図書で指定された材料と工法を採用し

て，的確に施工する．

3.4.3　陶磁器質タイル張り仕上げによる補修・改修

　既存陶磁器質タイル張り仕上げを除去した後に，陶磁器質タイル張り仕上げによる補修・改修を施工する場合は，本会編「建築工事標準仕様書・同解説 JASS 19 陶磁器質タイル張り工事」に準ずる．

3.4.4　検　　査

a.　工程検査

　既存陶磁器質タイル張り仕上げを処理した後，処理後の状態を検査する．

b.　最終検査

　陶磁器質タイル張り仕上げによる補修・改修をした後，仕上げ面に対する以下の検査を実施する．

　（1）　外観目視

　（2）　打音検査

3.5　張り石仕上げ

3.5.1　適用範囲

　既存張り石仕上げにおいて調査・診断の結果により，補修・改修が必要であると判定された部位を対象に，補修・改修設計図書に基づき，補修・改修工事を実施する場合の適切な施工および施工管理ならびに工事監理に適用する．

3.5.2　既存張り石仕上げの処理

　既存張り石仕上げの処理は，補修・改修設計図書で指定された材料と工法を採用して，的確に施工する．

3.5.3　張り石仕上げによる補修・改修

　既存張り石仕上げを撤去した後に，張り石仕上げによる補修・改修をする場合は，本会編「建築工事標準仕様書・同解説 JASS 9 張り石工事」に準ずる．

3.5.4　目地および取付け部品の補修・改修

　シーリング材等の目地材および引き金物などの取付け部品は，補修・改修設計図書および施工計画書に準拠し，所定の仕上がり状態が確保できるよう補修・改修する．

3.5.5　検　　査

a.　工程検査

補修・改修設計図書および施工計画書に基づいて，各工程で適切な施工が実施されていることを確認する．

b. 最 終 検 査

張り石仕上げ補修・改修工事が終了した後，仕上げ面の検査を実施する．

3.6 塗装仕上げ

3.6.1 適 用 範 囲

調査・診断の結果に基づいて，既存の塗装仕上げに対する補修・改修工事が必要であると判定された部位を対象として，補修・改修設計図書に基づき，塗装仕上げによる補修・改修工事を実施する場合の適切な施工および施工管理ならびに工事監理に適用する．

3.6.2 塗装仕上げの下地調整

補修・改修設計図書に指定された既存塗膜の処理方法にしたがい，劣化した塗装下地を塗装仕上げによる補修・改修工事に適する状態に回復することを目的とし，既存塗膜の処理を行う．

3.6.3 塗装仕上げの補修・改修

塗装は，施工計画書および施工要領書に準拠し，指定された材料と工法を用いて，所定の仕上がり状態が確保できるように施工する．

3.6.4 検 査

a. 工 程 検 査

塗装工程ごとに，適切な施工が実施されていることを施工計画書や施工要領に基づいて，確認する．

b. 最 終 検 査

塗装仕上げが完了した後に，所定の仕上がり状態になっていることを確認する．

3.7 建築用仕上塗材仕上げ

3.7.1 適 用 範 囲

本項は，調査・診断の結果において，既存の建築用仕上塗材仕上げに対する補修・改修工事が必要であると判定された部位を対象として，補修・改修設計図書に基づき，建築用仕上塗材仕上げによる補修・改修工事をする場合の適切な施工および施工管理ならびに工事監理に適用する．

3.7.2 建築用仕上塗材仕上げの処理

既存の建築用仕上塗材仕上げの処理は，補修・改修設計図書に指定された既存塗膜の処理方法と材料・工法を採用して，建築用仕上塗材仕上げによる補修・改修工事に適した状態にする．

3.7.3　建築用仕上塗材仕上げの補修・改修

　建築用仕上塗材仕上げは，補修・改修設計図書および施工計画書に準じて，指定の仕上がり状態が確保できるように施工する．

3.7.4　検　　査
a．工 程 検 査

　施工計画書や施工要領書に基づいて，工程ごとに適切な施工が実施されていることを確認する．
b．最 終 検 査

　建築用仕上塗材仕上げが完了した後に，指定の仕上がり状態になっていることを確認する．

3.8　金属製部材および部品の取付け
3.8.1　適 用 範 囲

　調査・診断の結果により，既存金属製部材および部品に対する補修・改修が必要であると判定された部位を対象として，補修・改修設計図書に基づいて，金属製部材および部品に対する補修・改修工事を実施する場合の適切な施工および施工管理ならびに工事監理に適用する．

3.8.2　既存金属製部材・部品の処理

　補修・改修工事に先立ち，補修・改修設計図書で指定された既存金属製部材・部品の処理を的確に実施する．

3.8.3　金属製部材・部品の補修・改修

　補修・改修工事は，補修・改修設計図書および施工計画書に準じて，所定の仕上がり状態，耐久性，機能性が確保できるように，的確に実施する．

3.8.4　検　　査
a．受入れ検査

　補修・改修設計図書や施工計画書に基づいて，補修・改修工事に用いる部材・部品が所定の表面状態，寸法および機能を有していることを確認する．
b．工 程 検 査

　工程ごとに適切な施工が実施されていることを施工図や施工計画書に基づいて，確認する．
c．最 終 検 査

　金属製部材・部品に対する補修・改修工事を実施した後に，所定の仕上がり状態および機能性が確保されていることを確認する．

3.9 パネル被覆改修

3.9.1 適用範囲

　補修・改修設計図書に基づいて，所要の補修が施された素地・下地や構造体を対象として，補修・改修設計図書で指定されたパネル被覆改修工法を適用する改修工事を実施する場合の適切な施工および施工管理ならびに工事監理に適用する．

3.9.2 既存下地および構造体の確認

　工事に着手する前に，本工法を適用する対象部位の素地・下地および構造体に対する補修の実施およびアンカー耐力の確保など，工事対象部位の健全性が確保されていることを確認する．

3.9.3 パネル被覆による改修

　パネル被覆による改修工事は，改修設計図書および施工計画書に準じて，所定の仕上がり状態および寸法・形状ならびに耐久性，機能性，安全性が確保できるように，的確に実施する．

3.9.4 検 査

a. 受入れ検査

　改修設計図書や施工計画書，製作要領書に基づいて，パネルおよび取付け部品の表面状態，寸法，形状が適切であることを確認する．

b. 工程検査

　改修設計図書や施工計画書に基づいて，各工程で適切な施工が実施されていることを確認する．

c. 最終検査

　施工が終了したパネルの状態や取付け精度など建築外装としての適切性を確認する．

4章 シーリングジョイントの補修・改修工事

4.1 適用範囲

a. 調査・診断において，対象建築物の既存シーリングジョイントを改修（全面的な補修を含む）する必要であると判断された際に，既存シーリングジョイントを再充填工法，拡幅再充填工法またはブリッジ工法によって改修工事を実施する場合の施工および施工管理ならびに工事監理に適用する．

b. 補修（局部的な補修）を行う場合，その施工および施工管理ならびに工事監理は特記による．

c. 改修工事に先立ち，補修・改修設計において，適切な目地設計が行われていることを前提とする．

4.2　一般事項

4.2.1　材料の品質および受入れ

a．工事に使用する材料は，所定の品質を有するものとする．

b．搬入された材料の品名，数量，製造業者名等を確認する．

4.2.2　使用材料・施工機器の保管および取扱い

a．使用材料・施工機器の保管および取扱いは，消防法，労働安全衛生法等の関係法規に従う．

b．使用材料は，雨露や直射日光の当たらない場所で，凍結しないように注意して保管する．

c．施工機器は，常に適切に保管し，取り扱う．

4.2.3　施工条件，作業環境，安全確保等

a．降雨・降雪時または降雨・降雪が予想される場合，もしくは降雨・降雪後で被着面が未乾燥の場合には施工してはならない．

b．強風時や，気温が著しく低い場合や高い場合には，施工を行わない．

c．必要に応じて照明設備を設ける．

4.3　再充填工法

a．既存シーリング材は，カッターナイフもしくは専用工具などを用い，撤去する．

b．シーリング材を再充填する目地に，必要な形状・寸法が確保できていることを確認し，既存シーリング材と再充填するシーリング材の打継ぎ部の接着性を事前に確認する．

c．既存シーリング材を撤去する際に生じた被着体の軽微な欠損部は，工事監理者と協議のうえ，適切な補修を行う．

d．シーリング材の充填は，JASS 8に準じて行う．

4.4　拡幅再充填工法

a．指定された目地形状となるように，電動カッター等で拡幅する．

b．拡幅作業によって目地周辺部に損傷が生じた場合は，適切な補修を行う．

c．シーリング材の充填は，JASS 8に準じて行う．

4.5　ブリッジ工法

a．シーリング材の被着面は，目荒らしをする．

b．被着面の清掃後，新規シーリング材が設計図書で指定された幅および厚さとなるよう，バックアップ材を用いて枠を作る．また，設計図書で指定された幅のボンドブレーカーを張る．

c．シーリング材の充填は，JASS 8に準じて行う．

4.6 品質管理・検査

a. 改修工事中に行う品質管理は，新規シーリング材を充填する前に下記を確認する．

（1） 再充填工法では，既存シーリング材が十分に撤去されており，指定された目地幅・目地深さが確保されていること．

（2） 拡幅再充填工法では，指定された目地幅・目地深さになっていること．

（3） ブリッジ工法では，指定されたボンドブレーカーの幅，接着幅および厚さとなっていること．

b. 工事完了後，1.6 節に従い，検査を行う．

5章　メンブレン防水の補修・改修工事

5.1 適 用 範 囲

a. 調査・診断において，対象建築物の陸屋根防水を改修（全面的な補修を含む）する必要があると判断された際に，既存部の撤去，下地処理，ならびに新規防水層および新規保護層の設置を実施する場合の施工および施工管理ならびに工事監理に適用する．

b. 補修（局部的な補修）を行う場合，その施工および施工管理ならびに工事監理は特記による．

5.2 一 般 事 項

5.2.1 材料の品質および受入れ

a. 工事に使用する材料は，所定の品質を有するものとする．

b. 搬入された材料の品名，数量，製造業者名等を確認する．

5.2.2 使用材料・施工機器の保管および取扱い

a. 使用材料の保管および取扱いは，消防法，労働安全衛生法等の関係法規に従う．

b. 使用材料は，雨露や直射日光の当たらない場所で，凍結しないように注意して保管する．

c. 施工機器は，常に適切に保管し，取り扱う．

5.2.3 施工条件，作業環境，安全確保等

a. 降雨・降雪時または降雨・降雪が予想される場合，もしくは降雨・降雪後で下地が未乾燥の場合には施工してはならない．

b. 強風時や気温が著しく低く，施工に支障を生ずることが予想される場合には施工してはならない．

c. 採光が必要な場合には，照明設備を設ける．

d. 足場が必要な場合には，適切な足場を設ける．

5.3　メンブレン防水改修工法の作業工程

ａ．既存部の撤去範囲，新設部のための下地処理，ならびに防水層および保護層等の新設について，実施する作業工程は，特記による．

ｂ．既存部の撤去は 5.4 節による．

ｃ．新設する防水層のための下地処理は 5.5 節による．

ｄ．新規防水層および新規保護層の施工は 5.6 節による．

5.4　既存部の撤去

5.4.1　共 通 事 項

既存保護層および既存防水層等の撤去については，設計図書に定められた範囲を，以下の事項に留意して行う．

（1）　取合い部の仕上げや構造体など撤去部分の周辺に対し，損傷等の影響が最小限となるように行う．

（2）　撤去時に発生する塵埃，騒音および振動に関しては，周囲の環境および作業員の健康に悪影響を及ぼさないよう，必要な措置をとる．

（3）　落下物による事故が懸念される場合には，周辺部への立入りを禁止する．また．荷下ろし方法についても安全に行えるように十分考慮して決定する．

（4）　廃棄物の処分等は適切に行う．

（5）　撤去時および撤去後に漏水を生じないよう，必要な養生を行う．

5.4.2　既存保護層および既存断熱材の撤去

既存保護層および既存断熱材の撤去については，5.4.1 項によるほか，以下の事項に留意して撤去する．

（1）　既存保護層等の撤去は取合い部の仕上げおよび構造体等に影響を及ぼさないように行う．

（2）　既存防水層非撤去の場合は，防水層に損傷を与えないように十分注意する．

（3）　平場の既存保護層等を残す場合でも，原則として，立上り部の既存保護層およびドレン周辺部の既存保護層は撤去する．ただし，改修用ドレンを使用する場合，ドレン周辺部の既存保護層を撤去するか否かは特記による．

（4）　撤去した既存保護層等を再生利用する場合は，分別したうえ適切に保管する．

5.4.3　既存防水層の撤去

既存防水層の撤去については，5.4.1 項によるほか，下記による．

（1）　既存防水層がウレタンゴム系塗膜防水層以外の場合は，平場の既存防水層を残す場合でも，原則として，立上り部およびドレン周辺部の既存防水層は撤去する．

（2）　既存防水層がウレタン塗膜防水の場合は，立上り部およびドレン周辺部の既存防水層は撤去しないこととする．

（3）　改修用ドレンを使用する場合，ドレン周辺部の既存防水層を撤去するか否かは特記による．

5.5　新設する防水層のための下地処理

5.5.1　共 通 事 項

　新設する防水層の下地を点検し，劣化部，脆弱部および撤去工事による損傷部を，下地の材料，工法および欠損・損傷の程度に応じて，適切な下地処理を行う．

　また，部分的な水はけ不良や勾配不足がある場合は，工事監理者と協議し，適切に処理する．

5.5.2　既存現場打ち鉄筋コンクリートが新規防水層の下地となる場合

a．既存防水層等を撤去した後の平場および立上り部等の現場打ち鉄筋コンクリートの下地処理は，5.5.1 項によるほか以下のように，下地の状況に応じて処理する．

　（1）　幅 0.3 mm 以上のひび割れの補修は，2.3 節による．

　（2）　下地の欠損部は，ポリマーセメントモルタルで平坦になるよう処理する．

b．既存現場打ちコンクリートに付着しているプライマーや防水層等は新設防水層の施工および品質に支障をきたさないように除去して清掃を行う．

5.5.3　既存防水層が新規防水層の下地となる場合

　平場の既存防水層を下地とする場合の下地処理は，5.5.1 項によるほか，以下に従って行う．

a．既存保護層を撤去した後の既存アスファルト防水層の場合

　（1）　既存防水層等に付着している保護コンクリート等は，既存防水層等を損傷しないように除去し，清掃を行う．

　（2）　既存防水層の損傷箇所，継目等の剥離箇所または浮き部分等は，切開し，バーナーで熱した後，防水工事用アスファルトを充填し，張り合わせる．

　（3）　既存防水層の表面が含水している場合，および既存防水層に有害なふくれや浮きが全体にわたっている場合は，工事監理者と協議する．

b．既存露出防水層がアスファルト防水層（改質アスファルトシート防水層を含む）の場合

　（1）　既存防水層表面の砂は，既存防水層を損傷しないように可能な限り取り除き，清掃を行う．

　（2）　既存防水層の損傷箇所，継目等の剥離箇所または浮き部分等は本項 a．（2）による．

c．既存露出防水層が合成高分子系ルーフィングシート防水層（接着工法）の場合

　（1）　既存防水層表面のゴミ等の異物を取り除き，水洗いを行う．

　（2）　既存防水層の損傷箇所，継目等の剥離箇所または浮き部分等は，切除し，ポリマーセメントモルタル等で平坦になるよう処理する．

　（3）　ふくれや浮きが全体にわたっている場合は，工事監理者と協議する．

d．既存露出防水層が合成高分子系ルーフィングシート防水層（機械的固定工法）の場合

　（1）　既存防水層表面のゴミ等の異物を取り除き，清掃する．

（2）　既存防水層の損傷箇所，継目等の剥離箇所または浮き部分等は，切除し，平坦に処理する．

e．既存露出防水層がウレタンゴム系塗膜防水層の場合

（1）　既存防水層表面のゴミ等の異物を取り除き，水洗いを行う．

（2）　既存防水層の破断，浮き部分およびふくれ部分は，切除し，ポリマーセメントモルタルで平坦になるよう処理する．

f．既存露出防水層が FRP 系塗膜防水層の場合

（1）　既存防水層表面のゴミ等の異物を取り除き，水洗いを行う．

（2）　既存防水層の破断，浮き部分およびふくれ部分は，切除し，ポリマーセメントモルタルまたはポリエステル樹脂系パテで平坦になるよう処理する．

5.5.4　既存保護コンクリートが新規防水層の下地となる場合

新規防水層の下地となる平場の既存保護コンクリートの下地処理は，5.5.1 項によるほか，欠損および損傷の状況に応じてポリマーセメントモルタル等を用いて行う．その詳細は，以下による．

（1）　保護コンクリートに付着している異物は除去し，全面をデッキブラシ等で清掃を行う．ただし，改修防水工法が機械的固定工法の場合は下地に付着している異物は除去し清掃する．

（2）　保護コンクリート表面のひび割れ部は，ポリマーセメントペースト等で処理する．

（3）　保護コンクリートの欠損部，支障のある浮き部や脆弱部は撤去し，ポリマーセメントモルタル等で平坦になるよう処理する．

（4）　既存伸縮調整目地材の欠損部はバックアップ材を挿入のうえ，シール材等を充填する．また，既存伸縮調整目地材が突出している場合または劣化が著しい場合は，撤去し，バックアップ材を挿入のうえ，シール材等を充填する．

5.5.5　ルーフドレン回りの下地処理

a．ルーフドレンを交換する場合，新設するドレン周囲の隙間は水はけよくポリマーセメントモルタル等を充填する．

b．防水層および保護層の撤去端部は，既存の防水層や保護層を含め，ポリマーセメントモルタルやシール材等で，排水に支障のない形状に仕上げる．

c．改修用ドレンを用いる場合，既存ドレンのボルト等の凸部は撤去し，ドレン回りの改修防水層は，水はけよく施工する．

5.6　新規防水層，新規保護層等の施工

5.6.1　共 通 事 項

a．既存防水層が新規防水層の下地となる場合の下地調整は 5.6.2 項による．

b．新規防水層の施工は 5.6.3 項による．

c．新規保護層の施工は 5.6.4 項による．

5.6.2　既存防水層が新規防水層の下地となる場合の下地調整

　既存防水層が新規防水層の下地となる場合の平場既存防水層の下地調整は，新規防水層の種別・工法に応じ，以下に従って行う．

（1）　新規防水層が改質アスファルトシート防水工法を含むアスファルト防水工法の場合は，平場の既存防水層上に防水工事用アスファルトまたはアスファルト系下地調整材を $1.0 \mathrm{kg/m^2}$ 程度塗布する．

（2）　新規防水層がウレタンゴム系塗膜防水工法の場合は，既存防水層上に層間接着用プライマーを塗布する．

（3）　新規防水層が FRP 系塗膜防水工法の場合は，表層のトナー層が現れるまで既存防水層をサンディングにより目荒らしを行い，水洗いする．

5.6.3　新規防水層の施工

ａ．既存保護層および既存防水層をすべて撤去する場合および既存保護層または既存防水層を残置する場合の新規防水層の施工は JASS 8 による．

ｂ．新規防水層が合成高分子系ルーフィングシート防水層の機械的固定工法の場合は，平場の新規防水層の施工に先立ち，絶縁用シートを敷き込む．

ｃ．改修用ドレンを用いる場合の，新規防水層と改修用ドレンの取合い部の施工は，適切な方法を選定し，工事監理者の承認を受ける．

5.6.4　新規保護層の施工

　新規保護層の施工は，JASS 8 による．

5.7　品質管理・検査

ａ．改修工事中に行う品質管理は下記による．

（1）　既存部を撤去した場合は，撤去後の状態が次の工程に支障がないことを確認する．

（2）　新設する防水層のための下地処理を行った場合は，防水層の下地として支障がない状態に仕上がっていることを確認する．

（3）　新規防水層を施工後，防水層が所定の状態に仕上がっていることを確認する．

（4）　保護層を施工した場合は，保護層が所定の状態に仕上がっていることを確認する．

ｂ．検　　　査

　工事完了後，1.6 節に従い，検査を行う．

JAMS 4-RC　補修・改修設計規準

——鉄筋コンクリート造建築物

解　　説

日本建築学会建築保全標準

JAMS 4-RC　補修・改修設計規準——鉄筋コンクリート造建築物（解説）

1章　総　　　則

1.1　目　　的

> 本規準は，既存の鉄筋コンクリート造建築物の構造体，外装仕上げおよび防水の機能・性能を維持・向上するため，適切な補修・改修設計を行うことを目的とする．

　建築物を長期にわたって，安全かつ快適に使用していくためには，供用期間中の補修・改修が必要となる．近年の新築の建築物においては，建築主の意向や社会的要請などを踏まえた目標性能が定められ，それに応じた設計が行われる．また，本会編建築工事標準仕様書（以下，JASS という）をはじめとした標準仕様書が刊行され，性能に応じた仕様とその施工方法が明らかになっている．既存の建築物についても，建築物の機能や性能の維持・向上を意図した設計が行われ，その仕様が示される必要があるが，既存の建築物については，本会においてその標準となる設計の考え方や仕様が定められていない現状にあった．

　本設計規準は，既存建築物の保全のための補修・改修において，機能および性能の維持・向上を目的とした設計を行うための基本的な考え方を示すものとしてとりまとめた．

1.2　適用範囲

> a．本規準は，鉄筋コンクリート造建築物における構造体，外装仕上げおよび防水の補修・改修設計に適用する．
> b．本規準による補修・改修設計は，工事の対象となる建築物の調査・診断が実施され，その結果に基づく補修・改修工事の設計に適用する．

　a．本編の対象は，他編と同様に鉄筋コンクリート造建築物の構造体，外装仕上げおよび防水とした．構造体は，本会編「建築工事標準仕様書・同解説 JASS 5 鉄筋コンクリート工事[1]」（以下，JASS 5 という）において定義されている構造体の範囲とし，構造部材および非構造部材のうち構造部材と一体となってコンクリートを打ち込む部材とした．したがって，間柱や庇などのように構造上重要でない部分に関する補修工事についても本規準の対象となる．また，本規準に示す内容は，鉄骨鉄筋コンクリート造や木造および鉄骨造の基礎などの鉄筋コンクリート部分にも参考にすることができる．また，耐震改修や地震等による被災後の補修・補強，不同沈下などの構造的な検討を含むもの，および火害に対する補修などは，本規準の適用範囲外としている．

　鉄筋コンクリート造の部材は，打放し仕上げとなるほかは，モルタルやタイルなどの湿式仕上げ，塗料や仕上塗材などの塗り仕上げ，乾式外装材等による乾式仕上げなどが施されることが一般的である．また，屋根スラブには防水層が施工され，目地部分にはシーリング材が施工される．本規準は，建築物の構造体および外皮を構成する外装仕上げおよび防水を適用の対象とし，これらの保全を行うことによって，建築物を長期間にわたり適切な状態に保つことを意図している．

　なお，本規準における本文として取り上げた材料および工法は，本会および既往の仕様書等において一般化されているもの，全国的に供給および施工が可能なもの，すでに多くの実績を有するものなどとし，設計ではそれらを選定することを標準としている．また，解説においては比較的新しい材料や工法を紹介しており，それらを参考にすることもできる．

　b．補修・改修工事の設計は，工事の対象となる建築物の劣化や損傷の状態やその状態に至った要因およびその強さを考慮したうえで，それらを回復させ，さらなる劣化や損傷の進行の抑制や劣化の要因の除去を目的とした適切な設計を行うことが重要である．また，仕上げや防水の目視可能な部分だけでなく，下地となるコンクリート部分の状態を確認することも重要である．したがって，補修・改修工事の設計を行う前には，建築物の現況や劣化状況の調査を行い，補修・改修の要否の判定，劣化の程度や劣化要因の強さなどに関する情報を得ておく必要がある．劣化や損傷の程度や要因を考慮しないままに補修・改修を行うと，劣化の進行を促進する場合もあり，結果的に安全性の低下や経済的な損失を招くことになる．したがって，本規準の適用は，JAMS 3-RC「調査・診断標準仕様書」に示す調査・診断が実施され，その結果に基づくものとした．

参 考 文 献
1）日本建築学会：建築工事標準仕様書・同解説 JASS 5 鉄筋コンクリート工事，2018.7

2章　補修・改修設計

2.1　基 本 事 項

> 補修・改修の設計は，以下の流れで実施する．
> （1）　補修・改修対象建築物の今後の使用予定期間の設定
> （2）　補修・改修目的の明確化
> （3）　補修・改修によって期待する性能項目およびその性能レベルの設定
> （4）　補修・改修材料および工法の選定方針の設定
> （5）　補修・改修材料および工法の選定
> （6）　補修・改修設計の変更
> （7）　補修・改修後の維持管理

　（1）～（7）の項目における具体的な内容は，各節に規定しているので，それぞれ参照されたい．また，補修・改修設計図書は，これらの事項を踏まえたものとし，3章に規定した内容に準じて作成する．

2.2　補修・改修対象建築物の今後の使用予定期間の設定

> a．補修・改修の対象となる建築物あるいは部位・部材等の今後の使用予定期間があらかじめ設定されている場合は，これに対応した設計を行う．
> b．今後の使用予定期間が明確になっていない場合は，今後の使用予定期間あるいは目標となる使用予定期間について依頼者と協議のうえ，その結果に基づいた設計を行う．

　a．，b．　近年の建築物の耐久性に対する意識の高まり，廃棄物の発生抑制に関する社会的要請などから，できるだけ建築物を長期間にわたって使用し，活用することが求められている．建築物の供用期間（使用予定期間）は，建築主が意図し，設計においてそれを満足するよう具体化する．例えば，JASS 5においては，建築主の意向を満足する計画供用期間の級が定められ，材料の選定や施工上の仕様は計画供用期間によって異なる．このように新設の建築物では建築物の供用期間を考慮した設計が行われている．

　既存の建築物においても，長期的な活用を意図した保全計画を立案し，今後の使用予定期間を定め，これを実現するための具体的な方策を取ることが重要である．解説図2.1に，保全の概念を示す．経年に伴い，建築物には，ひび割れや欠損，漏水などが生じ，建築物が保有する性能が低下する．それらの性能の低下が，許容限界を下回ることがないように適切な時期に点検・保守および補修・改修を行う．なお，本会編「建築物の調査・診断指針（案）・同解説」[1]では，点検に伴う保守や補修を「維持保全」，改修を「改良保全」と分類している．また，建築物に要求される性能の水準は，経年とともに上がっていくものであり，これらの要求性能の向上にも対応する必要がある．

　建築物の今後の使用予定期間は，JAMS 1-RC に示した保全計画の作成時に設定されており，補修・改修設計においてもこれを目安とする．今後の使用予定は，建築物の当初の計画供用期間のほか，今後の利用計画や建築物が確保すべき性能や機能の水準などを考慮して定められている．しかしながら，建設当初あるいは保全計画作成時に定められた計画供用期間や使用予定期間に対して見直しが必要な場合や，使用予定期間が定められていない場合もあり得る．このような場合には，JAMS 3-RC に示される調査・診断を行い，建築物の現在の状況と劣化の進行予測結果などを参考に，依頼者と協議し今後の使用予定期間を定めたり，修正することが望ましい．

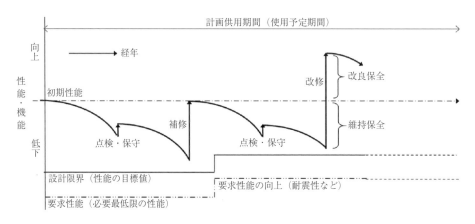

解説図 2.1　保全の概念

2.3　補修・改修目的の明確化

> ａ．補修・改修の設計においては，建築物の部位，これを構成する材料・部材に要求されている機能・性能と現有するそれを比較し，補修・改修の目的を明確にする．この際，特に対象建築物・部材等の目標耐用年数もしくは今後の使用予定期間との整合に留意する．
> ｂ．補修・改修の目的の基本的な考え方は，次のとおりとする．
> （１）　使用者の安全性の確保を図り，事故の発生を防止・抑制すること．
> （２）　所要の機能・性能の確保および向上を図り，建築物・空間等が使用上支障のないこと．
> （３）　目標耐用年数までの期間もしくは使用予定期間において，将来的に安全性および機能性に重大な支障が生じないこと．

　ａ．建築物の保全の考え方は，解説図 2.1 に示したように，使用予定期間に所要の機能や性能を下回ることがないように補修・改修を行う．そのためには，建築物や部材の現状の機能や性能の程度と補修・改修によって回復・向上する機能や性能を把握したうえで，補修・改修設計を行う必要がある．現状や将来的な劣化による機能および性能の低下は，JAMS 3-RC「調査・診断標準仕様書」に基づく調査によって把握が可能である．また，補修・改修設計によって回復・向上する機能や性能は必ずしも定量的に示されるものではないが，補修・改修設計において機能や性能の回復・向上の程度を考慮して補修・改修の目標設定を行う．また，この時，使用予定期間に対して過剰に機能や性能を向上させるような設計は合理的ではなく，今後の使用予定期間を考慮し，その整合性に留

意する必要がある.

　これらの設計を精緻に行うためには，機能や性能の回復・向上の程度やその後の劣化の進行速度が明らかである必要があるが，現状ではこれらに対する十分な資料が整備されているとは言い難い状況である．実際の設計にあたっては，補修・改修材料の製造者や施工者および第三者による試験データなどのほか，同種および類似の仕様に対する実際の施工実績の参照やその結果の相対比較などを行い，材料・工法の選定および仕様の検討を行うとよい.

　b．補修・改修の目的の基本的な考え方は本文（1）〜（3）に示すとおりであり，いずれも重要かつ不可欠な項目である．特に（3）については，従来の補修工事において考慮されることが少なかった考え方であるが，本保全標準の考え方に基づく基本的事項である．また，これらの考え方に先立ち，法令や社会的な規範等を遵守することは言うまでもない.

2.4　補修・改修によって期待する性能項目および性能レベルの設定

> 使用予定期間内において建築物に求められる性能を明らかとし，目標とする性能項目とその性能レベルを明確にする.

　前節に示した考え方により，補修・改修の目標を設定した後，それを具体的な仕様として示すためには，建築物に求められる性能を明らかとし，目標とする性能項目とその性能のレベルを明確にする必要がある.

　一般に，補修・改修対象となる部位・部材が目標とすべき性能項目は，建築物や空間に求められる性能や機能の部分またはすべてと，当該部位・部材または材料・工法の性能がどのような関係にあるかを明確にして定めるべきである．このような建築物や部位・部材あるいは建築材料に求められる性能を，建築物全体の性能から説明しようとする考え方は「性能指向型の設計法」と呼ばれ，本会の定める仕様書や指針類の性能規定化を後押しすることとなった．ここで，建築物の全体あるいは部位・部材に要求される性能項目としては，ISO 19208：2016 Framework for specifying performance in buildings[2]や JIS A 0030：1994（建築物の部位別性能分類）に定められるもの〔解説表 2.1〕のほか，品質確保の促進等に関する法律における「日本住宅性能表示基準」などに示される性能項目〔解説表 2.2〕が網羅的で参考となる.

　その一方で，部位・部材あるいは使用する材料・工法に求められる性能項目は，部位・部材，材料・工法などにより異なるが，本会では，1990 年代から始まる標準仕様書の性能規定化の流れの中で，標準仕様書の性能規定化への対応については，設計者が仕様書の目標としている性能を施工者に示す節を新たに設けることについての合意がなされ，各 JASS に順次，各工事によって完成する建築物・部位・部材に対する要求性能を示す節が設けられるようになった．そのため，新規建築工事における性能項目の捉え方は，対応する JASS が参考となると考えられる．ただし，2015 年に開催された研究協議会「標準仕様書（JASS）・指針類のあり方」では，その中で性能規定化の対応状況が調査され，各分野で性能規定化の対応程度は異なることが確認されており[3]，それぞれの分野の最新の考え方を確認する必要がある.

　選定した性能項目に対して要求される性能レベルは補修・改修の対象や性能項目によって異なり，設計者が依頼者（所有者や管理者など）の意図を読み取り，指定することが原則である．これら性能レベルの実現は，現実的には標準仕様の選定による場合が多く，標準仕様は必要とされる標準的な性能を保持していると考えられるが，その一方で保有する個別の性能レベルについて明示されていない場合も少なくなく，新規の材料・工法の選定においては十分な注意が必要である．具体的な目標設定の考え方と仕様の選定については，2.6 節および 4 章を参照されたい．

解説表 2.1　ISO 19208 に示される性能項目

	Category（分類）		Category（分類）
1	Stability（（構造的な）安定性）	2	Fire safety（火災安全性）
3	Safety in use（使用安全性）	4	Tightness（気密性・水密性）
5	Hygrothermal（温・湿度環境性能）	6	Air purity（空気清浄性）
7	Acoustical（音響性能）	8	Visual（意匠性）
9	Tactile（触覚性）	10	Dynamic（振動性）
11	Hygiene（衛生性）	12	Suitability of spaces for specific uses（使用性）
13	Durability（耐久性）	14	Economic（経済性）
15	Accessibility（アクセシビリティ）	16	Contributions to sustainable development（持続可能な発展への貢献）

解説表 2.2　日本住宅性能表示基準に示される性能項目

性　能	性能の小項目
構造の安定に関すること	耐震等級，耐風等級，耐積雪等級，地盤または杭の許容支持力等及びその設定方法，基礎の構造方法および形式等
火災時の安全に関すること	感知警報装置設置等級，避難安全対策，脱出対策，耐火等級
劣化の軽減に関すること	劣化対策等級
維持管理・更新への配慮に関すること	維持管理対策等級，更新対策
温熱環境に関すること	省エネルギー対策等級
空気環境に関すること	ホルムアルデヒド対策，換気対策，室内空気中の化学物質の濃度等
光・視環境に関すること	単純開口率，方位別開口比
音環境に関すること	重量床衝撃音対策，軽量床衝撃音対策，透過損失等級
高齢者等への配慮に関すること	高齢者等配慮対策等級
防犯に関すること	開口部の侵入防止対策

2.5　補修・改修材料および工法の選定方針の設定

　a．補修・改修材料および工法は，劣化程度および目標とする性能項目および性能レベルに応じて選定する．

b．補修・改修材料および工法は，関連法令等に適合し，かつ施工性の確保に配慮して選定する．
c．居住者および使用者の安全の確保および良好な環境の維持に配慮する．

a．補修・改修材料および工法は，現状や将来の劣化の程度および機能や性能の回復・向上目標に応じたものを選定する．

b．関係法令については，現行規定に適合することが原則である．既存不適格として現行法令への遡及が免除される部分もあるが，それでも所要の安全性が確保されていることは不可欠であり，既存不適格の場合には所要の性能を蔑ろにしてよいということではない．また，補修・改修工事では，大規模な修繕や模様替えのように過半の修繕に相当しない限りは建築確認を受ける必要がないため，法令への適合が第三者によって確認されることはない．これは法令への適合が免除されることを意味するのではなく，建築確認を受ける場合以上に，設計者自らが法令への適合を確認し，それを遵守するように努めることが重要となる．

また，施工性は，工事の品質を確保するために必要不可欠な項目であり，補修・改修設計の段階で配慮しておく必要がある．

c．補修・改修工事は居ながら工事となる場合も多いため，建築物の使用者・居住者の安全や良好な環境の確保が重要である．また，施工者の安全や良好な作業環境の確保も同様である．居ながら工事における使用環境の確保のための配慮事項としては，騒音，振動，粉じん，臭気および化学的物質の放散などを低減できる材料および工法を選定するほか，防犯性の確保，工期短縮が可能な材料・工法を選定することなどによって，使用者・居住者への影響を低減することができる．

2.6　補修・改修材料および工法の選定

a．構造体の補修材料および工法の選定は，4.1節による．
b．外装仕上げの補修・改修材料および工法の選定は，4.2節による．
c．シーリングジョイント・メンブレン防水の改修材料および工法の選定は，4.3節および4.4節による．

a．～c．補修・改修工法の具体的な選定は，4章の各節に記載しているので，そちらを参照されたい．なお，「補修」，「改修」の用語の意味については，JAMS 1-RC で定めているとおりであるが，構造体，外装仕上げ，防水を対象にそれぞれの具体的な対象範囲を示すと，次のようになる．

・構造体については，通常の保全においては，初期の水準以上に性能または機能を改善することを想定していないため，劣化した部材などの性能または機能を実用上支障のない状態まで回復させる「補修」のみを対象としている．

・外装仕上げについては，既存の材料・工法と同等レベルもしくは実用上支障のないレベルまでの回復を「補修」とし，既存の材料工法より性能・機能が向上する場合は「改修」とし，両者を対象としている．

・防水については，雨水の浸入箇所や劣化の著しい部分のみに対して行う局所的な措置を「補修」とし，壁や屋根の全面に対しての措置を「改修」とし，両者を対象としている．

2.7 補修・改修設計の変更

施工者による工事着手時の調査，また工事開始後の追加の調査の結果や依頼者からの指示等により当初の設計内容を変更する必要が生じた場合は，設計図書や契約内容の変更，およびそれらに伴う工事費や工程の変更を依頼者に提案する．

施工者は，補修・改修工事の実施にあたって，工事着手時に，建築物の劣化や損傷の程度，施工数量および施工条件の確認などの調査を実施する．その結果，当初の補修・改修設計において示された条件とは異なることも想定される．また，工事が始まった後も既存の仕上材等を撤去することによって，設計時に想定した状況と異なることが明らかになる場合もある．このような報告を受けた場合，設計者は設計変更の要否を判断し，必要に応じて設計図書の内容の変更および工事費や工程の変更を依頼者に提案しなければならない．解説図 2.2 に，標準的な設計変更の手順を示す．

なお，設計変更を行う場合には，設計図書の変更に伴う工期や請負代金の変更にかかる協議を依頼者と実施し，どのように契約変更するのかについても合意する必要がある．変更内容が大規模な場合には，設計変更のための設計期間，設計料の変更なども含める．また，設計変更後の設計図書は，依頼者および施工者と共有し，常に最新の状況が反映された設計図書を管理する必要がある．これは，依頼者からの指示による設計変更の場合も同様である．

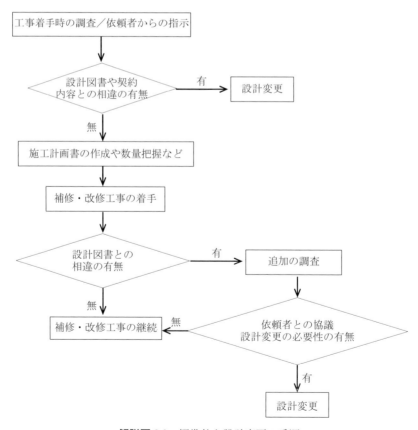

解説図 2.2 標準的な設計変更の手順

2.8　補修・改修後の保全計画

> 設計者は，今後の使用予定期間における補修・改修後の保全計画を立案し，依頼者に提示する．

　建築物は，補修・改修後も使用予定期間あるいはそれ以上の期間にわたって使用されるため，補修・改修後の維持管理や再度の補修・改修が必要になる．建築物の保全計画は，JAMS 1-RC 2 章に基づいて立案されており，その計画に基づいた補修・改修後の長期的な保全計画が必要である．また，補修・改修工事の結果や条件を踏まえて保全計画を見直す必要がある．本規準では，補修・改修後の保全計画について，補修・改修工事の設計者の責任で計画立案することとした．保全計画の立案にあたっては，依頼者と協議し，また，必要に応じて補修・改修工事の施工者および新築時の設計者および施工者の協力を得るとよい．保全計画立案の方法については，JAMS 1-RC 2 章によることとする．ここで，保管すべき図書として，当該補修・改修工事の設計図書および工事後の完成図を含める必要がある．

　また，依頼者は，提示された保全計画を参照および保管し，定期的に見直しを図らなければならない．2001 年（平成 13 年）に施行されたマンション管理適正化法に基づいて提示された「長期修繕計画作成ガイドライン」[4]では，大規模修繕工事後に長期修繕計画を見直し，その後 5 年おき程度に計画の見直しを行う必要があることが示されている．

参 考 文 献

1）日本建築学会：建築物の調査・診断指針（案）・同解説，2008.3
2）International Organization for Standardization: ISO 19208 Framework for specifying performance in buildings, 2016.11
3）日本建築学会材料施工委員会：2015 年度日本建築学会大会研究協議会「標準仕様書（JASS）・指針類のあり方」資料，2015.9
4）国土交通省：長期修繕計画標準様式　長期修繕計画作成ガイドライン　長期修繕計画作成ガイドラインコメント，2008.6

3章　補修・改修設計図書の作成

3.1　補修・改修設計図書の構成

> 補修・改修設計図書は，次の各項により構成する．
> （1）　補修・改修工事仕様書
> （2）　補修・改修工事図面
> （3）　現場説明書および質問回答書

　補修・改修設計図書は，経常的な保守や応急措置等を除く，計画的に実施する補修・改修工事において，事前に実施される調査・診断結果を踏まえ作成する．補修・改修工事は，新築工事と異なり，既存部が前提となること，建築物を継続使用しながらの工事となる場合も多いことから，補修・改修設計図書の作成に際しては，これらの相違点を踏まえて必要な図書を作成する．

　補修・改修設計図書は，工事請負契約書類の一部となるため，施工調査や工事段階で判明した状況により設計変更が必要となった場合に，設計変更内容の検討および協議を円滑に進めるためにも重要となる．また，工事の終了後に建築物の保全を行う場合にも重要な情報となるため，以下の事項を考慮して作成する．

　（1）　補修・改修工事仕様書については，3.2節により作成する．

　（2）　補修・改修工事図面については，3.3節により作成する．

　（3）　上記の仕様書および図面に記載のない事項について，現場説明書，質問回答書としてまとめることもある．

　なお，補修・改修設計図書とは別に，事前に実施された調査・診断の結果（報告書等）については，施工者および工事監理者が参照できるようにする．

3.2　補修・改修工事仕様書の作成

> 補修・改修工事仕様書の作成にあたっては，一般新築工事における事項に加え，必要に応じて以下の事項を含める．
> （1）　施工着手時の調査の内容
> （2）　既存部が設計図書と異なる場合の措置
> （3）　施工に関する制約条件
> （4）　仮設に関する条件
> （5）　廃棄物の処理
> （6）　完成検査
> （7）　引渡し

　補修・改修工事仕様書は，特に，以下のような点を考慮する必要がある．

（1）　設計に必要な調査は設計段階になされるべきものであるが，仮設備や一定の工事が必要な調査など，施工者が行う調査・診断がある場合は，その項目・範囲・方法，報告の方法等を具体的に記載する．

（2）　工事段階で，既存部の状況が設計図書と異なることが判明した場合など，さらに詳細な調査・診断が必要となることがある．この場合の対応内容は依頼者・設計者・調査者・施工者などで協議することが必要であるが，合意形成や設計変更の具体的な措置について，あらかじめ記載しておく．

（3）　施工に使用できる場所（駐車場，資材・廃材置き場，工事事務所，トイレの設置位置等），施工可能な時間，工事用水や工事電力等の供給等の施工条件を明記する必要がある．

（4）　建築物の利用状況等を踏まえ，必要な仮設の条件を記載する．なお，必要に応じ，仮設指示図を作成する場合は，3.3節（3）による．

（5）　補修・改修工事に伴い発生する廃棄物の分別，再利用，廃棄方法については，廃棄物の処理および清掃に関する法律，および関係法令や条令に照らして適切な方法を講ずる必要がある．

（6）　補修・改修工事の完成検査のうち目視では，既存部分との取合いが重要となる．そのためには，仕様として既存部と改修部の整合の程度について判断基準を示しておく．

（7）　引渡しを行う項目（工事目的物のほか，必要に応じ，品質管理記録・竣工図・保証書などの書類を含む）について記載する．なお，竣工図（完成図とも呼ばれる）とは，工事目的物の完成時の状態を表現した図面であり，その作成は，設計業務委託契約書または工事請負契約書に則り行う．

3.3　補修・改修工事図面の作成

> 補修・改修工事図面の作成にあたっては，新築工事の場合に加えて，必要に応じて以下の事項を実施する．ただし，これらの図面の一部は工事段階で作成する場合もある．
> （1）　補修・改修対象建築物の既存部の図面がない場合は，既存部の図面を作成する．また，既存部の図面がある場合にも，それらが現況と一致しているかどうかを確認し，現況に合わせた図面を作成する．
> （2）　既存部と補修・改修対象部分の関係が明示されるような図面構成とする．
> （3）　特に必要な場合には，仮設指示図を作成する．

補修・改修工事の設計では，軽微な工事であっても図面を作成することを原則とする．なお，作成に際しては，既存部の状況，補修・改修工事の範囲・工法・数量等が明確に読み取れるよう配慮する．

工事段階で設計図書を作成する場合は，設計業務委託契約書または工事請負契約書に則り，JAMS 4-RC 2.7節により作成する．

（1）　補修・改修工事の図面の作成には，当該範囲の既存部分の図面が必要となる．また，工事を機会に，補修・改修対象となる部分に加えて，既存部の全体の図面を整理しておくことが望ましい．

　（2）　補修・改修工事の図面は，工事の段階により，既存図，補修・改修図面を作成することが一般的である．既存図は，当初建設時の設計図書および事前に実施する調査・診断時の情報に基づき作成する．補修・改修図面は，情報量が多くなりがちであるため，例えばひび割れ補修工事，塗装改修工事，建具改修工事など工事内容ごとに整理して，施工時に理解しやすい構成とすることが重要である．また，既存図の記載事項と今回工事の記載事項が混同されないよう，図面表現に配慮する．

　既存部材の撤去が必要な場合は，必要に応じて，撤去範囲や数量，撤去対象の構造や仕上げが判るように既存図または補修・改修図面に明示する．また，建具等の改修などについては，改修後の部材リストを作成する必要もある．

　（3）　補修・改修工事中の使用者・居住者に対する安全確保および迷惑防止のために必要な仮設について，具体的な設置部位などを図示する必要がある場合は，仮設指示図を作成する．

4章　材料および工法の選定

4.1　構造体および打放し仕上げ補修における材料および工法の選定

4.1.1　適　用　範　囲

---

a．本節は，鉄筋コンクリートの次の劣化および不具合のうち，（1）（2）および（4）の補修を主な
　　対象とする．
（1）　ひび割れ先行型劣化
（2）　鉄筋腐食先行型劣化
（3）　進行型コンクリート劣化
（4）　不具合
b．上記，（3）の補修設計は，使用実績，あるいは信頼できる資料によって行う．
c．鉄筋腐食が著しく進行し，構造的な検討が必要と考えられる場合は，対象としない．

---

　a．，b．鉄筋コンクリートの劣化現象と劣化原因を，コンクリートの劣化と鉄筋の劣化とに分
けて分類したものが解説図4.1である．図より，鉄筋コンクリートの「ひび割れ」には，コンクリー
トの劣化現象としての「ひび割れ」と，鉄筋の劣化（つまり「鉄筋腐食」）を誘発する劣化原因と
しての「ひび割れ」の2つがあることがわかる．

　鉄筋コンクリート造構造物の寿命は，鉄筋腐食に起因する例が大半であることから，本節で扱う
基本的な劣化パターンは，先にコンクリートにひび割れが入り，ひび割れからの劣化因子（二酸化
炭素や水分）の侵入が原因で，鉄筋腐食を誘引するケース「ひび割れ先行型劣化」と，中性化や塩
化物の影響などで鉄筋腐食が進行した結果，コンクリートにひび割れが生じ，劣化がさらに進行す
るケース「鉄筋腐食先行型劣化」の2つとした．

　ひび割れ先行型劣化に該当する劣化原因は，解説図4.1のコンクリートの劣化に示されるひび割
れのうち，乾燥収縮，温度変化の繰返し，水和熱（マスコンクリート）である．いずれも打込み直
後から数年の間に発生し，収束するものであり，それ自体がコンクリートの崩壊に繋がる類いのも
のではない．一般に，ひび割れ幅が大きくなると二酸化炭素や水分などの劣化因子が侵入しやすく
なり，鉄筋の腐食速度は速くなる．鉄筋と直行方向のひび割れについては，数十年といった寿命の
オーダーで考えれば，腐食速度はひび割れ幅に依存しないという見解もあるが，ひび割れが鉄筋に
沿って発生すると，鉄筋腐食に及ぼす影響は深刻である．特に，かぶり厚さが小さい場合には，梁
の曲げひび割れや壁の乾燥収縮ひび割れなどが鉄筋に沿って発生することも多く，こうした場合，
鉄筋全体に腐食が広がる危険性が高くなる．したがって，ひび割れ先行型劣化では，劣化因子が侵
入できるぐらいのひび割れ幅となった場合に補修が必要となる．なお，既にひび割れ幅が大きい状
態で放置され，鉄筋腐食が進行している場合には，当然のことであるが，ひび割れ部の補修だけで
なく，鉄筋腐食に対する補修が必要である．

　他方，鉄筋腐食先行型劣化に該当する劣化原因は，解説図 4.1 の鉄筋腐食のうち，中性化と塩害である．屋外環境下で，中性化深さが鉄筋位置まで進行した場合，あるいは塩化物イオン量が鉄筋位置である限度以上になると，鉄筋の腐食が始まり，その進行（さびによる膨張）に伴い，かぶりコンクリートにひび割れが生ずると，その後短期間のうちに，かぶりコンクリートが剥落に至る．このため，鉄筋腐食先行型劣化では腐食ひび割れ（鉄筋腐食によってかぶりコンクリートに生じた鉄筋に沿ったひび割れ）が生じた時点で，ひび割れ幅に関わらず補修が必要となる．なお，腐食ひび割れが生じた時点では，鉄筋腐食に対する補修が必要なだけでなく，劣化因子が既にコンクリート中に内在しているため，中性化や塩害の抑制だけでなく，劣化因子の除去が必要になるケースも多い．

　コンクリートのひび割れの中には，ひび割れが長期的にも収束せず，深刻化すると，コンクリートの崩壊に繋がる類いのものがあり，それが「進行型コンクリート劣化」である．進行型コンクリート劣化に該当する劣化原因は，アルカリシリカ反応，凍結融解作用の繰返し，化学的侵食である．

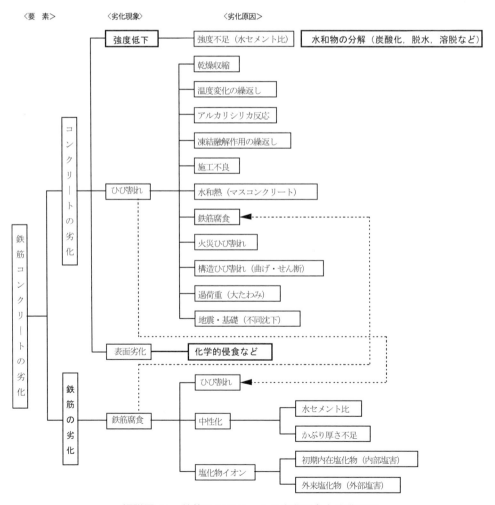

解説図 4.1　鉄筋コンクリートの劣化現象と劣化原因
（文献[1]をもとに一部変更）

この種の劣化の補修には特殊な配慮が必要となる場合が多いため，これらの劣化が事前の対策によって生じないようにするのが肝要と考えられる．また，標準的な補修仕様を示せないことから，補修設計は，使用実績，あるいは信頼できる資料によって行うこととした．

　外装や防水の補修・改修の際に見つかった不具合（部分的な欠損や未充填箇所を含む）に関しては，その状況や外装仕上げや防水の補修・改修の際の下地としての要求性能に応じて，補修・改修工法を選定するように示した．

　なお，構造ひび割れ（曲げ・せん断），過荷重（大たわみ），地盤・基礎（不同沈下）および地震といった外力起因型の損傷に関しては，被災状況が深刻であったり，ひび割れ幅が大きかったり，変形が大きかったりすると，専門家による調査・診断が必要となり，補強の検討も行わなければならない．標準的な補修仕様を示せないことから，本規準では扱わないこととした．また，火害やかぶり厚さ不足に関しても，本規準では扱わないことにした．火害の補修は，本会編「建物の火害診断および補修・補強方法」[2]や本会編「建物の火害診断および補修・補強方法指針・同解説」（2010年）[3]も発刊されており，これらが参考となる．また，かぶり厚さ不足の補修は，建築研究所「鉄筋コンクリート造建築物のかぶり厚さ確保に関する研究」[4]が参考となる．

　c．鉄筋腐食が著しく進行し，構造的な検討が必要と考えられるケースについては，補修・改修の範囲を逸脱するため，本規準の対象外とした．

4.1.2　基本方針

> a．補修材料および工法の選定に先立ち，補修対象とする部位・部材ごとに，調査診断・結果をもとに，劣化もしくは不具合の分類，劣化度もしくは不具合の程度，鉄筋腐食に及ぼす影響程度の確認を行う．
> b．劣化部の補修に関しては，現状の劣化度だけでなく，劣化の進展および残存耐用年数を考慮したうえで，補修範囲を定め，合理的な補修方針を設定する．
> c．劣化部の補修方針に基づき，回復目標を設定し，劣化度だけでなく，劣化原因の種類とその強さを踏まえたうえで，補修工法を選定して特記する．
> d．外装や防水の補修・改修の際に見つかった部分的な欠損や未充填箇所については，鉄筋腐食あるいはコンクリートの劣化によるものでないことを確認したうえで，要求性能に応じた補修工法を選定して特記する．
> e．補修材料および工法は，適切な試験方法，使用実績，あるいは信頼できる資料によって，その品質・性能が確かめられたものを選定して特記する．

　a．構造体の補修材料および工法を選定するために必要な情報として，劣化もしくは不具合の分類，劣化度もしくは不具合の程度，鉄筋腐食に及ぼす影響程度がある．いずれも調査診断により，明らかにされているものである．

　本書で扱う基本的な分類は，ひび割れ先行型劣化および鉄筋腐食先行型劣化である．その場合の劣化度と判定基準を解説表 4.1 に，鉄筋の腐食グレードについては，解説表 4.2 に示す．補修設計は部材ごとに行うため，部材ごとの個別劣化度を外観の劣化症状によって判定する．ただし，鉄筋の腐食状況が調べられている場合には，それを優先する．

　劣化の分類別の鉄筋腐食への影響程度の分類を解説表 4.3〜4.5 に示す．ひび割れ先行型劣化では

ひび割れ幅の調査結果をもとに，対象とする部材ごとに解説表 4.3 よりひび割れ幅による鉄筋腐食への影響程度を判定する．鉄筋腐食先行型劣化で劣化原因が中性化の場合は，中性化深さおよび鉄筋のかぶり厚さの調査結果をもとに，対象とする部材ごとに解説表 4.4 より中性化による鉄筋腐食への影響程度を判定する．鉄筋腐食先行型劣化で，劣化原因が塩害の場合，鉄筋位置の塩化物イオン量の調査結果をもとに，対象とする部材ごとに解説表 4.5 より塩化物イオン量による鉄筋腐食への影響程度を判定する．

解説表 4.1　劣化度と判定基準

個別劣化度	判定基準	
	外観の劣化症状	鉄筋の腐食状況
i	目立った変状は認められない．	腐食グレードは 2 以下である
	鉄筋に沿ったひび割れは認められないが，乾燥収縮による幅 0.3 mm 未満のひび割れ，さび汁（さび汚れ）が認められる．	腐食グレードが 3 の鉄筋がある
ii	鉄筋腐食によると考えられる幅 0.5 mm 未満のひび割れが認められる．	腐食グレードが 4 の鉄筋がある
iii	鉄筋腐食による幅 0.5 mm 以上のひび割れ，コンクリートの浮き，剥離・剥落があり，鉄筋が露出している箇所がある．	腐食グレードが 5 の鉄筋はないが，大多数の鉄筋の腐食グレードは 4 である
		腐食グレードが 5 の鉄筋がある

解説表 4.2　鉄筋の腐食グレード

腐食グレード	腐食状態
1	腐食がない状態，または表面にわずかに点さびが生じている状態
2	表面に点さびが広がっている状態
3	点さびがつながって面さびとなり，部分的に浮きさびが生じている状態
4	浮きさびが広がって生じ，コンクリートにさびが付着し，鉄筋断面積の 5 ％以下の欠損が生じている箇所がある状態
5	厚い層状のさびが広がって生じ，鉄筋断面積の 5 ％を超える欠損が生じている箇所がある状態

解説表 4.3　ひび割れ先行型劣化による鉄筋腐食への影響程度の分類

鉄筋腐食への影響程度	判定基準	
	一般の屋外	塩害環境の屋外
小	乾燥収縮等による幅 0.3 mm 以下のひび割れ	乾燥収縮等による幅 0.2 mm 以下のひび割れ
大	乾燥収縮等による幅 0.3 mm を超えるひび割れ	乾燥収縮等による幅 0.2 mm を超えるひび割れ

解説表 4.4　コンクリートの中性化による鉄筋腐食への影響程度の分類

鉄筋腐食への影響程度	評価基準	
	水が作用する環境	水が作用しない環境
小	$D - 10 \geqq C_d$	$D \geqq C_d$
中	$D - 10 < C_d \leqq D$	$D < C_d \leqq D + 20$
大	$D < C_d$	$D + 20 < C_d$

D：かぶり厚さの平均値（mm），C_d：中性化深さの平均値（mm）

解説表 4.5　コンクリート中の塩化物イオンによる鉄筋腐食への影響程度の分類

鉄筋腐食への影響程度	鉄筋位置における塩化物イオン量
小	$0.30 \, \mathrm{kg/m^3}$ を超え $0.60 \, \mathrm{kg/m^3}$ 以下である．
中	$0.60 \, \mathrm{kg/m^3}$ を超え $1.20 \, \mathrm{kg/m^3}$ 以下である．
大	$1.20 \, \mathrm{kg/m^3}$ を超えている．

　b．補修設計における回復目標レベルは，一般に次のように3段階に整理できる．

1）恒久（補修）とは，顕在化しているすべての劣化部分を補修するだけでなく，内在している劣化要因をほとんど完全に除去し，恒久的な補修効果を期待する補修である．

2）延命（補修）とは，顕在化している劣化部分を補修するとともに，劣化要因を内在していると考えられる部分に対しては，劣化進行を抑制する工法を施し，延命効果を期待する補修である．

3）暫定（補修）とは，顕在化している劣化部分のみを補修し，その他の部分に対しては劣化が顕在化するたびに処置していく補修である．

　どういった方針にするかは，現状の劣化度だけで決まる問題ではなく，建築物の重要性や耐用年数，経済性も含めて，総合的に考える必要がある．劣化が著しく進行した後に，恒久的な補修を行うことは経済的でない場合が多く，維持保全限界以上の状態を保つことが基本と考えられる．維持保全限界は，劣化が顕在化する前の進展期から，劣化が顕在化する加速期に入る前の段階，つまり表面被覆（あるいは表面含浸）による延命効果が十分に期待できる段階を想定している．

　鉄筋保護性能の低下に応じた補修工法の選定の概念を解説図 4.2 に示す．図より，補修工法を選定する際には，劣化の顕在化が進んでいる箇所と，まだ劣化は顕在化していないものの，既に劣化因子が内在する箇所が，同一の部材中にあることを認識する必要があることがわかる．つまり，劣化が顕在化してくると，多くの場合，図に示すように断面修復と表面被覆を組み合わせて，施す必要が生ずる．

　また，鉄筋保護性能の低下に対する断面修復と表面被覆の効果は，解説図 4.3 に示すとおりである．断面修復を行う場合，内在する劣化要因を完全に取り除けるのであれば，恒久的な補修を実現できるが，現実的には劣化が顕在化している部分しか取り除けない．したがって，本規準では，延命補修を標準として，補修工法を選定する方法を示すことにする．

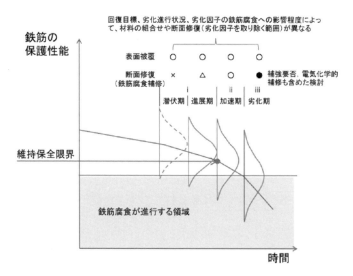

解説図 4.2　鉄筋保護性能の低下に応じた補修工法の組合せの考え方

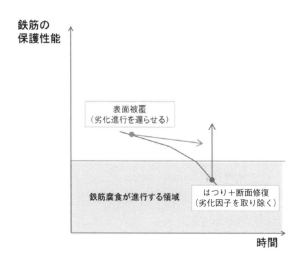

解説図 4.3　鉄筋保護性能の低下に対する断面修復と表面被覆の効果

　ｃ．現状の劣化度だけでなく，鉄筋腐食への影響程度にも配慮することで，劣化進行速度も勘案することになり，まだ顕在化していない劣化に対しても，適切な補修工法を選定できると考えられる．そこで，劣化原因別の補修工法は，解説表 4.6〜4.8 のように選定することができる．なお，表中の「断面修復」は，鉄筋の腐食に伴うコンクリートの浮きや剥離が生じた部分をはつり取り，断面修復材で埋戻しを行うことであるが，コンクリートの中性化や塩化物イオンなどの鉄筋腐食に影響する劣化因子が内在している場合に，その部分のコンクリートをはつり取り，断面修復することで，鉄筋腐食の防止・抑制をするケースも含まれる．

解説表 4.6　劣化原因がひび割れの場合の補修工法

個別劣化度	鉄筋腐食への影響程度	
	小	大
i	不要	ひび割れの補修（全面的な表面被覆含む）
ii	別の原因を検討する	断面修復
iii	別の原因を検討する	断面修復

解説表 4.7　劣化原因が中性化の場合の補修工法

個別劣化度	鉄筋腐食への影響程度		
	小	中	大[*2]
i	不要	表面被覆（表面含浸）	表面被覆（表面含浸）
ii	別の原因を検討する	表面被覆（表面含浸）＋断面修復（ひび割れ注入[*1]）	表面被覆（表面含浸）＋断面修復
iii	別の原因を検討する	別の原因を検討する	表面被覆（表面含浸）＋断面修復

＊1：回復目標レベルが暫定の場合
＊2：鉄筋腐食が著しく進行し，構造的な検討が必要と考えられるケース除く

解説表 4.8　劣化原因が塩害の場合の補修工法

個別劣化度	鉄筋腐食への影響程度		
	小	中	大[*1]
i	不要	表面被覆（表面含浸）	表面被覆（表面含浸）
ii	別の原因を検討する	表面被覆（表面含浸）＋断面修復	表面被覆（表面含浸）＋断面修復
iii	別の原因を検討する	別の原因を検討する	表面被覆（表面含浸）＋断面修復

＊1：鉄筋腐食が著しく進行し，構造的な検討が必要と考えられるケース除く

　d．外装や防水の補修・改修の際に，部分的な欠損やひび割れなどの不具合が見つかる場合がある．ただし，不具合と考えていたものが，コンクリートあるいは鉄筋の劣化に起因する場合には，単に，不具合の補修では済まなくなるため，その確認は重要である．

　e．補修材料および工法の開発は，日進月歩であり，常に新しいものが開発されているが，実績のないものを使用する場合には，事前に試験施工などを行って，施工品質や耐久性を確認することが望ましい．

4.1.3　ひび割れ先行型劣化

> a．本項は，ひび割れ先行型の劣化形態において，鉄筋腐食が進行する前のひび割れの補修について示す．
> b．対象とする部材ごとに，ひび割れの発生原因，幅，挙動および漏水の有無などの状況を考慮したうえで，劣化因子がひび割れ部から侵入しないように，次の（1）～（4）より，適切なものを選定して特記する．
> 　（1）　シール工法
> 　（2）　樹脂注入工法
> 　（3）　Uカットシール材充填工法
> 　（4）　全面的な表面被覆工法
> c．ひび割れが原因で，既に鉄筋腐食が進行している場合には，かぶりコンクリートをはつって，防せい処理をしたうえで，断面修復を行う．

　a．セメントの水和熱や乾燥収縮，環境温度・湿度の変化，施工不良などによって有害なひび割れが発生すると，ひび割れからの劣化因子（二酸化炭素，塩化物イオン，酸素，水など）の侵入が容易となり，鉄筋の腐食が急激に進行（孔食から全面腐食へ進行）する．このため，その前にひび割れを補修することが重要である．

　b．ひび割れ先行型劣化におけるひび割れ補修工法は，ひび割れを補修することによって防水性や耐久性を向上させ，鉄筋腐食を防止する．その種類には，ひび割れ部を補修する（1）シール工法，（2）樹脂注入工法，（3）Uカットシール材充填工法のほか，コンクリート表面の全面を被覆して補修する（4）全面的な表面被覆工法がある．これらの工法は，ひび割れ部の漏水の有無，ひび割れ部の挙動の有無，ひび割れ幅の大小などの劣化状況を考慮して，要求される耐用年数まで鉄筋の腐食を防止できるような工法を選択するか，あるいは複数の工法を組み合わせて適用する．

　ひび割れ先行型劣化のひび割れには，乾燥収縮のように竣工後も数年にわたり，ひび割れが拡大するものや，環境温度の変化のくり返しによってひび割れ幅が周期的に変動するものなどがあり，ひび割れ部が大きく挙動するものも存在する．建物の壁面におけるひび割れの挙動については，建物自重による拘束，配筋や周辺の柱・梁による拘束，壁面の方角，天候，季節などの他，日射の影響[5]にも配慮する．また，これらの非進行性のひび割れは，いずれも施工中または竣工後の早い時点でひび割れが顕在化し，数年以内には収束すると考えられるものである．したがって，ひび割れ部のみを補修することによって，漏水や鋼材の腐食を抑制できると考えられる．ひび割れ部の挙動とひび割れ幅に応じた，ひび割れ先行型劣化に対するひび割れ部の補修工法に関する選定フローを，解説図 4.4 に示す．

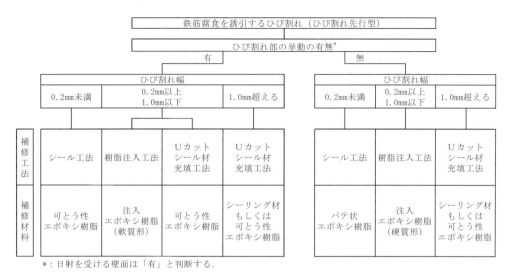

解説図 4.4　ひび割れ先行型劣化に対するひび割れ部の補修工法に関する選定フロー

　ここで，ひび割れ部の補修材料は，補修工法に応じて，エポキシ樹脂，シーリング材のうち，その用途および適合する品質のものの中から選定する．次の①，②に示す品質基準に適合するものを選定するとよい．

① 　エポキシ樹脂

　シール工法に使用するパテ状エポキシ樹脂，ならびに可とう性エポキシ樹脂，樹脂注入工法に使用する注入エポキシ樹脂（硬質形，軟質形），Uカットシール材充填工法に使用する可とう性エポキシ樹脂には，品質規格として JIS A 6024（建築補修用及び建築補強用エポキシ樹脂）がある．解説表 4.9 にひび割れ補修用の各種エポキシ樹脂の種類と求められる性能を示す．

　注入エポキシ樹脂には，硬質形と軟質形があり，粘度によって低粘度形，中粘度形，高粘度形の3種類があるが，本規準では低粘度形または中粘度形を原則とする．一般に，低粘度形はひび割れ幅 0.5 mm 未満の場合に，中粘度形はひび割れ幅 0.5 mm 以上の場合に適用される．また，手動式または機械式による注入の場合は可使時間の短い樹脂を使用し，自動式低圧樹脂注入方式による注入の場合は可使時間の比較的長い樹脂を使用する．

　樹脂注入工法では，ひび割れ部に圧入されるエポキシ樹脂が，外部に流出せずひび割れ方向に充填するように，ひび割れをあらかじめシールしておく必要がある．これに用いる材料は仮止めシール材と称され，重要な役割を担っている．この仮止めシール材を選択する方法は，国土交通省大臣官房官庁営繕部監修「建築改修工事監理指針（上巻）」[6] で示されている．また，注入孔へ注入が完了した後に使用される穴埋め材料についても，同指針に示されている．

　なお，樹脂注入工法においてはアクリル樹脂系の注入材も適用することができると考えられる．建築補修用としての品質規格はないが，JIS A 6024 の品質規格を満足するものがある．

解説表 4.9　エポキシ樹脂の種類と求められる性能（JIS A 6024）

種類	区分			求められる性能
	引張破断時伸び	粘性[*1]	施工時期[*2]	
注入エポキシ樹脂	硬質形（引張破断時伸びが10％以下）	低粘度形	一般用	・粘度 ・チキソトロピックインデックス ・スランプ ・接着強さ ・引張特性（引張強さ，破断時伸び） ・圧縮強さ ・硬化収縮率 ・加熱減量（質量変化率，体積変化率）
			冬用	
		中粘度形	一般用	
			冬用	
		高粘度形	一般用	
			冬用	
	軟質形（引張破断時伸びが50％以上）	低粘度形	一般用	・粘度 ・チキソトロピックインデックス ・スランプ ・接着強さ ・引張特性（引張強さ，破断時伸び） ・硬化収縮率 ・加熱減量（質量変化率，体積変化率）
			冬用	
		中粘度形	一般用	
			冬用	
		高粘度形	一般用	
			冬用	
エポキシ樹脂モルタル	－			・だれ　　　　　　・曲げ強さ ・接着強さ　　　　・圧縮強さ
可とう性エポキシ樹脂	－			・押出し性 ・スランプ ・引張接着性（引張強さ，破断時伸び） ・加熱減量（質量変化率）
パテ状エポキシ樹脂	－			・接着強さ　　　・硬化収縮率 ・曲げ強さ　　　・初期硬化性 ・圧縮強さ
含浸接着エポキシ樹脂	－		一般用	・接着強さ　　　・引張せん断接着強さ ・曲げ強さ　　　・引張特性（引張強さ） ・圧縮強さ　　　・加熱減量 ・圧縮弾性率（質量変化率，体積変化率）
	－		冬用	

＊1：主として，低粘度はひび割れの補修，中粘度・高粘度はひび割れおよび浮きの補修
＊2：気温の目安は一般用が10〜35℃，冬用が5〜20℃.

② シーリング材

　Uカットシール材充填工法に使用するシーリング材は，「建築改修工事監理指針」によると，JIS A 5758（建築用シーリング材）に規定する耐久性の区分8020と同等以上の品質を有するものとし，シリコーン系を除くものとすることとなっている.

　一方，全面的な表面被覆工法は，ひび割れ部のみでなく構造体の表面をすべて被覆する工法であり，表面被覆は，ひび割れ部での伸縮繰返しの挙動に破断することなく追従し，水，二酸化炭素，

塩化物イオン，酸素などの劣化因子の浸透を防止できる工法が望ましい．

　本工法は，部分的なひび割れ補修工法とは異なり，構造体の全面を被覆するため，構造体の外観が変化することおよび本工法の施工後はひび割れが直接観察できなくなる．しかし，現状からさらに進展するひび割れ，補修後新たに発生するひび割れへの対応およびひび割れが発生していない部位からの劣化因子の浸透防止も期待できる．なお，調査時および施工時に顕在化している伸縮繰返し挙動のあるひび割れに対しては，必要に応じてあらかじめ部分的なひび割れ補修を行い，その後に全面的な表面被覆工法を施工することにより，伸縮繰返し挙動による表面被覆の疲労を軽減することができる．

　表面被覆材料および工法の種類を解説表 4.10 に示す．表面被覆材料は，それぞれの JIS に適合したものを用い，工法を選定する際には，使用実績あるいは信頼できる資料によってその品質や性能を確認する．なお，表面被覆材料および工法の品質や性能は，製造業者により異なる点に注意することが必要である．対象となる建物が立地する地域や類似する環境での使用実績を調査することにより，表面被覆の経年劣化や耐久性を把握しておくことは重要であり，表面被覆に対する保全計画の立案にも役立つ．

　ひび割れ部の挙動が認められる場合は，外壁用塗膜防水材や防水形複層仕上塗材などゴム状弾性を有する表面被覆材が好ましく[7]，ひび割れ部が挙動しない場合やひび割れの発生状況，発生原因および回復目標に応じて，他の建築用仕上塗材や塗料などを用いることもできる．

　c．ひび割れが原因で，既に鉄筋腐食が進行している場合の断面修復も，4.1.2 節の b（1）に準じて実施する．

解説表 4.10　表面被覆材料および工法の種類と規格

種　別	種　類	工　法
建築用仕上塗材 （JIS A 6909）	・防水形ポリマーセメント系複層仕上塗材（防水形複層塗材 CE） ・防水形合成樹脂エマルション系複層仕上塗材（防水形複層塗材 E） ・防水形反応硬化形合成樹脂エマルション系複層仕上塗材（防水形複層塗材 RE）	JASS 23 吹付け工事
外壁用塗膜防水材 （JIS A 6021）	・アクリルゴム系	JASS 8 防水工事

4.1.4　鉄筋腐食先行型劣化

> a．本項は，中性化および塩害を原因とする鉄筋腐食先行型の劣化形態における，鉄筋腐食部の補修および劣化原因が内在している部分の補修について示す．
> b．対象とする部材ごとに，劣化状況，劣化原因および回復目標に応じて，補修範囲を部分的とするか，全面的とするかを設定したうえで，次の（1）～（3）より，適切なものを選定して特記する．
> 　（1）　断面修復：鉄筋腐食による損傷箇所および劣化因子が内在している部分を除去し，鉄筋腐食の再劣化を防止・抑制するために実施するもの．
> 　（2）　表面被覆：外部からの劣化因子の浸透を遮断・抑制して，コンクリートおよび鉄筋の劣化を防止・抑制するために実施するもの．
> 　（3）　表面含浸：コンクリート表面の性能を改善し，コンクリートおよび鉄筋の劣化を抑制するために実施するもの．
> c．前記（1）～（3）以外の補修材料および工法は，特記による．

　a．，b． 鉄筋コンクリート部材において，中性化あるいは塩害によって鉄筋腐食が進行し，腐食先行型のひび割れが生じた場合，ひび割れ部を補修しただけでは不十分である．再劣化を防止するには，内在する劣化因子を取り除くことが重要であり，十分に取り除けない場合は，その影響を抑制するための対策を講ずる必要がある．対象とする部材ごとに，劣化状況，劣化原因および回復目標に応じて，補修範囲を部分的とするか，全面的とするかを設定したうえで，（1）断面修復，（2）表面被覆，（3）表面含浸などの補修工法を組み合わせ，補修設計を行う．

　（1）　断 面 修 復

　断面修復は，鉄筋の腐食に伴うコンクリートの浮きや剥離が生じた部分をはつり取り，断面修復材で埋め戻しを行うことである．また，鉄筋腐食は顕在化していないが，コンクリートの中性化や塩化物イオンなどの鉄筋腐食に影響する劣化因子が内在している場合に，その部分のコンクリートをはつり取り，断面修復することで，予防保全として，鉄筋腐食の防止・抑制をすることも含まれる．

　断面修復での補修範囲は，部分的と全面的に分けられる．部分的な補修範囲とは，補修対象箇所のうち，鉄筋が腐食している箇所とその鉄筋周辺のコンクリートを除去して補修する範囲である．一方，全面的な補修範囲とは，コンクリートのひび割れや剥離が見られ，鉄筋腐食およびさび汁が見られる箇所のほか，鉄筋腐食箇所周辺でテストハンマーでの打診によりコンクリートの浮きが認められる箇所，さらに，コンクリートの中性化部分や塩化物イオン等の劣化因子の存在により，今後，鉄筋が腐食する可能性のある箇所などの，コンクリートを除去して補修する範囲である．なお，断面修復による補修効果を長期的に持続するためには，全面的な補修範囲とすることが望ましい．

　断面修復の工程には，断面修復箇所の前処理（コンクリートのはつり取り，鉄筋のさび落し，補修箇所の清掃），下地処理（含浸材処理，吸水調整処理，プライマー処理），鉄筋防せい処理および断面修復がある．

　断面修復では，回復目標レベルに対応した補修工法を選定することが必要である．本会編「鉄筋コンクリート造建築物の耐久性調査・診断および補修指針（案）・同解説」[1]および国土交通省大臣官房官庁営繕部監修「建築改修工事監理指針（上巻）」[6]では，解説表4.11のような，目標回復レ

ベルと補修工法の選定の関係を示しているので，参照されたい．なお，断面修復の工程は，解説表
4.11 に示すとおり回復目標レベルに応じ，部分的に省くことができる．

　断面修復箇所の前処理は，コンクリートのはつり取り，鉄筋のさび落しおよび補修箇所の清掃を
行う工程である．補修範囲のコンクリートのはつりを行う際の面積や深さは，鉄筋の腐食に伴うひ
び割れやさび汁が確認された劣化が顕在化している範囲を断面修復するのか，コンクリートの中性
化や塩化物イオンなどの鉄筋腐食に影響する劣化因子が内在している範囲まで断面修復するのかな
ど，断面修復の目的に基づいて定めることが基本である．なお，はつり面積や深さは，構造耐力に
支障が生じない範囲とすることを考慮したうえで定める．また，はつり面積や深さは，断面修復に
使用する材料の使用量を算出する際に必要となることから，事前に定めることが必要である．

　はつり深さは，鉄筋背面まではつることを基本として，解説表 4.11 に示す回復目標レベルに基
づき，鉄筋のかぶり厚さや鉄筋径を考慮して定める．その際，鉄筋のさびの除去，鉄筋防せい処理
および断面修復の作業を考慮して，鉄筋背面のはつり深さを定める必要がある．また，含浸処理（ア
ルカリ性付与材や塗布形防せい材などの塗布）によるコンクリート表面の改質，犠牲陽極材を用い
た鉄筋の腐食抑制などを行う場合は，それぞれの効果を考慮したはつり範囲や深さを別途，定める
ことが必要である．

　コンクリートのはつりでは，電動はつり機やたがね等を用いる場合と高圧水の噴射による場合が
ある．はつり方法は，はつり範囲や深さを考慮して選定する．

解説表 4.11　目標回復レベルと補修工法の選定の関係[1]

損傷の種類および補修の種類		回　復　目　標　レ　ベ　ル			
		暫定	延命	恒久	恒久
鉄筋腐食補修工法	コンクリートのはつり	ひび割れ，剥離部分のみ	鉄筋腐食箇所すべて	鉄筋腐食箇所すべて	鉄筋腐食箇所すべて
	さび鉄筋の処理	浮きさびの除去	浮きさびの除去	浮きさびの除去	二種けれん以上
	含浸材処理	−	−	アルカリ性付与剤塗布型防せい剤	−
	鉄筋防せい処理	−	鉄筋防せい材	鉄筋防せい材	鉄筋防せい材
	断面修復	断面修復材	断面修復材	断面修復材	断面修復材
	表面被覆	−	中性化抑制材料または塩化物浸透抑制材料	中性化抑制材料または塩化物浸透抑制材料	中性化抑制材料または塩化物浸透抑制材料

　鉄筋のさび落としでは，ISO 規格（ISO 8501-1）で示されているケレン等級などによりさび落としの程度を定めて，施工面積や部位を考慮して電動式カップワイヤーブラシやブラスト処理等の手法を選定する．

　はつり取り箇所のコンクリートの改質等を目的とした下地処理（含浸処理）では，劣化原因や回復目標レベル等を考慮して，材料および施工方法を選定する．また，断面修復材の付着を補うための処理材を塗布する下地処理（吸水調整処理，プライマー処理）では，断面修復材との相性や施工範囲を考慮して，材料および施工方法を選定する．

　鉄筋防せい処理では，さび落としを行った鉄筋表面へ鉄筋防せい処理材を塗布する．断面修復材との相性，鉄筋のさび落とし後の鉄筋表面の状態，施工範囲等を考慮して，材料および施工方法を選定する．

　断面修復では，はつり取り箇所に断面修復材を用いて埋め戻しを行う．施工規模（施工面積），施工厚さ，施工環境を考慮して，材料および施工方法を選定する．解説表 4.12 に断面修復の施工方法とその概要を示す．

解説表 4.12 断面修復における施工方法とその概要

施工方法	概要
左官工法による断面修復	もっとも汎用的で多用される施工方法であり，小規模な断面修復に適している．材料には，ポリマーセメントモルタル，ポリマーモルタルが主に用いられる．
吹付け工法による断面修復	左官工法よりも短時間で広い面積を施工できることから，断面修復する面積が比較的大きい場合に行われる．吹付け工法には，湿式吹付け工法と乾式吹付け工法があり，湿式吹付け工法は練り混ぜたモルタルをモルタルポンプで圧送して吹付けノズルの先端で圧搾空気と併せて吹き付け，乾式吹付け工法はセメントや砂をドライミックスして圧搾空気で吹付けノズルまで圧送して，ノズル先端で水と瞬間的に混合して吹き付ける工法である．一般に，乾式吹付け工法は，湿式吹付け工法よりも，施工機械が大きく，材料のリバウンドや粉塵発生が多いといわれており，施工環境を考慮して適用することが必要である．材料には，ポリマーセメントモルタル，セメントモルタルが主に用いられる．
充填工法による断面修復	断面修復箇所に型枠を設置して，断面修復材をポンプで圧送して型枠内に充填する工法であり，一つの補修箇所が広く，比較的修復厚さが大きい箇所に適している．材料には，ポリマーセメントモルタル，ポリマーモルタル，セメントモルタルやコンクリートが主に用いられる．

　断面修復に用いる材料は，下地処理材，鉄筋防せい処理材および断面修復材に分けられる．解説図 4.5 に断面修復の補修材料の構成を，解説表 4.13 に断面修復に用いられる材料の種類と求められる性能の例を示す．

　下地処理材には，コンクリートの改質のために，はつり面のコンクリートに塗布する含浸材，断面修復材とコンクリートの付着（接着）性改善のための吸水調整材および合成樹脂プライマーなどがある．含浸材は，浸透性アルカリ性付与材，塗布型防せい材，浸透性固化材などがある．なお，含浸材には，断面修復以外のコンクリート表面すべてにも用いるものがある．吸水調整材には，エチレン酢酸ビニル樹脂系，アクリル樹脂系エマルションなどがあり，合成樹脂プライマーにはエポキシ樹脂系がある．

　鉄筋防せい処理材には，ポリマーセメント系材料やさび転換塗料などがある．ポリマーセメント系材料は，近年，品質の安定を目的に，セメント，砂，混和材料などを製造工場でプレミックスしたパウダーと水あるいはエマルションを組み合わせて混合したものが多く使用されている．なお，鉄筋防せい処理材は，使用される断面修復材との相性を確認して選定する．鉄筋防せい処理材の品質については，解説表 4.14 に示すとおり，本会編「鉄筋コンクリート造建築物の耐久性調査・診断および補修指針（案）・同解説」[1] および国土交通省大臣官房営繕部監修「建築改修工事監理指針（上巻）」[6] で定めているので，参照されたい．

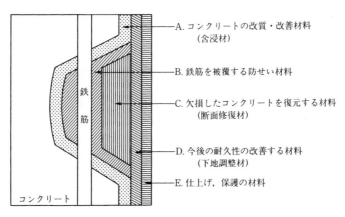

右側ラベル：
- A. コンクリートの改質・改善材料（含浸材）
- B. 鉄筋を被覆する防せい材料
- C. 欠損したコンクリートを復元する材料（断面修復材）
- D. 今後の耐久性の改善する材料（下地調整材）
- E. 仕上げ，保護の材料

解説図 4.5　補修材料の構成[1]

解説表 4.13 断面修復に用いられる材料の種類と求められる性能の例

種類	種別	主な成分	求められる性能の例
下地処理材	浸透性アルカリ性付与材	けい酸リチウム系など	・コンクリートの改質性能（含浸深さ，コンクリート表面強度，吸水量など）
	塗布型防せい材	亜硝酸カルシウム系，亜硝酸リチウム系など	
	浸透性固化材	無機系：けい酸塩，コロイダルシリカ系，ケイフッ化物系など　有機系：エポキシ樹脂系，アクリル樹脂系，ポリエステル系など	
	吸水調整材	合成樹脂エマルションなど	・付着強さ（断面修復材と躯体）
	合成樹脂系プライマー	エポキシ樹脂など	
鉄筋防せい処理材	ポリマーセメント系塗材	SBR系，アクリル樹脂系，防せい剤添加系など	・防せい性　・鉄筋に対する付着強さ　・耐アルカリ性など
断面修復材	ポリマーセメントモルタル	SBR系，アクリル樹脂系，防せい剤添加系などのポリマーセメントモルタル	・曲げ強さ　・圧縮強さ　・付着強さ（標準時・温冷繰返し後）　・吸水量　・透水量　・長さ変化　・静弾性係数　・熱膨張係数　・塩化物イオン拡散係数　・中性化速度係数など
	樹脂モルタル	エポキシ樹脂モルタルなど（軽量骨材を使用したものが多い）	
	セメントモルタルまたはコンクリート	セメント，骨材，混和剤などを使用したセメントモルタルまたはコンクリート	

　断面修復材には，ポリマーセメントモルタル，樹脂モルタル（軽量エポキシ樹脂モルタルなど）およびセメントモルタルまたはコンクリートがある．ポリマーセメントモルタルは，近年，多く用いられており，従来は，セメント，砂，セメント混和用ポリマー，混和材料を現場で混合していたが，近年は，品質の安定を目的に，セメント，砂，混和材料などを製造工場でプレミックス化したパウダーと水あるいはエマルションを組み合わせて混合して使用されている．断面修復材は，施工方法（左官工法，吹付工法，充填工法）によって求められる性能が異なるため，施工規模，断面修復箇所の面積や数，周囲の環境などの現場条件を勘案して施工方法ごとに材料を選定することが必

要である.

　断面修復材の品質は，左官工法用のポリマーセメントモルタルおよび軽量エポキシ樹脂モルタルについては，本会編「鉄筋コンクリート造建築物の耐久性調査・診断および補修指針（案）・同解説」[1]および前述「建築改修工事監理指針」[6]で解説表 4.15 および解説表 4.16 のように定めているので，参照されたい.なお，セメントモルタルおよびコンクリートを使用する場合は，適用される状況を考慮して，類似した品質を参考とする.また，吹付け工法あるいは充填工法に使用する断面修復材についても，適用される状況を考慮して，類似した品質を参考とする.

　さらに，断面修復する箇所が，耐火構造であることが要求される部位である場合には，断面修復材に防火上支障のないものであることが要求される.その際には，建築研究所編「鉄筋コンクリート造建築物のかぶり厚さ確保に関する研究」[4]の「かぶり厚さ確保のための補修材料・工法選定マニュアル（案)」に品質が示されているので参考にされたい.

解説表 4.14　鉄筋防せい処理材の品質[1]

試験項目		基　準　値
耐アルカリ性試験		塗膜に異常が認めれれないこと
鉄筋に対する付着強さ試験 (N/mm^2)		7.8 以上
防せい性試験	処理部　防せい率	50 ％以上
	未処理部　防せい率	−10 ％以上*

［注］＊未処理部の防せい率は，防せい材で処理することによっ
　　　て，マクロセルを形成し基材部の鉄筋腐食を促進するよ
　　　うなものであってはならず，比較用モルタルの発せい率
　　　とほぼ同程度以下とし，発せい率で＋10 ％以下（＝防せ
　　　い率で−10 ％以上）とした.

解説表 4.15　断面修復用ポリマーセメントモルタルの品質[1]

項　　目		基　準　値
曲げ強さ (N/mm^2)		6.0 以上
圧縮強さ (N/mm^2)		20.0 以上
付着強さ (N/mm^2)	標準時	1.0 以上
	温冷繰返し後	1.0 以上
透　水　量　　　　(g)		20.0 以下
吸　水　量　　　(ml/hr)		0.5 以下
長　さ　変　化　　　(%)		0.15 以下

解説表 4.16　断面修復用軽量エポキシ樹脂モルタルの品質[1]

項　目		基　準　値	
		一　般　用	冬　　用
曲げ強さ（N/mm²）		10.0 以上	
圧縮強さ（N/mm²）		20.0 以上	
付着強さ（N/mm²）	20℃	1.0 以上	——
	5℃	——	1.0 以上
	温冷繰返し後	1.0 以上	
透　水　性　　　　　（ml）		0.5 以下	
ひび割れ耐久性		軽量エポキシ樹脂モルタルおよび試験用基板にひび割れが生じないこと	

（2）　表面被覆

　鉄筋腐食先行型劣化に対する表面被覆工法は，劣化部位をあらかじめ断面修復した後に適用するものであり，外部からの水，二酸化炭素，塩化物イオン，酸素など劣化因子の浸透を遮断・抑制して，コンクリートおよび鉄筋の劣化を防止・抑制する.

　コンクリート構造体の表面には，意匠性や美観性のために仕上塗材などの被覆が施される場合が多い. しかし，すべての表面被覆工法がコンクリートおよび内在鉄筋の耐久性に影響を及ぼす水分，酸素，二酸化炭素および塩化物イオンの浸透を遮断・抑制する性能を有しているわけではない. 例えば，本会編「建築工事標準仕様書 JASS 5 鉄筋コンクリート工事」[8]では，各種仕上材ごとの中性化率が示され，仕上材の中性化率がおおよそ 0.6 以下であれば中性化抑制効果を有するとしている. さらに，JIS A 6909（建築用仕上塗材）に規定される複層仕上塗材や厚付け仕上塗材，ならびに JIS A 6021（建築用塗膜防水材）に規定される塗膜防水材の中性化率は 0.4 以下であり，高い中性化抑制効果を有していることが示されている. また，塗膜仕上材が塩化物イオンの浸透量を大幅に低減することやアクリルゴム系塗膜が重塩害環境において飛来塩分をほぼ完全に遮断するとの報告が記載されている. 本会編「建築工事標準仕様書 JASS 5N 原子力発電所施設における鉄筋コンクリート工事）」[9]では，塩化物イオンの浸透を抑制する効果のある被覆材としては，本来有している塩化物イオンの浸透抑制効果のほかに，1）下地であるコンクリート構造体の伸縮やひび割れの動きに対する追従性，2）下地との付着性，3）外部からの水，酸素および二酸化炭素に対する遮断性，4）美装性，5）維持管理の容易さを含めた被覆材自体の耐久性に優れたものを選定する必要があるとしている. 表面被覆材料および工法の種類は解説表 4.10 と同じであるが，表面被覆材料の選定のための品質の目安は解説表 4.17 に示すとおりである. 中性化抑制性能を確認する方法として，表面被覆材料の二酸化炭素透過性を測定する方法が提案されており，表面被覆材料による二酸化炭素透過性の差異を迅速に把握できることから，参考にするとよい[10].

　鉄筋腐食先行型の補修では，劣化因子が内在するコンクリートをすべて除去することが最良であるが，浮き・剥離などの劣化が顕在化した部分のコンクリートのみを除去し，ひび割れ補修や断面

修復を行うことがほとんどである．その場合には，劣化が顕在化していない箇所に残存する劣化因子に起因する鉄筋の再腐食を抑制するために，非透水性，二酸化炭素，酸素や塩化物イオンの遮断性などの性能が求められる．さらには，補修後に発生するひび割れ部からの劣化因子の浸透を遮断するために，表面被覆工法に対してひび割れに対する追従性が求められる．

　表面被覆材料は，それぞれの JIS に適合したものを用い，工法を選定する際には，使用実績あるいは信頼できる資料によってその品質や性能を確認する．なお，表面被覆材料および工法の品質や性能は，製造業者により異なる点に注意することが必要である．表面被覆は，時間の経過とともに劣化を生じるため，補修する建物の供用期間中は，表面被覆が所定の要求性能を満足するように，その材料および工法を選定し，さらには，施工後のメンテナンス方法を考慮して選定する必要がある．対象となる建物が立地する地域や類似する環境での使用実績を調査することにより，表面被覆の経年劣化や耐久性を把握しておくことは重要であり，表面被覆に対する維持管理計画の立案にも役立つ．

　なお，劣化因子の浸透の遮断・抑制をさほど求めない場合や期待する供用期間を長期としない場合，劣化の発生状況，発生原因および回復目標レベルに応じた要求性能や経済性などを鑑みて，他の建築用仕上塗材，塗料およびポリマーセメントモルタルを選定することも可能である．

解説表 4.17　外壁用塗膜防水材の選定のための品質の目安

種　別	性　能		試験方法
外壁用塗膜防水材	中性化抑制性	中性化率が 0.4 以下	JIS A 1153（コンクリートの促進中性化試験方法）による促進中性化試験を実施し，仕上材を施していないコンクリートの中性化深さに対する仕上材を施したコンクリートの中性化深さの比を求める
	遮塩性	塗膜の塩素イオン透過量が 10^{-2} mg/cm^2・日以下	道路橋の塩害対策指針（案）・同解説（平成 4 年 4 月）社団法人日本道路協会

（3）　表 面 含 浸

　コンクリート表面へ施工される表面含浸に適用する材料は，表面含浸材といわれている．表面含浸材には浸透性吸水防止材やけい酸塩系表面含浸材などの種類がある．浸透性吸水防止材は，コンクリート表層部に含浸して吸水防止層を形成し，外部からの水の侵入や塩化物イオンの浸透を抑制するほか，コンクリート内部の湿気を放出することによって鉄筋の腐食を抑制する特性を有している．したがって，表面被覆材のようにコンクリート表面に塗膜を生じず，コンクリート表層に含浸してその性能を発揮するものである．浸透性吸水防止材の品質については，本会編「鉄筋コンクリート造建築物の耐久性調査・診断および補修指針（案）・同解説」[1]で，解説表 4.18 に示す規定があり，参考となる．

　けい酸塩系表面含浸材は，セメントの水和によって生ずる水酸化カルシウムと反応することで，コンクリート中に C–S–H ゲルを生成して空隙を充填し，コンクリート表面を改質する．けい酸塩

系表面含浸材には，乾燥後の固形物が難溶性となり，空隙を充填してコンクリート表面を改質する固形型と，未反応のまま残存している主成分が乾燥により析出しても水分が供給されると再度溶解して，水酸化カルシウムと反応を呈してコンクリート表面を改質する反応型の2種類がある．けい酸塩系表面含浸材の性能をより効果的に発揮させるには，コンクリートの中性化部を除去するなどの適切な処理を行うことが重要である．けい酸塩系表面含浸材については，土木学会「けい酸塩系表面含浸工法の設計施工指針（案）」[11]において，設計と施工の体系が示されており，参考となる．

解説表 4.18　浸透性吸水防止材の品質[1]

項目		基準値
塗布後の外観		変化がないこと
浸透深さ（mm）		1.0 以上
吸水性	標準時	吸水比 0.10 以下
	耐アルカリ性試験後	吸水比 0.10 以下
	温冷繰返し作用に対する抵抗性試験後	吸水比 0.10 以下
	促進耐候性試験後	吸水比 0.20 以下
透水性		透水比 0.10 以下
塩化物イオン浸透性（mm）		3.0 以下

　c．bの（1）〜（3）以外の特殊工法として，電気化学的補修工法がある．電気化学的補修工法は，外観を大きく変えたくない場合や内在する劣化因子が深刻な場合に用いることが可能であり，アルカリ性の回復を目的とした再アルカリ化工法，塩化物イオンの除去を目的とした脱塩工法および鉄筋腐食反応抑制を目的とした電気防食工法がある[12]．

　再アルカリ化工法は，中性化により劣化した構造物が対象であり，今後の劣化が予想される構造物へ予防保全も含め，基本的に劣化の進展度合いを問わず適用される．本工法により求められる性能は，中性化したかぶりコンクリートと鉄筋表面の再アルカリ化と鉄筋腐食の抑制である．アルカリ性保持溶液を含む仮設した外部電極とコンクリート中の鉄筋に直流電流を流し，アルカリ性保持溶液をコンクリート中に強制浸透させる工法である〔解説図 4.6 参照〕．基本的には，はつり作業を必要としないため，意匠性や美観性を重視した歴史的構造物での適用で施される事例もある．

　脱塩工法は，塩害により劣化した構造物が対象であり，基本的に劣化の進展度合いを問わず適用される．本工法により求められる性能は，コンクリート中の自由塩化物イオンをコンクリート外に除去することと鉄筋の不動態化である．外部電極とコンクリート中の鉄筋に直流電流を流し，コンクリート中の自由塩化物イオンをコンクリートの外へ強制的に取り出す工法である〔解説図 4.7 参照〕．

　電気防食工法は，主として塩害により劣化した構造物が対象となる．基本的に劣化の進展度合いを問わない．補修目的はコンクリート中の鉄筋の腐食反応を停止させることにある．外部に電源を設け，構造物の供用期間中，強制的に電気を流し続ける外部電源方式と電源システムを用いず鉄筋

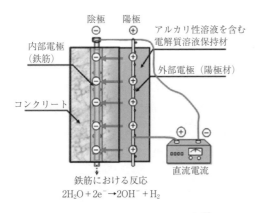

解説図 4.6　再アルカリ化工法 [13]

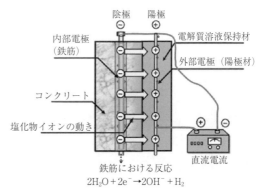

解説図 4.7　脱　塩　工　法 [13]

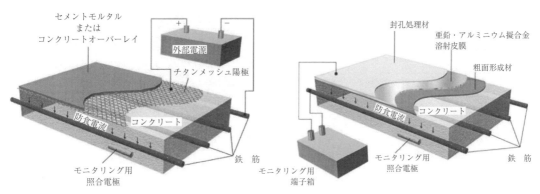

解説図 4.8　電気防食工法の例（左：外部電源／チタンメッシュ陽極方式，右：流電陽極／亜鉛・アルミ擬合金溶射方式）[14]

よりイオン化傾向の大きい亜鉛などの金属を陽極材として鉄筋と導通させる流電陽極方式がある．外部電源方式と流電陽極方式の例を，解説図 4.8 に示す．

4.1.5　コンクリートの不具合の補修

> a．本項は，コンクリートの不具合において，鉄筋コンクリートの劣化とは関わりのない部分的な欠損やひび割れの補修について示す．
> b．外装仕上げや防水の改修などにおける下地としての要求性能も踏まえ，適切な補修材料および工法を選定して特記する．

　a．本項の対象となるコンクリートの不具合は，鉄筋腐食またはコンクリートの劣化とは関係のないものである．これらは，使用の際に生じた表面の欠け（局部的な欠損），コンクリート打込み後に手直しが行われず表面に残存した過度の目違い（段差），不陸（凹凸），豆板，コールドジョイント，漏水の原因となるひび割れなどであり，鉄筋の露出などを伴わないコンクリートの耐久性への影響が比較的少ないものである．

　コンクリートの不具合の補修は，不具合に起因する鉄筋腐食が生じている場合を除き，コンク

リートの表面に対して不具合を取り除き，平たんな状態に仕上げることにより，美観の向上，外装仕上げや防水の改修などにおける下地の確保を目的として行うものであり，コンクリートの耐久性の回復・向上を図るものではない．

　b．コンクリートの不具合は，それらと類似する鉄筋コンクリートの劣化現象と同様の補修材料および工法を適用して補修を行うことが望ましい．目違い，不陸，豆板については断面修復（左官工法）を適用し，コールドジョイントについてはひび割れ補修（シール工法など）を適用するとよい．なお，補修部分は，次工程として行われる外装仕上げや防水の改修の下地としての要求性能に適合する必要がある．これらの要求性能は，仕上がり状態などについて部材・部位ごと，表面に施される材料ごとに検討され，特記として示されることが望ましい．解説表 4.19 に公共建築工事標準仕様書（建築工事編）[15]で定められるコンクリートの仕上りの平たんさの標準値を示すので，これを目安とするとよい．

解説表 4.19　コンクリートの仕上りの平たんさの標準値 [15]

コンクリートの内外装仕上げ	平たんさ	適用部位による仕上げの目安	
		柱・梁・壁	床
コンクリートが見え掛かりとなる場合または仕上げ厚さが極めて薄い場合その他良好な表面状態が必要な場合	3 m につき 7 mm 以下	化粧打放しコンクリート仕上げ，塗装仕上げ，壁紙張り，接着剤による陶磁器質タイル張り	合成樹脂塗床仕上げ，ビニル系床材張り，床コンクリート直均し仕上げ，フリーアクセスフロア置敷き
仕上げ厚さが 7 mm 未満の場合その他かなり良好な平たんさが必要な場合	3 m につき 10 mm 以下	仕上塗材仕上げ	カーペット張り，防水下地モルタル塗り，セルフレベリング材塗り
仕上げ厚さが 7 mm 以上の場合または下地の影響をあまり受けない仕上げの場合	1 m につき 10 mm 以下	セメントモルタルによる陶磁器質タイル張り，モルタル塗り，胴縁下地ボード張り	セメントモルタルによる陶磁器質タイル張り，モルタル塗り，二重床仕上げ

4.2　外装仕上げの補修・改修における材料および工法の選定

4.2.1　適用範囲

　本節は，既存建築物の外装仕上げとして適用されたセメントモルタル塗り，陶磁器質タイル張り，張り石，塗装，建築用仕上塗材仕上げ，金属製部材や部品に対する補修・改修工事およびパネル被覆による改修工事の設計に適用する．

　本節では，既存建築物に対する外装仕上げとして適用されたセメントモルタルを用いた塗り仕上げ，陶磁器質タイルを用いた張り仕上げ，石材を用いた張り仕上げ（乾式工法を含む），金属製部材や部品を用いた外装仕上げと，それらの取付け部および塗料を用いた塗装仕上げや建築用仕上塗材を用いた塗り仕上げを対象とした補修・改修工事を実施する場合，ならびにアルミニウム合金，

GRC，ECP（押出成形セメント板）を工場で成形加工したパネルを用いた被覆による改修工事を実施する場合の設計に適用する．これらの外装仕上げは，本会編建築工事標準仕様書・同解説（JASS）あるいは国土交通省大臣官房官庁営繕部監修　公共建築工事標準仕様書に準拠して，施工された建築物を対象とする．上記標準仕様書に準拠しないで施工された建築物では，本標準に準じた補修・改修設計および工事がされたとしても，工事終了後の品質および要求される性能を確保することは困難である．

　本節で取り上げる補修・改修工事はパネル被覆改修工事を除いては，既存建築物に採用されている外装仕上げと同様の仕上げ仕様を補修・改修に適用することを原則としている．既存とは異なる仕上げ仕様を採用する場合の組合せは設計者の判断により多岐にわたることが考えられ，現時点では標準化が困難であるため，本節の適用範囲には含まれていない．しかし，そのような場合に適切な設計仕様を検討するには，本節の内容を参考にすることができる．また，本節は外装仕上げを対象としているが，既存の素地・下地や仕上げの仕様および状態を考慮したうえで，内装仕上げに対する補修・改修工事に対して本節の内容を適用することは可能である．

4.2.2　基本方針

> ａ．構造体や素地・下地の補修が完了していることを前提として，外装仕上げの補修・改修工事に適用する材料および工法を選定する．
> ｂ．補修・改修工事の目的および外装仕上げの種類，既存仕上げに対する劣化因子，環境条件や使用条件などを考慮して，補修・改修に用いる材料および工法を選定する．
> ｃ．補修・改修設計においては，調査・診断の結果に基づいて，既存外装仕上げの種類，劣化の状態と補修・改修の対象範囲を確認したうえで，補修・改修に適用する材料および工法を選定する．

　ａ．既存建築物の外装仕上げに対する補修・改修工事に適用する材料および工法を選定するにあたっては，構造体や素地・下地の補修が完了して，仕上げを施すことが可能な状態になっていることを前提する．構造体や素地・下地の補修が不十分な場合には，調査・診断あるいは構造体や素地・下地に対する補修工事に戻って適切な補修を施さなければ，外装仕上げに対する補修・改修工事には着手できない．

　ｂ．補修・改修工事に適用する設計仕様は，意匠性の回復，安全性の確保あるいは構造体や素地・下地に対する保護など工事の目的，既存材料の劣化程度と推定される劣化の原因，当該建築物や対象の部位に対する日射，降雨，乾湿，受熱，摩耗などの環境条件および荷重，温・湿度などの使用条件を考慮して，既存の材料と同様の劣化現象が短期間で生ずることがないように検討する．

　ｃ．補修・改修設計では，既存建築物や対象の部位に対する JAMS 3-RC に準じた調査・診断の結果に基づいて，既存建築物に使用されていた材料の種類，その劣化程度および補修・改修工事の対象範囲を確認して，既存の材料・工法に対する適合性および補修・改修工事における施工性ならびに工事の目的を考慮して，補修・改修工事に適用する材料や工法を選定する．

4.2.3　目 標 性 能

> a．外装仕上げの補修・改修に用いる材料・工法は，外装仕上げに対する要求性能を満足するものとして，それらの形状，外観，寸法および仕上り状態は，補修・改修設計図書で指定する．
> b．補修・改修後の外装仕上げは，所定の意匠性，防水性，安全性および防耐火性を有するものとする．

　a．外装仕上げの補修・改修工事に適用する材料・工法は，外装仕上げに対する要求性能を満足できるものを選定して，補修・改修設計図書において設計者が指定する．また，外装仕上げの形状，外観，寸法および仕上り状態は，補修・改修工事仕様書に明記したうえで，工事監理をする．

　b．補修・改修が施された建築外装は，補修・改修設計の仕様で期待される意匠性，建築外装としての防水性，部材の落下等に対する安全性の確保および法規制を満足する防耐火性，ならびに素地・下地や構造体に対する保護性能を保有していなければならない．

4.2.4　セメントモルタル塗り仕上げ

> a．適 用 範 囲
> 　既存セメントモルタル塗り仕上げにおいて，調査・診断の結果により補修・改修が必要であると判定された部位を対象として，意匠性，剥落安全性，構造体保護等の確保を目的とする補修・改修設計に適用する．

　a．セメントモルタル塗り仕上げに要求される主要な性能は，意匠性，剥落に対する安全性および構造体に対する保護である．特に，重量があるセメントモルタルが剥落すると，人命や財産に直接的な危害や損害を与えることがある．また，地震時には落下したセメントモルタルが人間の避難に支障をきたすことも考えられ，人命に対する間接的な影響を避けるためにも，剥落に対する安全性の確保は特に重要である．

　これらの要求性能は補修・改修工事においても同様であり，技術的な観点からは剥落に対する安全性を確保することと，構造体の劣化を抑制することが，もっとも重要である．

> b．補修・改修方針
> 　既存セメントモルタル塗り仕上げに生ずる劣化の種類，程度および厚さに応じて，既存のセメントモルタル塗り仕上げを処理する方法を選定して特記する．

　b．JAMS 3-RC に準じた調査・診断によって把握された既存のセメントモルタル塗り仕上げに生じている劣化の種類，程度，厚さおよび動きの有無に加えて，施工性等を考慮して，既存セメントモルタル塗り仕上げの処理方針を決定して，その方法を特記する．特記のない場合の処理方針は，既存セメントモルタル塗り仕上げに発生している劣化に対する直接的な処理，既存セメントモルタル塗り仕上げを下地へ固定する処理，または既存セメントモルタル塗り仕上げを除去する処理のいずれかを選定する．既存セメントモルタル塗りの劣化に対する補修・改修工法の選定フローは，解説図 4.9 に示す内容が参考になる．

　昨今では，アンカーピンニングと繊維ネットによる被覆を併用する外壁複合改修工法，通称ピンネット工法が広く普及している．1996 年度（平成 8 年度）建設技術評価制度や建設技術・技術審

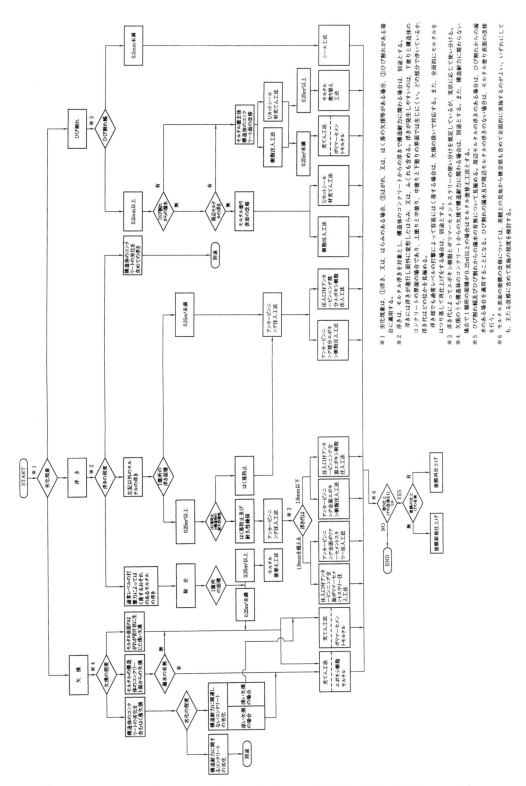

解説図 4.9　セメントモルタル塗りの劣化現象に対する補修・改修工法選定フロー[6]

査証明（建築技術）等で評価された工法が複数上市されており，既に30年ほどの実績があり，信頼性を得ている．さらに，繊維ネットを下地として新規の仕上げによる補修・改修が可能で，補修・改修設計仕様に対する選択の幅が広がっている．

ｃ．既存セメントモルタル塗り仕上げの処理方法の選定
　既存セメントモルタル塗り仕上げの処理方法は，以下の中から選定して特記する．
（1）　既存セメントモルタル塗り仕上げの下地への固定
（2）　既存セメントモルタル塗り仕上げの除去

　ｃ．セメントモルタルの劣化に対する具体的な補修・改修工法の概要を解説表4.20に示す．既存のセメントモルタル塗り仕上げに対する下地への固定方法は，以下のように分類される．

①　外観目視やテストハンマーを用いた打音検査による調査結果に基づき，周辺の浮きを伴わないと判断されるひび割れに対しては，その幅や挙動の有無に応じて，エポキシ樹脂の注入またはシール材の充填を施す．意匠的に問題とされない建築物の見え隠れ部分に対しては，補修跡が目立っていてもこのような補修方法に留めることが可能である．

②　外観目視や打音検査による調査結果に基づき，部分的な剥落に対してはエポキシ樹脂モルタルまたはポリマーセメントモルタルを充填する．このような補修方法も，①と同様に，意匠的に問題とされない建築物の見え隠れ部分に対しては，補修跡が目立っていてもこのような補修方法に留めることが可能である．また，浮きの面積が大きい場合や剥落の危険性が懸念される場合には，後述するように，既存セメントモルタル層を除去して新規のセメントモルタルを用いて塗り替える工法を採用する．

③　外観目視や打音検査による調査結果に基づき，浮きに対してはコンクリート構造体に対するアンカーピンニングとエポキシ樹脂注入を併用して，既存セメントモルタル層を固定する工法，またはアンカーピンニングと繊維ネットによる被覆を併用する外壁複合改修工法を採用して，既存のセメントモルタル層をコンクリート構造体に固定する．昨今では，予防保全の観点から，未だ浮きが生じていない健全な周辺部に対しもアンカーピンニングを施して，浮きの拡大に備える措置をとる事例が報告されている．

　一般に，既存のセメントモルタル層をコンクリート構造体に固定する工法は，剥落に対する安全性が高いとされている．しかし，コンクリート構造体への固定工法を適用しても，剥落に対する安全性の確保が困難であると判断される場合には，以下に述べるように既存のセメントモルタル層を除去して，新たなセメントモルタルを用いて塗り替えることが必要である．

　既存セメントモルタル塗り仕上げの浮きの面積が大きい場合，または剥落の状態が著しい場合などは，既存のセメントモルタル塗り仕上げを部分的または全面的に除去する．特に，新規に塗替える場合には，浮きや剥落に至った原因を把握した上で，同様の不具合を生じないよう剥離防止対策を講ずる．

　昨今は，環境に対する配慮から，補修・改修工事に伴う廃棄物の削減が強く要求されており，剥落に対する安全性を確保することができれば，既存のセメントモルタルを除去しないで，コンク

リート構造体に固定する工法を採用することが望ましい.

解説表 4.20　セメントモルタルの劣化現象に対する具体的な補修・改修工法の概要

劣化程度／劣化現象	劣　化		適 用 工 法	材 料 区 分
	種　類	劣 化 程 度		
ひび割れ	①ひ び 割 れ 幅 0.2 mm 未満	ひび割れ幅 0.2 mm 未満で，かつ，ひび割れが挙動しない場合	シール工法	パテ状エポキシ樹脂
		ひび割れ幅 0.2 mm 未満で，かつ，ひび割れが挙動する場合		可とう性エポキシ樹詣
	②ひ び 割 れ 幅 0.2 mm 以上	ひび割れ幅 0.2 mm 以上 1.0 mm 以下でひび割れが挙動しない場合	樹脂注入工法	硬質形エポキシ樹脂
		ひび割れ幅 0.2 mm 以上 1.0 mm 以下でひび割れが挙動する場合		軟質形エポキシ樹脂
		ひび割れ幅 0.2 mm 以上でひび割れが挙動しない場合	U カットシール材充填工法	可とう性エポキシ樹脂
		ひび割れ幅 1.0 mm を超えひび割れが挙動する場合		シーリング材
欠　損[※1]	①構造体のコンクリートの劣化を含めた欠損	鉄筋の露出またはさび汁の発生している比較的大きな欠損部で構造耐力に関連しないコンクリートの劣化	充填工法	エポキシ樹脂モルタル
	②モルタル塗りの欠損	切片状に生じた浅い欠損部		ポリマーセメントモルタル
浮　き	①モルタル塗りの浮き[※2]	浮き面積 $0.25\,\mathrm{m}^2$ 未満で，改修後の剥落防止を期待する場合	・アンカービンニング部分エポキシ樹脂注入工法 ・注入口付きアンカーピンニング部分エポキシ樹脂注入工法	ステンレス鋼製アンカーピン 注入口付ステンレス鋼製アンカーピン エポキシ樹脂
		浮き面積 $0.25\,\mathrm{m}^2$ 以上，浮き代が 1 mm 以下で改修後の剥落防止と構造体の耐久性を確保する場合	・アンカーピンニング全面エポキシ樹脂注入工法 ・注入口付きアンカーピンニング全面エポキシ樹脂注入工法	
		浮き面債 $0.25\,\mathrm{m}^2$ 以上，浮き代が 1 mm を超え改修後の剥落防止と構造体の耐久性を確保する場合	・アンカーピンニング全面ポリマーセメントスラリー注入工法 ・注入口付きアンカーピンニング全面ポリマーセメントスラリー注人工法	ステンレス鋼製アンカーピン 注入口付ステンレス鋼製アンカーピン ポリマーセメントスラリー

[注] 本表は，文献 13) の内容に基づいて追記作成したものである.
　　※ 1 ：1 箇所の面積が $0.25\,\mathrm{m}^2$ 以上の場合は，既存セメントモルタルを除去してモルタル塗替え工法とする.
　　※ 2 ：通常レベルの打撃力によって剥落するおそれのあるモルタルの浮きの場合は，浮き部を除去した後，欠損部に対する工法を適用する.

d．補修・改修に用いる材料・工法の選定
（1）既存セメントモルタル塗り仕上げを処理した後，具体的な要求性能を満足することが可能な補修・改修に用いる材料・工法を選定して，特記する．
（2）「災害危険度」の大きい壁面・部位については，剥落防止に対する入念な配慮をする．

d．（1）セメントモルタル塗り仕上げに対する補修・改修工法の剥落安全性確保のイメージを解説図 4.10 に示す．

アンカーピンニングエポキシ樹脂注入工法や部分的なセメントモルタルの塗替えは，当面の剥落を防止することが目的であり，実用上支障がないレベルまでの回復となる．また，アンカーピンニングエポキシ樹脂全面注入工法やセメントモルタルの塗替え工法などは，エポキシ樹脂やセメントモルタルの接着に頼る不確実さが拭えないため，初期性能までの回復にとどまる．なお，セメントモルタルを塗り替える工法は，本会編「建築工事標準仕様書・同解説 JASS 15 左官工事」[14] に準じて実施する．

一方，アンカーピンニングと繊維ネットを併用した複合改修工法は，アンカーピンニングによる強度設計が可能で信頼性が高く，日本建築センターの技術審査証明など公的審査を取得している工法が多い．複合改修工法の一部は，平成 8 年度建設技術評価規定（平成 7 年建設省告示 1860 号）第 9 条 1 項の規定に基づく建設大臣による評価を受けており，当時の技術開発目標は解説表 4.21 に示すとおりである．また，本節 4.2.10 に示す GRC やアルミニウム合金パネルなどを用いるパネル被覆工法は，剥落に対する安全性が高く，趣の異なる仕上げに変更することが可能である．

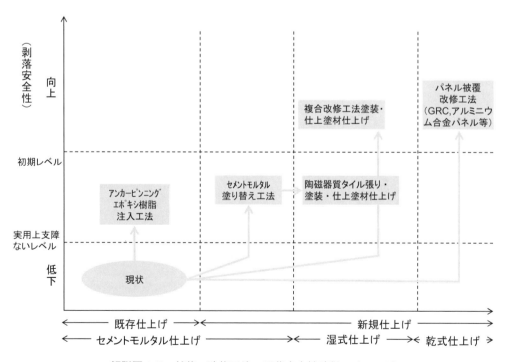

解説図 4.10 補修・改修工法の剥落安全性確保のイメージ

解説表 4.21 外壁複合改修工法の技術開発目標[6]

開 発 目 標	評 価 項 目	評 価 基 準
①外壁仕上げ層の剥落に対する安全性を確保するものであること	ピンにかかる外力に対してピンが十分な耐力を有すること 複合改修層の下地との一体化及び下地補強効果を有すること	改修層の剥落時の自重，地震力，風圧力によるピンへの外力に対し，以下の耐力が十分な安全性を有すること ・コンクリート躯体に対するピンの引抜耐力 ・複合改修層に対するピンの引抜耐力 ・ピンのせん断耐力 ・下地との付着強度が 0.4 N/mm^2〔4kgf/cm^2〕以上であること ・改修層の補強効果があること
②耐久性を有すること	ピン，ネットおよび塗付け材料の耐久性	・ピンは腐食に対する抵抗性が高いこと ・ネットは熱劣化やアルカリ性（塗付け材料がセメント系の場合）に対して抵抗性が高いこと ・ピン，ネットおよび塗付け材料の組み合わされた複合改修層が耐久性を有すること ・新規仕上げ層の浮きやひび割れ等が発生しにくいこと
③施工性が良いこと	適切な施工要領が確認されており，安全性等についても支障のないこと	・確実な施工の実績と，施工の安全性が確保されるような標準施工要領書が整備されていること ・狭小部の施工においても特段の支障なく施工できること ・既存仕上げ層を撤去する必要がなく，建設廃棄物をほとんど産出しないものであること
④経済性に優れたものであること	経済性	・経済性に優れたものであること

（2） 災害危険度の大きい壁面や部位については，以下のような配慮が肝要である．

① 人通りの多い通路上など確実な剥落防止が必要な場合には，外壁複合改修工法の適用を検討する．適用が困難である場合には，既存のセメントモルタルを除去し，ステンレス鋼製のラスやネットを取り付けて安全性を確保した後に，本会編 JASS 15 に準じてセメントモルタルを塗り付ける．または，パネル被覆改修工法の採用を検討する．

② あげ裏に対するセメントモルタル塗りに関しては，原則禁止とする．

③ 狭小部に対してアンカーピンニングを適用する場合は，ピンの間隔に配慮する．

4.2.5 陶磁器質タイル張り仕上げ

a．適 用 範 囲
　既存の陶磁器質タイル張り仕上げにおいて，調査・診断の結果により補修・改修が必要であると判定された部位を対象として，意匠性，剥落安全性，構造体保護等の確保を目的とする補修・改修設計に適用する．

　a．陶磁器質タイル張り仕上げに要求される主要な性能は，意匠性，剥落に対する安全性および構造体に対する保護である．特に，質量がある陶磁器質タイルが剥落すると，人命や財産に直接的な危害や損害を与えることがある．また，地震時には落下した陶磁器質タイルが人間の避難に支障をきたすことも考えられ，人命に対する間接的な影響を避けるためにも，剥落に対する安全性の確保は特に重要である．

　これらの要求性能は補修・改修工事においても同様であり，技術的な観点からは剥落に対する安全性を確保することと，構造体の劣化を抑制することが，もっとも重要である．

---

　b．補修・改修方針
　既存の陶磁器質タイル張り仕上げに生ずる劣化の種類，程度および厚さ等に応じて，既存の陶磁器質タイル張り仕上げを処理する方法を選定して特記する．

---

　b．調査・診断によって把握された既存の陶磁器質タイル張り仕上げに生じている劣化の種類，程度，厚さおよび動きの有無に加えて，施工性等を考慮して，既存陶磁器質タイル張り仕上げの処理方針を決定して，その方法を特記する．特記のない場合の処理方針は，既存陶磁器質タイル張り仕上げ表面の洗浄と清掃処理，既存陶磁器質タイル張り仕上げを下地へ固定する処理，または既存陶磁器質タイル張り仕上げを除去する処理のいずれかを選定する．既存陶磁器質タイル張り仕上げの劣化に対する補修・改修工法の選定フローは，解説図4.11に示す内容が参考になる．

　昨今では，アンカーピンニングと繊維ネットによる被覆を併用する外壁複合改修工法，通称ピンネット工法が広く普及している．1996年度（平成8年度）建設技術評価制度や建設技術・技術審査証明（建築技術）等で評価された工法が複数上市されており既に30年ほどの実績があり，信頼性を得ている．さらに，透明樹脂塗装（繊維材料を併用）を用いた透明度の高い複合層を構成し，既存陶磁器質タイル張り仕上げの外観を活かす工法も開発されている．

---

　c．既存陶磁器質タイル張り仕上げの処理方法の選定
　既存陶磁器質タイル張り仕上げの処理方法は，以下の中から選定して特記する．
　（1）　表面の洗浄と清掃
　（2）　下地に対する固定
　（3）　既存陶磁器質タイル張り仕上げの除去

---

　c．陶磁器質タイル張り仕上げの劣化に対する具体的な補修・改修工法の概要を解説表4.22に示す．既存の陶磁器質タイル張り仕上げに対する主要な処理方法は，以下の3つに分類される．

　（1）　外観目視および打音検査による調査の結果から，表面の汚れのような劣化現象が軽微で小面積にとどまっており，剥落安全性が十分に確保されていると判断される場合には，表面の汚れ程度や作業環境に適した方法で，表面の洗浄と清掃を施す．

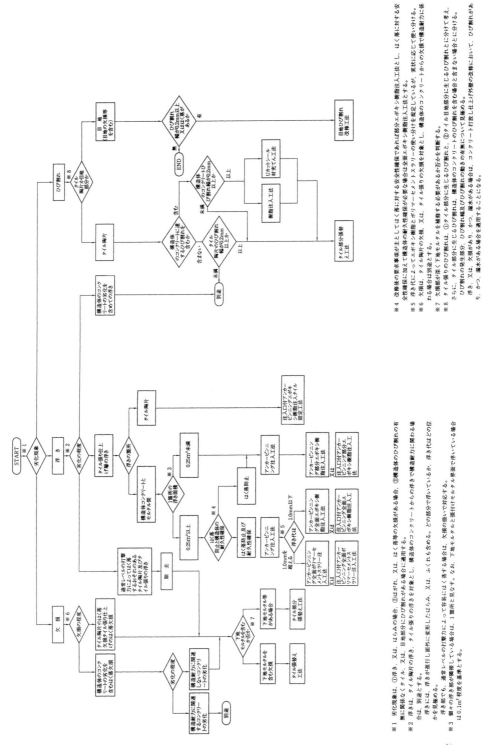

※1　劣化現象は、①浮き、又は、はらみの場合 ②はがれ、又は、目地部分にひび割れがある場合 ③構造体のひび割れの有無に関係なく浮き等の欠陥があるものは補修工法を適用する。

※2　浮きは、タイル陶片なくタイル、又は、はく落等の欠陥のあるものを対象とする。タイル陶片の浮きは、別途とする。浮きが進行し面外に変形しているか、又は、ふくれも含める。どの部分で伴っているか、浮きではどの位かを見極める。

※3　浮きは、タイル陶片の浮き、タイル張りの浮き、タイル張りのコンクリートからの浮きで構造耐力に関わる場合、別途とする。又は、浮き部分の浮きを対象とし、構造体のコンクリートからの欠損で構造耐力に係わる場合は0.1m²程度を基準とする。

※4　改修後の要求事項が主としてはく落に対する安全性確保であれば部分エポキシ樹脂注入とし、はく落に対する安全性確保に加え構造体の耐久性確保が必要な場合は全面エポキシ樹脂注入とする。

※5　浮き代によってエポキシ樹脂注入とポリマーセメントスラリーの使い分けを規定しているが、実状に応じて使い分ける。

※6　欠損は、タイル陶片の欠損、又は、タイル張りの浮きからの浮きでコンクリートからの欠損で構造耐力に係わる欠損をし、構造体のコンクリート力に係わる場合は別途とする。

※7　欠損部が深く下地モルタルを補修する必要があるか否かを判断する。

※8　タイル陶片部分に生じるひび割れは、①タイル目地部分に生じるひび割れと、②タイル陶片のひび割れとに分けて考え、さらに、タイル部分に生じるひび割れは、構造体のコンクリートのひび割れを含む場合と含まない場合とに分ける。また、欠損部がある場合は、コンクリート打設後、コンクリートの乾きのひび割れの有無について見極める。②タイル目地部分に生じるひび割れで、①タイル目地部分に生じるひび割れ、②構造体のひび割れとに分けて考え、浮き、又は、欠損があり、かつ、漏水がある場合は仕上げ外壁の改修とし、ひび割れがあり、かつ、漏水がある場合は、コンクリート打設し仕上げ外壁面で拭いている場合。

解説図 4.11　陶磁器質タイル張り仕上げの劣化に対する補修・改修工法選定フロー[6]

解説表 4.22 陶磁器質タイル張り仕上げの劣化現象に対する具体的な補修・改修工法の概要

劣化現象	劣化 種類	劣化程度	適用工法	材料区分
ひび割れ	①構造体のコンクリートに達しないタイル陶片のひび割れ	ひび割れ幅 0.2 mm 以上のひび割れ除去部分で，塗り厚が比較的厚い場合	タイル部分張替え工法	ポリマーセメントモルタル
		ひび割れ幅 0.2 mm 以上のひび割れ除去部分で，塗り厚が比較的薄い場合		外装タイル張り用有機系接着剤
	②構造体のコンクリートに達しないタイル目地のひび割れ	ひび割れ幅 0.2 mm 以上のひび割れ部で，目地の欠損または剥落	目地ひび割れ改修工法	既製調合目地材
	③構造体のコンクリートに達するひび割れ	ひび割れ幅 0.2 mm 以上 1.0 mm 以下でひび割れが挙動しない場合	タイル張りを除去した後，エポキシ樹脂注入工法のうえタイル部分張替え工法	エポキシ樹脂
		ひび割れ幅 0.2 mm 以上 1.0 mm 以下でひび割れが挙動する場合		軟質系エポキシ樹脂
		ひび割れ幅 0.2～1.0 mm 以下でひび割れが挙動する場合および幅 1.0 mm を超えたひび割れが挙動しない場合	タイル張りを除去した後，U カットシール材充填工法のうえタイル部分張替え工法	可とう性エポキシ樹脂
		ひび割れ幅 1.0 mm を超えひび割れが挙動する場合		シーリング材
欠損	①下地モルタルを含む欠損	構造体のコンクリートと下地モルタル等の面からの欠損および構造耐力に影響しないコンクリートの劣化を含む欠損の場合	タイル張替え工法	ポリマーセメントモルタル
	②下地モルタル等がある場合および面積 0.25 m² 未満の欠損	下地モルタル等がある場合の欠損で，塗り厚が比較的厚い場合	タイル部分張替え工法	ポリマーセメントモルタル
		下地モルタル等がある場合の欠損で，塗り厚が比較的薄い場合		外装タイル張り用有機系接着剤
浮き	タイル陶片およびタイル張りの浮き	タイル張りの浮きで，浮き面積 0.25 m² 未満または剥落安全性を確保できる場合	アンカーピンニング部分エポキシ樹脂注入工法または注入口付アンカーピンニング部分エポキシ樹脂注入工法	・ステンレス鋼製アンカーピン ・注入口付ステンレス鋼製アンカーピン ・エポキシ樹脂
		タイル張りの浮きで，浮き面積 0.25 m² 以上，かつ剥落安全性と構造体の耐久性確保を期待でき，浮き代が 1.0 mm 以下の場合	アンカーピンニング全面エポキシ樹脂注入工法または注入口付アンカーピンニング全面エポキシ樹脂注入工法	
		タイル張りの浮きで，浮き面積 0.25 m² 以上，かつ剥落安全性と構造体の耐久性確保を期待でき，浮き代が 1.0 mm を超えるの場合	アンカーピンニング全面ポリマーセメントスラリー注入工法または注入口付アンカーピンニング全面ポリマーセメントスラリー注入工法	・ステンレス鋼製アンカーピン ・注入口付ステンレス鋼製アンカーピン ・ポリマーセメントスラリー
		タイル陶片の浮き	注入口付アンカーピンニングエポキシ樹脂注入タイル固定工法	・注入口付ステンレス鋼製アンカーピン ・エポキシ樹脂

[注] 本表は，文献 13) の内容に基づいて追記作成したものである．

※通常レベルの打撃力によって剥落するおそれのあるタイル陶片およびタイル張りの浮きの場合は，浮き部分を除去した後，欠損部に対す工法を適用する．

（2）　外観目視および打音検査による調査の結果から，劣化の程度に応じて，既存陶磁器質タイル張り仕上げ層を除去しないで固定する方法が，剥落に対する安全性，施工性および経済性の観点から適切であると判断される場合には，既存陶磁器質タイル張り仕上げ層を残して下地に固定する方法を採用する．陶磁器質タイル張りは意匠性の向上を目的として採用されているものであり，4.2.4（セメントモルタル塗り仕上げ）のように建築物の見え隠れ部分に採用されることは例外的であり，劣化に対する単なる補修のみでは受け入れられにくいと考えられる．したがって，本標準では既存の陶磁器質タイル張り層を下地に固定するか，もしくは既存のタイル張り層を除去して新たにタイル張りをするかを選定する方針としている．

　昨今は，環境に対する配慮から，補修・改修工事に伴う廃棄物の削減が強く要求されており，剥落に対する安全性を確保することができれば，既存陶磁器質タイル張り仕上げ層を除去しないで下地に固定する工法を採用することが望ましい．

（3）　外観目視および打音検査による調査の結果から，劣化の程度に応じて，既存陶磁器質タイル張り仕上げ層を下地に固定する工法では，剥落に対する安全性の確保が困難であると判断される場合には，既存陶磁器質タイル張り仕上げ層を除去して，新たなタイルを用いて張り替えることが必要である．

---

d．補修・改修に用いる材料・工法の選定
（1）　既存陶磁器質タイル張り仕上げ層を処理した後，具体的な要求性能を満足することが可能な補
　　　修・改修に用いる材料・工法を選定して，特記する．
（2）　「災害危険度」の大きい壁面・部位については，剥落防止に対する入念な配慮をする．

---

　d．（1）　陶磁器質タイル張り仕上げに対する補修・改修工法の剥落安全性確保のイメージを解説図4.12に示す．

　アンカーピンニング部分・全面エポキシ樹脂注入工法や陶磁器質タイルの部分・全面張替え工法は，エポキシ樹脂やポリマーセメントモルタルの接着に頼る不確実さが拭えないため，初期性能までの回復にとどまる．なお，陶磁器質タイルを張替える工法は，本会編「建築工事標準仕様書・同解説 JASS 19 陶磁器質タイル張り工事」[18] に準じて実施する．

　一方，アンカーピンニングと短繊維や繊維ネットで補強された透明樹脂塗装を併用する複合改修工法は，アンカーピンニングによる強度設計が可能で信頼性が高く，（一財）日本建築センターや（一財）ベターリビング等による建設技術審査証明を取得している工法がある．また，本節 4.2.10 に示す GRC やアルミニウム合金パネルなどを用いるパネル被覆改修工法は，剥落に対する安全性が高く，趣の異なる仕上げに変更することが可能である．

（2）　1990 年（平成 2 年）に建設省住宅局建築技術専門委員会「タイル外壁等落下物対策専門委員会」が策定した「剥落による災害防止のためのタイル外壁，モルタル塗り外壁診断指針」によれば，「災害危険度の大きい壁面」とは，解説図4.13に示すように以下のとおりとされている．

　「当該壁面の前面かつ当該壁面高さの概ね2分の1の水平面内に，公道，不特定または多数の人が通行する私道，構内通路，広場を有するもの．但し，壁面直下に鉄筋コンクリート造，鉄骨造等

の強固な落下物防御施設（屋根，庇等）が設置され，または植込み等により，影響角が完全にさえぎられ，災害の危険がないと判断される部分を除くものとする.」

　　災害危険度の大きい壁面や部位については，以下のような配慮が肝要である.

①　人通りの多い通路上など確実な剝落防止対策が必要な場合には，外壁複合改修工法の適用，

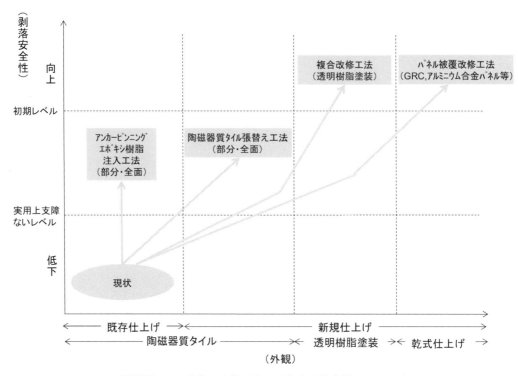

解説図 4.12　補修・改修工法の剝落安全性確保のイメージ

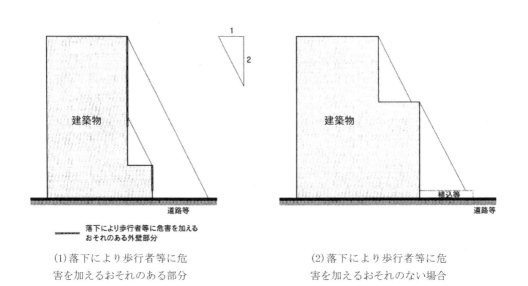

(1)落下により歩行者等に危害を加えるおそれのある部分

(2)落下により歩行者等に危害を加えるおそれのない場合

解説図 4.13　災害危険度の大きい壁面の概念

　　またはパネル被覆工法の採用を検討する.

②　あげ裏に対する陶磁器質タイル張り仕上げに関しては, 原則禁止とする.

③　狭小部に対してアンカーピンニングを適用する場合は, ピンの間隔に配慮する.

4.2.6　張り石仕上げ

> ａ．適 用 範 囲
> 　既存張り石仕上げにおいて, 調査・診断の結果に基づき補修・改修が必要であると判定された部位を対象として, 意匠性, 剥落安全性の確保を目的とする補修・改修設計に適用する.

　a．補修・改修設計は, 張り石仕上げの石材自体, 石材どうしの接合部および構造体や下地に対する取付け部において, 調査・診断の結果に基づき補修・改修が必要であると判定された部位を対象とする.

　特に, 質量がある石材が落下すると, 人命や財産に直接的な危害や損害を与えることがある. また, 地震時には落下した石材が人間の避難に支障をきたすことも考えられ, 人命への間接的な影響を避けるためにも, 剥落に対する安全性の確保は特に重要である.

> ｂ．補修・改修方針
> 　既存の張り石仕上げの劣化の種類およびその程度, 石材の種類や寸法に応じて, 既存の張り石仕上げを残して補修するか, 撤去して新たに張り石仕上げを行うかの方針を選定して, 特記する.

　b．既存の張り石仕上げの劣化の種類およびその程度, 石材の種類や寸法, 施工性などを考慮して, 補修・改修方針を検討する. なお, この方針決定に際し, 以下の条件を考慮する.

　（１）　既存張り石仕上げの劣化程度

　既存張り石仕上げの劣化現象には, 汚れ・染み, 表層損傷, ひび割れ, 剥離, 欠損, 剥落などがあり, 補修・改修工法は劣化現象とその程度に応じて選定する. 劣化の程度が著しい場合は, 既存の張り石を撤去して交換する. 既存の張り石すべてを撤去して交換する場合は, 新築時と同様の条件となるので, 下地の健全性を確認したうえで, 本会編「建築工事標準仕様書・同解説 JASS 9 張り石工事」[16]に準じて施工する.

　（２）　既存張り石仕上げに使用されている石材・工法の確認, 過去の補修・改修履歴

　補修・改修工法の選定にあたり, 既存仕上げに適用されている石材が既に産出されていない場合には, 現状で入手可能な石材・工法を選定せざるを得ない. なお, 既存石材に物性上の問題があると判定された場合は, 別の石材への変更を検討する. その場合は, JASS 9 に準じて材料を選定する.

　（３）　補修・改修後の仕上がり面の状態

　仕上がり面の状態として, テクスチャー, 色, つや等があげられるが, 部分的な補修・改修をした後の仕上がり面の状態は, 既存仕上がり面に可能な限り合わせる.

　（４）　地域条件・環境条件

　劣化の程度は, 建築物が立地する地域の条件や部位により異なる. 海塩粒子の多い海浜地域, ばい煙や排気ガスの多い工業地域, 高温多湿な地域, 気温の日間変動が著しい地域では, 材料によっ

ては劣化が顕著になる場合もあり，方位や雨水が当たる条件などによっても異なる．既存仕上げに採用されている石材の種類と経過年数を勘案して，補修・改修に用いる材料・工法を選定する．

（5） 対象の部位，使用条件

張り石仕上げに変状が生じ，剥落などにより人命に及ぼす危険性がある部位は，あげ裏，笠木，窓回りの役物などであり，補修・改修をした後で同様の変状が生ずることがないよう，十分に配慮する．

なお，張り石仕上げの補修・改修は，新築時と同等程度の性能に回復させる「補修」が中心となる．既存の石材を取り外し，新たな石材を既存の構法より耐震性に優れた構法で取り付ける場合などは，「改修」となるが，改修の実施例は少なく例外的である．

---

c．既存張り石仕上げの処理方法の選定
　既存張り石仕上げを処理する方法は，以下の中から選定して特記する．
（1） 既存張り石仕上げを残す処理
　（i） 清掃，表面洗浄
　（ii） 石材自体
　　イ．石材表層の劣化進行抑制
　　ロ．ひび割れの拡大抑制
　　ハ．欠損部の補修
　（iii） 下地への固定
（2） 既存張り石仕上げの撤去

---

c．張り石仕上げに生ずる劣化の種類に応じて，既存張り石仕上げに対する処理方法は異なる．劣化の種類と処理方法の種別の関係を解説表 4.23 に示す．

（1） 既存張り石仕上げを残す場合の処理

（i） 石材の汚れ・染みに対する表面洗浄・清掃

石材の汚れ・染みは，表面清掃，ブラッシング洗浄，高圧水洗および洗剤や薬剤を用いる洗浄により除去するが，石材自体を損なわないように，試験施工等により確認して適切な工法を選定する．大気中の塵埃付着は，除去可能な場合が多い．しかし，エフロレッセンス，赤さび，シリコーン系シー

解説表 4.23 既存張り石仕上げの劣化の種類と処理方法

劣化の種類	劣化の要因	処理方法	
汚れ・染み	塵埃	清掃・表面洗浄	
	エフロレッセンス		
	赤さび		
	シリコーン系シーリング材による汚れ		
石材自体の損傷	石材表層劣化・変質	石材自体の補修	劣化の進行抑制
	ひび割れ		劣化の拡大抑制
	欠損		劣化部に対する補修
下地からの剥離		下地への固定	
石材の剥落		既存石材の撤去と新規石材の取付け	

リング材による汚れ等は，他の部位の改修が必要となり，確実で有効な除去方法が確立していないなど，除去が困難な場合がある．十分な経験を有する石材洗浄の専門工事業者との協議をしたうえで，適切な方法を検討する．

（ii）　石材自体の損傷（石材の表層劣化・変質，ひび割れ，欠損）に対する補修

イ．石材の表層劣化・変質の抑制

　石材の表層劣化・変質の進行を抑制するために，主に石材表面からの水の浸入あるいは，損耗を防ぐことを目的として，石材に塗付材料を施工する．使用する材料については，事前に十分な検討が必要である．

ロ．ひび割れの拡大抑制

　石材に生じたひび割れの補修には，注入材をひび割れ部に注入して硬化させるのが一般的である．ひび割れ部分が将来拡大し，剥落に至ることが懸念される場合は，ひび割れ部周辺を機械的に固定するか，撤去して新しい石材に張り替える．

ハ．欠損部の補修

　欠損部の補修は，調色したエポキシ樹脂モルタルの充填や，同種石材の接着固定による．調色したエポキシ樹脂モルタルの充填は，小規模な欠損に用いられる．欠損部が大きい場合は，カッターで切断して成形した同種の石材をはめ込んで接着する．欠損の箇所や大きさに応じて，ステンレス鋼製ピンによる機械的な固定を併用して剥落の防止を検討する．

（iii）　下地からの剥離に対する下地への固定

　湿式工法や本石先付プレキャストコンクリート板の場合における下地からの石材の剥離は，セメントモルタル塗りや陶磁器質タイル張り仕上げの場合と同様に，剥離部分へエポキシ樹脂を注入し，硬化させて一体化するとともに，新たに石材と下地を機械的につなぐステンレス鋼製ピンを取り付けるのが一般的である．その他の剥落防止対策としては，貫通ボルトを用いて石材の表面から構造体コンクリートにアンカー固定する方法がある．

（2）　石材の撤去

　張り石仕上げ部分で石材の剥落が生じていたり，その危険性が懸念されたりする場合は，当該石材を撤去する．石材の表層劣化やひび割れなどの劣化程度が著しく，既存の張り石の状態を保持することが困難と判定される場合においても，当該部分あるいは張り石仕上げ部全体を撤去する．

---

d．補修・改修に用いる材料・工法の選定
　既存の張り石仕上げを処理した後に補修・改修を行う際は，使用する材料・工法を特記する．

---

　d．既存張り石仕上げの処理方法に対して，使用する材料は以下のとおりとする．なお，ピンや貫通ボルトなどの金属材料は，腐食を防止するためにステンレス鋼製とする．

（1）　既存張り石仕上げを残す場合

（i）　石材の汚れ・染みに対する表面洗浄・清掃

　用いる高圧水，合成洗剤，その他の専用洗剤については，専門工事業者と協議して使用実績や試験施工などを考慮して仕様を特記する．

（ⅱ）　石材自体の損傷（石材の表層劣化・変質，ひび割れ，欠損）の補修

イ．石材の表層劣化・変質の抑制

　　浸透性吸水防止材等の塗付材料については，石材に適用する専用の材料に対する品質規格などはないので，専門工事業者と協議して使用実績や試験施工などを考慮して仕様を特記する．

ロ．ひび割れの拡大抑制

　　注入用エポキシ樹脂は，JIS A 6024：2015（建築補修用及び建築補強用エポキシ樹脂）に規定される注入用エポキシ樹脂の中から選定して，特記する．

ハ．欠損部の補修

　　使用するエポキシ樹脂モルタルは，JIS A 6024 に規定される注入用エポキシ樹脂，エポキシ樹脂モルタル，可とう性エポキシ樹脂，パテ状エポキシ樹脂の中から選定して特記する．エポキシ樹脂モルタルの調色には，同一石種の石粉を練り合せる場合もある．

（ⅲ）　石材の下地からの剥離に対する下地への固定

注入用エポキシ樹脂は，JIS A 6024 に規定される注入エポキシ樹脂から選定して特記する．

（2）　石材を撤去して，張り替える場合

　石材の取付けは乾式工法を除いて，下部から積上げ，ダボなどにより上下の石材を連結する工法が採用されているため，劣化箇所のみを取りはずして部分的な交換を行うことはできない場合がある．その場合は，石材表面からステンレス鋼製貫通ボルトによって，構造体コンクリートにアンカー固定する方法が採用される．

　なお，張り石仕上げ壁面全面を取り外して，新たに施工する場合は，JASS 9 に準ずる．

4.2.7　塗装仕上げ

> a．適 用 範 囲
> 　本項は，調査・診断の結果に基づいて，既存の塗装仕上げに対して，補修・改修が必要であると判定された部位を対象として，美観の回復，素地の保護，安全性の確保などを目的とした塗装による補修・改修の設計に適用する．

　塗装による補修・改修の主な目的は，美観の回復，素地の保護，安全性の確保などであり，これらの概要を以下に示す．また，塗装による補修・改修工事の目的と，主な劣化現象との関連を解説表 4.24 に示す．

（1）　美観の回復

　塗膜は，大気中の紫外線・水・湿気・熱・汚染物質などにより，経年に伴って表面あるいは一部裏面から劣化する．具体的な劣化現象は，変退色・光沢低下・白亜化・汚染などであり，これらの現象は美観を低下させるため，塗装の補修・改修工事により回復させる．

（2）　素地の保護

　塗膜の劣化が進行すると，素地内部へと劣化が進行する．また，塗料の不適切な選定，塗装仕様の不適合，あるいは不適切な塗装環境などの影響により，塗膜の劣化現象が生ずる前に，素地の劣

化現象が発生することもある.

（3）　安全性の確保

　素地に対する塗膜の保護機能が低下すると，素地は劣化外力の作用を直接受けることになり，ひび割れ，中性化，鉄筋腐食，欠損，浮き，さび，腐朽などの劣化が進行して，構造体の劣化を招くおそれがある.　したがって，日常時や地震時における危険を回避して安全性を確保するために，補修・改修は不可欠なものである.

解説表 4.24　塗装仕上げに対する補修・改修の目的と主な劣化現象との関連

補修・改修の目的	主な劣化現象	劣化位置	主な劣化要因	期待できる効果
美観の回復	・汚れ ・光沢低下 ・変退色 ・白亜化 ・摩耗	塗膜表面	・気象条件（紫外線・降雨雪・温湿度等） ・大気汚染因子（SOx・海塩粒子・塵埃等）	意匠性の向上
素地の保護	・ふくれ ・割れ ・はがれ	塗膜内部	・気象条件 ・大気汚染因子 ・素地側の因子（水分・アルカリ・さび・エフロレッセンス等） ・塗料（塗料の不適切な選定） ・塗装仕様（塗装仕様の不適合）	素地に対する劣化抑制
安全性の確保	・ひび割れ ・中性化 ・エフロレッセンス ・漏水 ・鉄筋腐食 ・欠損 ・浮き ・さび ・腐朽	素地	・気象条件 ・大気汚染因子 ・素地自体の劣化	・素地の劣化抑制と耐久性向上 ・建築物の安全性向上

　b.　補修・改修方針
　　既存塗装仕上げの劣化の種類や程度に応じて，既存塗装仕上げを処理する方法と補修・改修に用いる材料・工法を選定して，特記する.

　b.　処理方法選定のための要因を解説図 4.14 に示す.

　補修・改修工事は新築工事とは大きく異なり既存塗膜の処理が必要となり，脆弱な塗膜，塗膜表面の付着物，塗膜や素地の劣化部分を適切に処理しないと，補修・改修に用いる塗膜の連続性や付着性が確保されず，補修・改修後の不具合や早期劣化に至ることになる.　したがって，補修・改修設計にあたっては，どのような方法で処理するかを総合的に検討しておくことが肝要である.

　補修・改修工事では，既存塗膜表面の汚れ・付着物を除去するだけで補修・改修塗料を塗り重ね

たり，あるいは劣化した既存塗膜のみを除去して補修・改修塗料を塗り重ねたりする場合が多い．
補修・改修に用いる材料・工法の選定にあたっては，既存塗膜と補修・改修塗料との塗重ね適合性
が重要となる．既存塗膜と補修・改修塗料の塗重ね適合性の例を解説表 4.25 に示す．

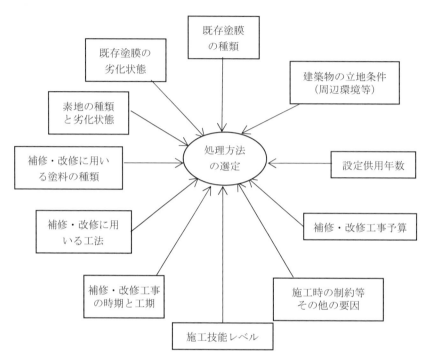

解説図 4.14　処理方法選定のための要因

解説表 4.25 既存塗膜と補修・改修塗料との塗重ね適合性（例）[17]

既存塗膜の種類 ＼ 補修・改修塗料塗りの種類	アクリル樹脂系非水分散形塗料塗り（つや消し）	弱溶剤系2液形ポリウレタンエナメル塗り	弱溶剤系アクリルシリコン樹脂エナメル塗り	弱溶剤系常温乾燥形ふっ素樹脂エナメル塗り	ポリウレタンエマルションペイント塗り	合成樹脂エマルションペイント塗り	つや有り合成樹脂エマルションペイント塗り	弱溶剤系2液形ポリウレタンワニス塗り	弱溶剤系アクリルシリコン樹脂ワニス塗り	常温乾燥形ふっ素樹脂ワニス塗り
塩化ビニル樹脂エナメル	△	△	△	△	△	△	△	×	×	×
アクリル樹脂系非水分散形塗料（つや消し）	◎	×	×	×	○	○	○	×	×	×
2液形ポリウレタンエナメル	−	○	○	○	○	−	−	−	−	−
アクリルシリコン樹脂エナメル	−	○	○	○	○	−	−	−	−	−
常温乾燥形ふっ素樹脂エナメル	−	−	○	○	−	−	−	−	−	−
ポリウレタンエマルションペイント	−	△	△	△	○	−	−	−	−	−
アクリルシリコンエマルションペイント	−	△	△	△	○	−	−	−	−	−
ふっ素樹脂エマルションペイント	−	−	△	△	−	−	×	−	−	−
合成樹脂エマルションペイント	◎	△	△	△	○	○	○	×	×	×
つや有り合成樹脂エマルションペイント	△	△	△	△	○	−	○	×	×	×
2液形ポリウレタンワニス	−	○	○	○	○	−	−	△	△	△
アクリルシリコン樹脂ワニス	−	○	○	○	○	−	−	−	△	△
常温乾燥形ふっ素樹脂ワニス	−	−	○	○	−	−	−	−	△	△
アクリル樹脂エナメル	△	○	○	○	○	−	○	−	−	−

［注］　◎：適する（シーラー無しでも可）
　　　　○：適する（シーラー適用）
　　　　△：選定にあたり塗料製造所へ確認
　　　　×：不適
　　　　−：一般には適用しない

ｃ．既存塗膜の処理方法の選定
　既存塗膜の処理方法は，既存塗膜の種類，素地の種類，劣化の種類や程度および補修・改修に適用する塗料の種類などに応じて，以下の中から選定して，特記する．
（1）　表面清掃・研磨
（2）　既存塗膜の一部除去
（3）　既存塗膜全面除去後の素地調整

　ｃ．補修・改修を適切に行うためには，既存塗膜の種類，素地の種類，劣化の種類や程度および補修・改修に適用する塗料の種類などに応じた既存塗膜の処理方法を選定することが重要である．
　（1）　表面清掃・研磨
　既存塗膜の汚れや付着物の除去方法を解説表 4.26 に示す．
　既存塗膜の劣化現象が，汚れ・変退色・光沢低下・白亜化など塗膜表面に生じている場合は，汚れを清掃したり，付着物を手工具・研磨紙などを用いて除去したりする程度で，塗装することができる．

解説表 4.26　既存塗膜の汚れや付着物の除去方法

表面付着物	清掃・除去方法
塵埃	ブラシを用いた水洗いまたは高圧水洗で洗浄する
藻・かび・こけ	ワイヤブラシ等でかき落とし，アルコール拭きまたは塩素系漂白剤等で殺菌処理する
油脂類	中性洗剤洗いをした後に水洗いするか，溶剤拭きする
白亜化等の粉類	ワイヤブラシ等でかき落とした後，水洗いまたは高圧水洗する
鉄さび	ワイヤブラシ，ディスクグラインダー等を用いて除去するか，もしくはシュウ酸希釈液を用いて鉄さびを除去し，ただちに水洗いする

　（2）　既存塗膜の一部除去
　既存塗膜の除去方法には，以下のようなものがある．
　・手工具（研磨紙，皮すき，ワイヤブラシ，スクレーパ等）による研磨
　・電動工具（ディスクグラインダー，電動チッパー等）による除去
　・高圧水洗による除去
　ふくれ・割れ・はがれなど塗膜内部の劣化現象が発生している場合は，既存塗膜の活膜部は残し，劣化膜のみを電動工具や手工具などを用いて除去する必要がある．一方，既存塗膜の劣化が素地にまで達している場合には，素地に生じた腐食・腐朽・ひび割れ等の劣化状況に応じて，既存塗膜（劣化膜および活膜）を電動工具や手工具などで処理した後，下地を塗装に適する状態に回復してから塗装する必要がある．
　（3）　既存塗膜を全面除去した後の素地調整
　上記（2）に示す除去方法によって塗膜を全面的に除去した後，本会編「建築工事標準仕様書・同解説 JASS 18 塗装工事」[18]に準じた素地調整をする．

---

　d．補修・改修に用いる材料・工法の選定
　　（1）　補修・改修に用いる材料の種類
　　　補修・改修に用いる材料の種類は，JASS 18（塗装工事）に準ずる．
　　（2）　補修・改修材料の選定
　　　既存塗膜の種類や劣化の程度，使用・環境条件等に応じて，塗膜の機能性，施工性，意匠性，経済
　　性などを考慮して，補修・改修に適した材料を選定して，特記する．
　　（3）　塗装仕様の選定
　　　補修・改修に用いる塗装仕様は，JASS 18 に準ずる．

---

　d．（1）　補修・改修に用いる材料の種類

　補修・改修に用いる材料の種類は，JASS 18 に準ずる．JASS 18 に規定されていない材料につい
ては十分な資料がないため，本標準では採用していない．

　（2）　補修・改修材料の選定

　既存塗膜の種類および劣化の現象や程度，対象建築物の立地条件や使用上の制約条件，要求され
る性能，施工性，意匠性，期待される供用年数，経済性，関係法令への適合性などを総合的に検討
して，補修・改修材料を選定する．

　塗装による補修・改修において，材料の主な選定条件の例を以下に示す．

　（ｉ）　既存塗膜への塗重ね適合性による補修・改修方法の選定

　既存塗膜の下地調整方法には，①表面の汚れ・付着物の除去，②劣化した既存塗膜のみ除去，③
既存塗膜の全面除去がある．このうち，既存塗膜を全面除去する場合は，新築工事と同じ条件とな
るため，JASS 18 に準ずる．

　しかし，補修・改修工事の多くは，既存塗膜表面の汚れ・付着物を除去するだけで補修・改修塗
料を塗り重ねたり，あるいは劣化した既存塗膜のみを除去したりして，補修・改修塗料を塗り重ね
る場合が多い．そのような場合には，既存塗膜と補修・改修塗料との塗重ね適合性の検討が重要と
なる．

　一般に，既存塗膜と補修・改修塗料との塗重ね適合性に問題があると，補修・改修塗料を塗り付
けた後に不具合を生ずることがあり，その例を解説表 4.27 に示す．

　また，既存塗膜および弱溶剤系塗料を除く補修・改修塗料の硬化機構の違いからみた適合性の例
を解説表 4.28 に示す．

解説表 4.27　既存塗膜と補修・改修塗料との不具合の例

不具合現象	模式図	原因および状況	対策案
はじき		補修・改修塗料の既存塗膜に対する濡れ性が劣り，補修・改修塗料が塗装時にはじかれて不連続膜となる．	・既存塗膜表層の研磨 ・補修・改修塗料の希釈条件変更
リフティング（ちぢみ）		補修・改修塗料中の溶剤により既存塗膜が侵されることで縮んでくる．	・補修・改修塗料を弱溶剤系塗料や水系塗料へ変更
はがれ		補修・改修塗料の凝集力が既存塗膜より強い場合に，補修・改修塗料の硬化時に既存塗膜が一体となって引張られて，はがれてくる．	・補修・改修塗料の変更

解説表 4.28　既存塗膜と弱溶剤系塗料を除く補修・改修塗料との適合性（例）

補修・改修塗料／既存塗膜		酸化重合形塗料 ・合成樹脂調合ペイント ・フタル酸樹脂エナメル	揮発乾燥形塗料 ・ラッカーエナメル ・アクリル樹脂エナメル	融着乾燥形塗料 ・合成樹脂エマルションペイント ・非水分散形（NAD形）塗料	反応硬化形塗料 ・エポキシ樹脂塗料 ・ポリウレタンエナメル ・ふっ素樹脂エナメル
酸化重合形塗料	・合成樹脂調合ペイント ・フタル酸樹脂エナメル	○	×	○〜△	×
揮発乾燥形塗料	・ラッカーエナメル ・アクリル樹脂エナメル	○〜△	○	○〜△	×
融着乾燥形塗料	・合成樹脂エマルションペイント ・非水分散形（NAD形）塗料	○〜△	×	○	×
反応硬化形塗料	・エポキシ樹脂塗料 ・ポリウレタンエナメル	○	○	○	○

［注］○：適　△：注意　×：不適（適正な下塗りと組み合わせることにより，適用可能となる）
　　　酸化重合形塗料：溶媒が蒸発した後，大気中の酸素により酸化重合反応を経て硬化する塗料
　　　揮発乾燥形塗料：溶媒が蒸発することで乾燥・成膜する塗料
　　　融着乾燥形塗料：溶媒が蒸発した後，粒子状の樹脂が融着し成膜する塗料
　　　反応硬化形塗料：主剤と硬化剤の混合，または加熱により反応硬化する塗料

（ⅱ）　要求性能による塗装仕様の選び方

（イ）　素地の種類・環境（内・外部）・要求性能からの選定

金属系下地における補修・改修塗装仕様の選定例を解説図 4.15 に，セメント系下地における選定例を解説図 4.16 に，また木質系下地における選定例を解説図 4.17 に示す.

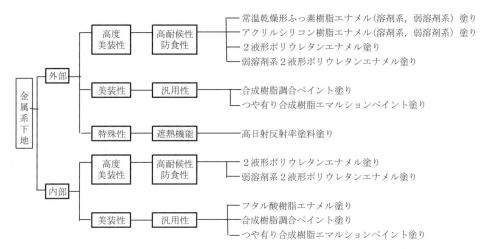

解説図 4.15　金属系下地における補修・改修塗装仕様の選定例 [17)]

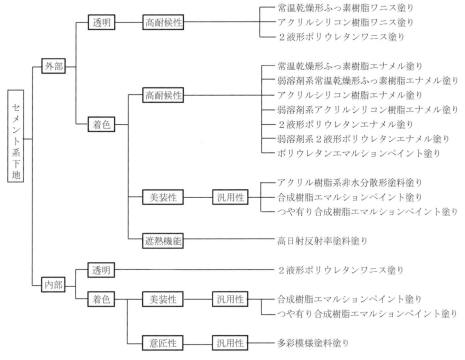

解説図 4.16　セメント系下地における補修・改修塗装仕様の選定例 [17)]

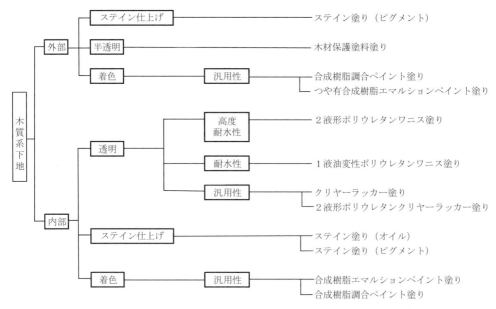

解説図 4.17　木質系下地における補修・改修塗装仕様の選定例[17]

（ロ）　耐久性・コストによる選定

　塗膜は，主として紫外線や水により劣化するものであり，材料の種類によって耐候性は異なり，耐候性に対して最も影響を与える要因は，使われている樹脂（展色材，バインダー）の種類である．結合エネルギーの強い樹脂は耐候性に優れて期待供用年数は長くなるが，高価となる．参考として，JASS 18 の付録に示されている金属系素地における塗装仕様の耐久性とコストの例を解説表 4.29 に示す．

解説表 4.29　塗装系の種類と耐久性およびコスト（例）[17]

塗装系	耐久性能指数	コスト指数
ふっ素樹脂エナメル塗り	V	E
アクリルシリコン樹脂エナメル塗り	Ⅳ～V	D
ポリウレタンエナメル塗り	Ⅲ	C
フタル酸樹脂エナメル塗り	Ⅱ	B
合成樹脂調合ペイント塗り	Ⅰ	A

［注］耐久性指数：Ⅰ（劣る）⇔V（優れている）
　　　コスト指数：A（安価）⇔E（高価）

（ハ）　臭気や安全性による選定

　水系塗料，弱溶剤系塗料および溶剤系塗料の分類を解説表 4.30 に示す．

　溶剤系塗料は，溶媒として多量の有機溶剤を含有して製造されており，施工時にはさらに有機溶剤で施工に適した粘度に希釈されるため，有機溶剤の大気中への揮散が問題とされている．したがって，近年においては，水を溶媒とする水系塗料や光化学活性の少ない弱溶剤系塗料が用いられている．また，VOC（揮発性有機化合物）排出抑制や化学物質による環境や人間の健康への影響

が重視されており，塗料の選定に留意することが肝要である．特に，塗料については水系化が推進されており，屋内用途では下塗りから上塗りまでをすべて水系塗料で構成することが重要となっている．

（iii）　その他

アルミニウムおよびアルミニウム合金の場合には，陽極酸化皮膜や工場塗装された透明あるいは着色の塗膜に対して現場塗装によって補修することとなる．アルミニウムおよびアルミニウム合金については，JASS 18（塗装工事）の適用範囲外であるが，近年，アクリル樹脂系やウレタン樹脂系の加熱硬化形塗装を施したカーテンウォールの塗替えなど，大面積を対象として常温乾燥形塗料による現場塗装の事例が増加しているため，適用する塗装工法の組合せ例を解説表4.31に紹介する．陽極酸化皮膜に透明塗装が施されている場合には，塗膜付着性の確保を目的として，変性エポキシ樹脂プライマーを下塗りとする着色塗装を選定する．塗装を施す場合の素地調整または下地調整については，4.2.9 項 c に準ずる．

ステンレス鋼，銅および銅合金については塗膜付着性が確保しにくく，塗膜剥離を生じやすいため，JASS 18 の適用範囲外となっており，安直な現場塗装による補修は避けることが肝要である．

（3）　塗装仕様の選定

補修・改修に用いる塗装仕様は，原則として JASS 18 に準ずる．

解説表 4.30　水系塗料・弱溶剤系塗料・溶剤系塗料の分類 [18]

分類	概要
水系塗料	溶媒として水を使用している塗料
溶剤系塗料	溶媒として有機溶剤を使用している塗料
弱溶剤系塗料	労働安全衛生法に基づく有機溶剤中毒予防規則に区分される第3種有機溶剤等（ミネラルスピリット等）を溶媒の主成分とした塗料

解説表 4.31　アルミニウムおよびアルミニウム合金表面に対する塗装工法の例

既存の仕上げ 表面塗装工法	陽極酸化皮膜	陽極酸化皮膜＋透明塗装*	陽極酸化皮膜＋着色塗装*	化成皮膜＋着色塗装*
素地調整/下地調整の上，透明塗料による透明塗装	△	△	－	－
素地調整/下地調整の上，エナメル塗料による着色塗装	○	○	○	○

［注］　－：適用外　　△：既存仕上げの状態に応じて適用可　　○：適用可
　　　　＊：ふっ素樹脂塗装を除く

4.2.8　建築用仕上塗材仕上げ

a．適用範囲
　調査・診断の結果に基づいて，既存の建築用仕上塗材仕上げに対して，補修・改修が必要であると判

定された部位を対象として，美観の回復，下地の保護，安全性の確保を目的とする補修・改修設計に適用する．

　a．建築用仕上塗材は，その種類によっても異なるが，一般的に解説図 4.18 に示すような性能を有している．しかし，建築用仕上塗材の供用年数は，コンクリート等の構造体に比べると短く，しかも経年劣化によって性能が低下するため，適切な時期に補修・改修することが必要となる．補修・改修の主な目的は，美観の回復，下地の保護，安全性の確保などがあげられ，解説図 4.18 にその概要を示す．なお，GRC，ALC，ECP，メーソンリーの下地に適用された建築用仕上塗材仕上げの補修・改修については，下地の補修方法が標準化されていないため，本標準では対象としておらず，本標準の適用下地としては，コンクリートとモルタルのみに限定している．

（1）美観の回復

　一般に外装用の建築用仕上塗材は，大気中の紫外線，水，熱，汚染物質等の劣化外力によって，時間の経過とともに表面から，汚れの付着，光沢低下，変退色，白亜化などの塗膜表面の劣化が認められるようになる．これらの劣化が進行し美観が著しく低下した場合には，補修・改修によって美観を回復させることとなる．補修・改修に用いる建築用仕上塗材や工法の選定にあたっては，テクスチャー（模様），仕上がりの色調，光沢，耐汚染性などを考慮する．

（2）下地の保護

　塗膜表面の劣化を放置すると，ふくれ，割れ，はがれ等の塗膜内部の劣化に至り，ひび割れ防止，中性化抑制，遮塩性などの下地に対する塗膜の保護性能が低下することがある．局部的に下地が露出すると，下地の浮き，鉄筋腐食，欠損など構造体を含む劣化に進展する．このような劣化状態に至る前に補修・改修をして，塗膜の下地に対する保護性能を回復させることが重要である．コンクリートに対する建築用仕上塗材の中性化抑制効果や塩化物イオンの浸透抑制効果については，本規準の 4.1「構造体および打放し仕上げ補修における材料および工法の選定」ならびに本会編「鉄筋コンクリート造建築物の耐久設計施工指針・同解説」[19] を参照する．また，建築用仕上塗材の種類によって塗膜の機能や性能が異なるため，補修・改修に用いる建築用仕上塗材の選定にあたっては，解説図 4.18 に示す性能に配慮する．

解説図 4.18　建築用仕上塗材の主要な性能 [17]

（3） 安全性の確保

　下地に対する塗膜の保護性能が低下すると，露出した下地は劣化外力の作用を直接受けることになり，ひび割れ，中性化，鉄筋腐食，欠損，浮きなどの劣化が進行して，下地の剥落に繋がるおそれがある．したがって，日常時や地震時における危険を回避して安全性を確保するために，補修・改修は不可欠なものである．なお，近年においては，VOC（揮発性有機化合物）排出抑制など，周辺環境への影響および作業者や居住者に対する健康面への影響も重視されているので，建築用仕上塗材の選定にあたって留意することが肝要である．材料の安全性に関する情報として材料製造所からは，「安全データーシート」（SDS：Safety Data Sheet）が提供されており，包装・容器等には「化学品の分類および表示に関する世界調和システム」（GHS：Globally Harmonized System of Classification and Labelling of Chemicals）に対応して有害性に関する情報が表示されているので，参考にすると良い．

---

　b．補修・改修方針
　　既存建築用仕上塗材仕上げの劣化の種類や程度に応じて，既存建築用仕上塗材仕上げを処理する方法を選定して，特記する．

---

　b．既存の建築用仕上塗材仕上げの補修・改修工事は新築工事と異なり，既存塗膜の処理が必要となる．脆弱な塗膜，塗膜表面の付着物，下地や塗膜の劣化部分などを適切に処理しないと，補修・改修に用いる塗膜の連続性や付着性が確保されず，補修・改修後の不具合や早期劣化に至る可能性がある．したがって，補修・改修設計にあたっては，どのような方法で処理するかを総合的に検討しておくことが肝要である．本項では，既存塗膜の処理だけを対象としているので，コンクリートやセメントモルタル下地の処理については，各節を参照する．

　建築用仕上塗材を吹付けまたはローラー塗りで施工する新築工事については本会編「建築工事標準仕様書・同解説 JASS 23 吹付け工事」[20]で，こてまたはローラー塗りで施工する新築工事については本会編 JASS 15 で標準化されているので，本項ではこれらの工事によって施工された既存の仕上げ面が補修・改修の下地となる．本会編「建築工事標準仕様書・同解説 JASS 8 防水工事」[21]で標準化されている外壁用塗膜防水材および国土交通省大臣官房官庁営繕部監修「公共建築工事標準仕様書（建築工事編）」[22]などで標準化されているマスチック塗材についても，同様な塗材仕上げとして扱うことにする．既存塗膜の処理方法の選定にあたっては，4.2.7 項解説図 4.14 に示す要因を十分に確認のうえ決定する必要がある．

　建築用仕上塗材は JIS A 6909（建築用仕上塗材），外壁用塗膜防水材は JIS A 6021（建築用塗膜防水材）に品質が規定されているので，本編で対象とする既存および補修・改修用の建築用仕上塗材と建築用塗膜防水材は，JIS に準ずるものである．

　補修・改修工事にあたっては，既存塗膜を部分的に除去して模様合わせを行ってから全面的な仕上げを施す場合や，ほぼ全面的に既存塗膜を除去してから新たに仕上げを施す場合などがある．また，外装においては，JASS 18 による塗装下地や，建築用仕上塗材が施されていないコンクリート打放しやモルタル仕上げなどの下地についても，建築用仕上塗材を用いて補修・改修される場合が

ある. 既存塗膜の処理や補修・改修用の建築用仕上塗材との適合性を考慮すれば, 基本的に本項の内容を活用できる.

---

c. 既存塗膜の処理方法の選定

　既存塗膜の処理方法は, 既存塗膜の種類, 下地の種類, 劣化の種類や程度, 処理する範囲および補修・改修に適用する建築用仕上塗材の種類などに応じて以下の方法を選定して, 特記する.
（1）　塗膜表面の清掃
（2）　既存塗膜の除去

---

c. 既存塗膜の処理が不適切であると, 補修・改修に用いた建築用仕上塗材の仕上がりの状態, 下地との付着性, 耐久性などに悪影響を及ぼすので, 適切に既存塗膜の処理を行うことが肝要である. 既存塗膜の処理方法には, （1）塗膜表面の清掃, （2）既存塗膜の除去があり, 以下に概要を解説する. なお, 既存塗膜の種別, 既存塗膜の劣化現象や劣化程度, あるいは部分的な補修・改修か全面的な補修・改修かの条件を踏まえ, 選定された工法の妥当性を検討する必要がある.

（1）　塗膜表面の清掃

　既存塗膜の清掃処理方法を解説表 4.32 に示す. また, 既存塗膜表面の劣化に対する処理方法の例を解説図 4.19 に示す.

（2）　既存塗膜の除去

　劣化が既存塗膜層まで及んでいる場合は, 既存塗膜を除去する必要がある. 既存塗膜を除去する方法のうち, 機械的（または物理的）除去の内容は以下のとおりである.

・手工具（皮すき, ワイヤブラシ, スクレーパーなど）
・電動工具（ディスクグラインダー, 電動チッパーなど）
・高圧水洗（水圧 30〜70 MPa 程度）
・超高圧水洗（水圧 100〜200 MPa 程度）
・ブラスト

解説表 4.32　既存塗膜の清掃処理

表面付着物	清掃処理方法
塵埃	ブラシを用いた水洗いまたは高圧水洗する
藻・かび・こけ	ワイヤブラシ等でかき落とし, アルコール拭きまたは塩素系漂白剤等で殺菌処理する
油脂類	中性洗剤洗いをした後に水洗いするか, 溶剤拭きする. 著しい場合はワイヤブラシ掛けまたはサンダー掛けで除去する
白亜化・エフロレッセンス等の粉類	ワイヤブラシ等でかき落とした後, 水洗いまたは高圧水洗する

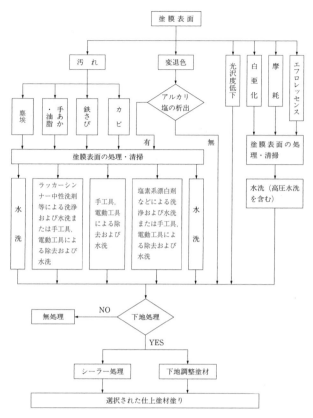

［注］　本図は参考文献20) に基づいて，加筆修正したものである．

解説図 4.19　既存塗膜表面の劣化に対する処理方法の例

　解説図 4.20 に既存塗膜層の劣化に対する処理方法の例を示す．

　劣化が進行して広範囲に及ぶ場合には，塗膜をすべて除去したほうが補修・改修の作業効率が良い場合もあり，既存塗膜を全面除去する場合の工法の選定例を解説表 4.33 に示す．

　防水形複層塗材や外壁用塗膜防止材のような弾性を有する塗膜を機械的な方法で除去するのが困難な場合や，石綿を含有する建築用仕上塗材を全面除去する特殊な場合には，有機塗膜を化学的に膨潤させて塗膜を除去する塗膜剥離剤を高圧水洗や超音波による除去と併用して使用する場合がある．しかし，塗膜剥離剤には品質規格がなく，種類によっては皮膚の炎症の危険性や毒性が強いものがあり，使用上の注意を遵守して作業者および居住者，第三者の安全性確保に配慮する必要がある．

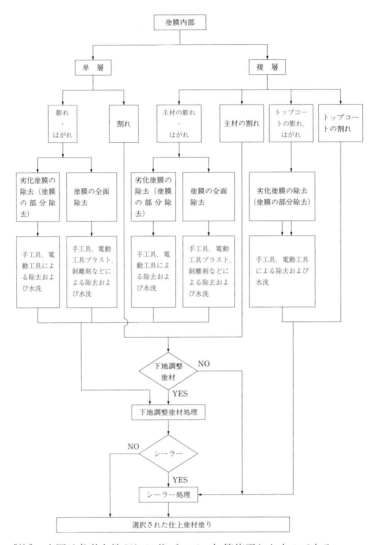

［注］　本図は参考文献 20) に基づいて，加筆修正したものである．

解説図 4.20　既存塗膜層の劣化に対する処理方法の例

解説表 4.33　既存塗膜の全面除去工法の選定例

塗膜除去・洗浄工法	状態	塗料	外装薄塗材		可とう形外装塗材		防水形外装塗材※		複層塗材					可とう形複層塗材	防水形複層塗材※				外装厚塗材			処理の程度と下地の状態
（既存塗膜の種別）		C	Si	E	S	E	Si	E	CE	Si	E	RE	RS	CE	CE	E	RE	RS	C	Si	E	
高圧水洗浄（15 MPa 程度未満）	脆弱	–	–	–	–	–	–	–	–	–	–	–	–	–	–	–	–	–	–	–	–	×
	活膜	–	–	–	–	–	–	–	–	–	–	–	–	–	–	–	–	–	–	–	–	×
高圧水洗（30〜70 MPa 程度）	脆弱	c	c	c	c	c	c	c	d	d	d	e	e	d	d	e	e	e	e	e	e	○
	活膜	d	d	d	d	d	d	d	d	d	d	e	e	d	d	e	e	e	e	e	e	○
高圧水洗*1・温水工法	脆弱	c	c	c	c	c	c	c	d	d	c	d	d	c	d	d	d	d	d	d	d	◎
	活膜	d	d	d	d	d	d	d	d	d	d	d	d	d	d	e	e	e	e	e	e	◎
高圧水洗*1・剥離剤併用工法	脆弱	–	–	–	–	–	–	–	d	d	e	d	d	e	e	e	e	e	e	e	e	◎
	活膜	d	–	d	d	d	d	d	d	d	d	d	–	d	–	e	e	e	–	e	e	○
超高圧水洗*2	脆弱	c	c	c	c	c	c	c	d	c	c	e	e	c	d	e	e	e	e	e	e	○
	活膜	c	c	c	c	c	c	c	d	d	d	e	e	d	d	e	e	e	e	e	e	○
手工具による除去・水洗	脆弱	–	–	–	–	–	–	–	–	–	–	–	–	–	–	–	–	–	–	–	–	△
	活膜	–	–	–	–	–	–	–	–	–	–	–	–	–	–	–	–	–	–	–	–	△
剥離剤併用手工具による除去・水洗	脆弱	e	–	e	e	e	e	e	–	e	e	e	e	e	–	e	e	e	e	–	e	△
	活膜	e	–	e	e	e	e	e	–	e	e	e	e	e	–	e	e	e	e	–	e	△
電動工具による除去・水洗	脆弱	e	e	e	e	e	e	e	e	e	e	e	e	e	e	e	e	e	e	e	e	○
	活膜	e	e	e	e	e	e	e	e	e	e	e	e	e	e	e	e	e	e	e	e	○
超音波による除去・水洗	脆弱	e	e	e	e	e	e	e	e	e	e	e	e	e	e	e	e	e	e	e	e	○
	活膜	e	e	e	e	e	e	e	e	e	e	e	e	e	e	e	e	e	e	e	e	○
剥離剤併用超音波による除去・水洗	脆弱	e	–	e	e	e	e	e	–	e	e	e	e	e	–	e	e	e	e	–	e	○
	活膜	e	e	e	e	e	e	e	e	e	e	e	e	e	e	e	e	e	e	e	e	○

（薄付け仕上塗材：外装薄塗材，可とう形外装塗材，防水形外装塗材※／複層仕上塗材：複層塗材，可とう形複層塗材，防水形複層塗材※／厚付け仕上塗材：外装厚塗材）

[注]　作業効率（良）　a ＞ b ＞ c ＞ d ＞ e

処理の程度と下地の状態　　◎：脆弱塗膜の完全除去可能，下地は傷めない
　　　　　　　　　　　　　○：脆弱塗膜の完全除去可能，下地を傷める可能性あり
　　　　　　　　　　　　　△：脆弱塗膜が残存する可能性あり，下地は傷めない
　　　　　　　　　　　　　×：脆弱塗膜が残存する可能性あり，下地を傷める可能性あり

※防水形複層塗材 E の旧称は防水形塗材 E-1，防水形外装薄塗材 E の旧称は防水形塗材 E-2 とする.
＊1：水圧 30〜70 MPa 程度
＊2：水圧 100〜200 MPa 程度

---

　d．補修・改修に用いる材料・工法の選定
　　（1）　補修・改修に用いる材料
　　　補修・改修に用いる材料は，JIS A 6916（建築用下地調整塗材），JIS K 5663（合成樹脂エマルションシーラー），JASS 18 M-201（反応形合成樹脂シーラーおよび弱溶剤系反応形合成樹脂シーラー），JIS A 6909（建築用仕上塗材）および JIS A 6021（建築用塗膜防水材）に適合するものとする．
　　（2）　補修・改修材料・工法の選定
　　　既存塗膜の種類や劣化の程度に応じて，使用・環境条件等や塗膜の機能性，施工性，意匠性，経済性などを考慮して，補修・改修に適した材料・工法を特記する．

---

　d．（1）　補修・改修に用いる材料の種類

　補修・改修に用いる材料は，JIS A 6916（建築用下地調整塗材），JIS K 5663（合成樹脂エマルションシーラー），JASS 18 M-201（反応形合成樹脂シーラーおよび弱溶剤系反応形合成樹脂シーラー），JIS A 6909（建築用仕上塗材）および JIS A 6021（建築用塗膜防水材）に適合するものを採用する．マスチック塗材の採用にあたっては，材料製造所の資料などを参考とする．

　（2）　補修・改修材料・工法の選定

　建築用仕上塗材の種類，既存塗膜の劣化の種類や程度，対象建築物の立地条件や施工上の制約条件，要求される性能，施工性，意匠性，期待される供用年数，経済性，関係法令への適合性などを総合的に検討して，補修・改修に用いる材料・工法を選定する．建築用仕上塗材は，下塗り，主材塗り，上塗りで構成される総合塗膜として JIS に規定されているため，補修・改修工事においては次のような組合せが対象となる．
　　①　下塗材と上塗材による補修・改修
　　②　下塗材，主材，上塗材による補修・改修
　　③　下塗材と主材による補修・改修
　　④　主材による補修・改修
　　⑤　主材と上塗材による補修・改修
　　⑥　上塗材による補修・改修
　既存塗膜を処理した状態に応じて，①②③の場合には下塗材にシーラー処理または下地調整塗材塗りが選定される．シーラー処理は既存塗膜のぜい弱層を一体化し，建築用仕上塗材仕上げの剥離を防止するための下地を補強する機能があり，下地調整塗材塗りは既存塗膜の部分的な除去部分や既存塗膜に塗布して建築用仕上塗材仕上げの模様（テクスチャー）に適した下地に調整する機能がある．各種シーラーおよび下地調整塗材の特徴を解説表 4.34 に示す．

　最近の補修・改修工事では，下塗材または主材に JIS A 6916 に規定される合成樹脂エマルション系下地調整塗材，JIS A 6909 に規定される可とう形改修用仕上塗材を用いる①〜⑤の場合がある．特に，可とう形改修用仕上塗材には可とう形改修塗材 E，可とう形改修塗材 RE，可とう形改修塗材 CE の種類がある．既存塗膜が合成樹脂系の活膜であり，塗膜表面を清掃した後にシーラー処理や下地調整塗材塗りを施さないで仕上げる④⑤の場合には，可とう形改修用仕上塗材の塗膜が付着性に優れていることから，採用が増加している．可とう形改修用仕上塗材は JIS A 6909 で材料規

格が定められているが，標準化された施工仕様はないため，既存塗膜と可とう形改修塗材 E，可とう形改修塗材 RE，可とう形改修塗材 CE との適合性や仕上がり性を確認して選定する．

既存塗膜を全面除去してコンクリートを下地として，建築用仕上塗材仕上げまたは建築用塗膜防水材を施工する場合は，JASS 23 または JASS 8 に準ずる．

建築用仕上塗材の選定については，JASS 23「付1．建築用仕上塗材の選び方」を参考にするとよい．

解説表 4.34 各種シーラーおよび下地調整塗材の特徴[20]

下塗りに用いる材料の種類		特 徴				主に適用する既存仕上塗材
		施工性	ぜい弱層の補強	安全衛生性	経済性	
シーラー	合成樹脂エマルション系	◎	△	◎	◎	薄塗材 E 厚塗材 E
	合成樹脂溶液系	○	○	△	○	薄塗材 複層塗材 厚塗材
	反応硬化形合成樹脂溶液系	△	◎	△〜×	△	
下地調整塗材	セメント系	△	○	○	○	薄塗材 複層塗材 厚塗材
	合成樹脂エマルション系	◎	△	○	○	薄塗材

[注] ◎：最適 ○：適 △：注意 ×：不適

4.2.9 金属製部材および部品の取付け

> a．適 用 範 囲
> 既存金属製部材および部品について，調査・診断の結果に基づき，補修・改修が必要であると判定された部位を対象として，美観の回復，機能性の回復，安全性の確保を目的とする補修・改修設計に適用する．

既存金属製部材および部品に対して，一般的に適用される金属材料の組合せの例を解説表 4.35 に示す．また，建築分野で使用される金属材料に対する主要な表面処理の種類を解説表 4.36 に示す．これらの参考図書として，本会編「建築工事標準仕様書・同解説 JASS 14 カーテンウォール工事」[23] と本会編「建築工事標準仕様書・同解説 JASS 16 建具工事」[24] がある．また，アルミニウムおよびアルミニウム合金の表面処理については，JIS H 8601 を参考とする．

補修・改修設計は，美観の回復，機能性の回復，安全性の確保を目的としており，調査・診断の結果に基づいて，実施する．目的とする各項目の内容を以下に解説する．

（1） 美観の回復

金属製部材および部品の表面処理層あるいは仕上げ塗膜は，美観を付与することを目的の一つとしており，これらが劣化すると美観が低下するため，補修・改修によって回復させることが必要である．

（２）　機能性の回復

　建築物のドアやサッシは開閉機能，接合部は固定機能を保持していなければならず，これらを構成する金属材料が劣化すると，必要とされている機能が損なわれることになる．また，外壁や開口部，接合部においては，劣化によって要求される気密性や水密性が低下して，外気や騒音の侵入および漏水や結露などを発生させる場合がある．したがって，補修・改修によって，それぞれの機能を回復させることが必要である．

（３）　安全性の確保

　部材および部品を構成する金属材料は，腐食により劣化が進み，変形，断面欠損，破断，破損などに至る．表面材のみならず，接合部などでは機械的強度が低下して，部材の落下および漏水，浸水が生ずるなど，大きな事故や被害につながることが懸念される．また，手すりやフェンスなどの金属製部材を使用した人間の安全性にかかわる場合がある．したがって，補修・改修によって安全性を確保することが必要である．

解説表 4.35 部材および部品に対する金属材料の一般的な組合せ

部材・部品 ＼ 金属材料	鉄鋼	亜鉛めっき鋼	ステンレス鋼	アルミニウム合金	銅および銅合金
カーテンウォール外装パネル	－	○	○	○	－
取付金物	○	○	○	○	○
ドア	○	○	○	○	－
シャッター	○	○	○	－	－
建具付属金物	○	○	○	○	－
サッシ	○	○	○	○	－
装飾金物	－	－	○	○	○
手すり	○	○	○	○	－
フェンス	○	○	○	○	－
面格子	○	○	○	○	－
はしごキャットウォーク	○	○	○	○	－

［注］　○：適用　－：一般には適用なし

解説表 4.36 金属材料に対する主要な表面処理

金属材料	表面処理の種類		
鉄鋼	亜鉛めっき	電気亜鉛めっき	
		溶融亜鉛めっき	
		着色塗装	
	金属溶射		
ステンレス鋼	物理的研磨		
	電解発色		
	化成皮膜処理	着色塗装	
アルミニウム合金	陽極酸化処理	硫酸皮膜（シルバー・アルマイト）	
		自然発色皮膜（電解発色皮膜）	
		電解着色皮膜	
	陽極酸化処理＋塗装（複合皮膜処理）	透明塗装	
		着色塗装	
	化成皮膜処理	着色塗装	
銅・銅合金	化学的処理	人工緑青	
		硫化着色	
	金箔貼り		

---

b．補修・改修方針
　既存の金属製部材や部品を構成する表面仕上げや金属材料の種類，劣化の種類や程度に応じて，既存の部材・部品を処理する方法を選定して特記する．

---

　b．既存の金属製部材・部品を構成する金属材料や仕上げ層において，仕上げ層のみあるいは金属材料の表面における軽微な劣化に留まっている場合には，既存の金属製部材・部品を残すことが可能である．しかし，機能性や安全性が損なわれている場合には，既存の部材・部品を撤去し，新規の部材・部品と交換する必要がある．したがって，既存の仕上げ層や構成する金属材料の種類，劣化の種類や程度を考慮して，対象となる金属製部材・部品を存置するか，撤去するかを選定して，特記する．

---

c．既存金属製部材・部品の処理方法の選定
　既存の金属製部材・部品の処理方法は，以下の中から選定して特記する．
　（1）　既存の金属製部材・部品を存置する場合
　　　1）表面の清掃と洗浄
　　　2）表面処理層や既存塗膜等の仕上げ層の除去
　　　3）部材を構成する金属材料の腐食層の除去
　　　4）存置する部材・部品の表面に対する下地処理
　（2）　既存の金属製部材・部品を撤去する場合
　　　既存の部材・部品の撤去

　c．既存の金属製部材・部品を存置する場合には，その処理方法を（1）の1）～4）の中から選定する．金属の腐食には水分が関与することから，水分の影響を受けない防水や止水に関する処理を施すことが重要である．また，存置する部材・部品の周辺に取り付けられている部材・部品においても，表面の清掃や洗浄，防せい処置や止水処置など，補修が必要となる場合がある．

　既存の金属製部材・部品を撤去する場合には，既存の部材・部品を新規部材・部品に交換することによって，周辺に存置する部材・部品やその取合い部，および新規部材において腐食が生ずる可能性がある．このような懸念がある場合は，補修・改修工事で対象となる部位の周辺に対する防せい処置や止水処置も施すことが不可欠である．

（1）　既存の金属製部材・部品を存置する場合

1）表面の清掃と洗浄

　調査・診断の結果に基づいて，既存の表面処理層や塗膜などの仕上げ層の種類，既存の金属製部材・部品の種類および劣化の種類や程度，処理する範囲に応じて，清掃・洗浄方法を選定する．洗浄方法には，水洗浄，温水洗浄，高圧水洗がある．汚れの種類や状態に応じて，アルコールや中性洗剤，研磨性洗剤などを併用する場合は，事前に試験施工などによって確認することが重要である．また，固着物の除去には，表面を傷付けないことを事前に確認したうえで，不織布研磨材や柔らかい布，スポンジなどを用いる．アルミニウム合金の陽極酸化皮膜に対する過度な研磨は，皮膜に損傷を与える場合があり，注意が必要である．

　金属製部材・部品の補修として，表面の清掃と洗浄のみで補修工事が完了する場合もある．

2）表面処理層や既存塗膜等の仕上げ層の除去

　アルミニウム合金の表面処理層における軽微な劣化あるいは脆弱化した既存塗膜等や仕上げ層への付着物は，ウエス拭きや研磨紙による研磨など，手工具を用いて除去する．アルミニウム合金陽極酸化皮膜に対する過度な研磨は，表面塗装工法による改修を採用する場合には塗膜の付着性を低下させる懸念があるため，注意が必要である．

3）部材・部品を構成する金属材料の腐食層の除去

　部材・部品を構成する金属材料の腐食層は，研磨紙や皮すき，スクレーパ，ワイヤブラシ等の手工具や動力工具を用いて入念に除去する．

4）存置する部材・部品の下地処理

　既存の部材・部品を存置する補修・改修工事を実施した後に，金属材料の腐食進行が懸念される場合には，存置する部材・部品に対する防せい処理や止水処置を施す．

（2）　既存の金属製部材・部品を撤去する場合

　既存の部材・部品を構成する金属材料の腐食，損傷，変形が著しく，建築外装としての遮蔽性低下，落下の危険性および開閉機能を有する部材の作動不良，水密性・気密性の低下や漏水防止ならびに取付け強度など，金属製部材・部品に要求される性能や機能を満足することができず，安全性が確保できないと判定された場合には，既存の部材・部品を撤去する．既存の部材・部品を撤去する補修・改修工事を実施する場合には，仮設部材の設置など工事期間中の安全性や防水性・止水性の確保に対する配慮も重要である．

> d．補修・改修に用いる材料・工法の選定
> 　c で選定された既存の金属製部材・部品に対する処理を施した後の補修・改修に用いる材料・工法の選定は，特記による．特記が無い場合は，以下の（1）〜（4）に示す補修・改修工法の中から選定する．
> （1）　固定・補強工法
> （2）　表面塗装工法
> （3）　建具改修工法
> （4）　新規部材・部品の取付け工法

　d．既存の金属製部材・部品に対する補修工法は，（1）固定・補強工法，（2）表面塗装工法，改修工法は，（3）建具改修工法，（4）新規部材・部品の取付け工法とする．既存の金属製部材・部品に対する清掃・洗浄のみで補修工事が完了する場合もあるが，清掃・洗浄は既存の部材・部品を存置する場合には，ほぼ全てにおいて適用しなければならない処理方法である．したがって，表面に対する清掃や洗浄は，補修・改修に用いる工法には含めていない．

　既存の金属製部材・部品に対する処理方法と補修・改修工法との組合せを解説表 4.37 に示す．また，各工法の概要と選定条件について以下に解説する．なお，仕上げ塗膜の劣化に関する補修・改修工法の選定は，本節 4.2.7 に準ずる．

（1）　固定・補強工法

　金属製部材・部品を取り付けている接合部において，ボルトやナットあるいは接合金物の緩みや肌隙きによる不十分な固定および部材・部分自体の動きや緩みが認められた場合には，ボルトやナットの増し締めや締め付けおよび接合金物の交換による再固定をする．なお，接合部とは，たとえば，外装部材の構造体への取付け部，ドアやサッシの取付け部および手すり，看板，装飾金物，フェンス，はしごなどを固定している部分を指す．

（2）　表面塗装工法

　本節 4.2.7 に準ずる．

解説表 4.37　既存の金属製部材・部品に対する処理方法と補修・改修工法との組合せ

補修・改修工法 既存部材・部品の処理方法	固定・ 補強工法	表面塗装 工法	建具改修 工法	新規部材・部品 の取付け工法
表面の清掃と洗浄	○	○	○	−
表面処理層や既存塗膜等の仕上げ層の除去	−	○	−	−
部材を構成する金属材料の腐食層の除去	○	○	○	−
存置する部材・部品の防せい処理，止水処置	○	○	○	○
既存の部材・部品の撤去	−	−	△	○

［注］　○：適用　　△：一部適用　　−：適用しない

（3）　建具改修工法

建具改修工法の種類を解説表4.38に示す．建具改修工法は，主に既存の鋼製建具を対象として既存の建具部材・部品の一部あるいはすべてを存置して，アルミニウム合金製などの金属製部材で被覆するかぶせ工法と，既存の建具部材・部品を全て撤去して新規の建具部材・部品に取り替える撤去工法の2つに大分類される．さらに，かぶせ工法は，カバー工法，持出し工法，ノンシール工法の3種類，撤去工法は，はつり工法と引抜き工法の2種類に分けられる．既存建具の一部を残す場合には，かぶせる前に対象となる既存の鋼製部材・部品の防せい処理や周辺の止水処置を十分に施す必要がある．また，新規部材として既存の鋼製建具よりも耐食性に優れる材料を適用することにより，開口部全体の耐久性向上が期待できる．

なお，外壁全面を被覆改修するパネル被覆改修工法は，本節4.2.10による．

1）カバー工法

既存鋼製建具の枠だけを残し，その上に補助材を用いて新規部材を固定して被覆する工法であり，新規部材を既存の建具枠にかぶせるため，開口寸法は小さくなる．

2）持出し工法

カバー工法と基本的には同様であるが，新規部材を開口部の外側に持ち出して取り付けるため，カバー工法より開口寸法を大きくすることも可能である．

3）ノンシール工法

カバー工法の1種で，便所・浴室の小窓の他，小さい開口部に採用する．あらかじめ新規建具に取り付けられている成形ゴムガスケット（タイト材）を用いて，新規建具と構造体開口部との間を塞ぐため，カバー工法における外部側からのシーリング材充填作業が省略可能となり，外部仮設足場が不要となる．

4）はつり工法

既存建具の方立・無目・障子等を撤去し，枠の周囲または構造体の壁を一部はつり取り，新規建具を取り付ける工法である．既存建具と同等の開口寸法を確保できるが，かぶせ工法や後述する引抜き工法に比べ，騒音，振動，粉塵による影響および構造体に対する補修や内装の補修・改修工事

解説表 4.38　建具改修工法の種類と特徴

工法の種類		新規建具の開口寸法	特　徴
かぶせ工法	カバー工法	既存建具の寸法より小さくなる	既存建具へそのまま新規部材をかぶせる
	持出し工法		新規部材を外側に持ち出して取り付ける
	ノンシール工法		小さい開口部に適している 外部シーリング工事が不要である
撤去工法	はつり工法	既存建具の寸法とほぼ同等である	既存建具をはつり取るため，騒音，振動，粉塵が出る 構造体の補修や内装の補修・改修を伴う
	引抜き工法	既存建具の寸法より小さくなる	油圧工具やジャッキ等を使用して既存建具を引き抜く 構造体のひび割れ発生などに対する配慮が必要である

が必要となり，他工法より工期が長くなる．

　　5）引抜き工法

　既存建具の方立・無目・障子等を撤去し，枠を油圧工具または油圧ジャッキ等で撤去し，新規建具を取り付ける工法である．既存建具と同等の開口寸法を確保できるが，建具を引き抜く際に開口部周囲の構造体にひび割れが発生するなど，構造体の損傷に対する配慮が必要である．

　（4）　新規部材・部品の取付け工法

　建具以外の既存の金属製部材・部品を撤去した後，新規の部材・部品を取り付ける工法である．取付け金物，装飾金物，手すり，フェンス，面格子，はしご，キャットウォークなど，既存の部材を撤去した後，新規の部材・部品を取り付ける場合には，その接合強度や耐風圧性などを再検討することが重要である．

4.2.10　パネル被覆改修工法

> a．適 用 範 囲
> 　既存建築物の外装に対する調査・診断の結果に基づいて，所要の補修が施された素地・下地や構造体を対象として，パネル被覆による改修工法を採用する場合の改修設計に適用する．

　a．パネル被覆改修工法は，調査・診断の結果に基づいて補修・改修が必要であると判定された部位に対する所要の補修が施された素地・下地や構造体を対象として，適用しなければならない．所要の補修が施された素地・下地や構造体とは，例えば水密性を損なうようなひび割れや落下が懸念されるような著しい浮きなどは生じておらず，パネル被覆による荷重増加に耐えうる耐力など，素地・下地や構造体としての本来の性能や機能が保持されている状態とする．

　当該改修工法が適用される既存の外装は，本会編建築工事標準仕様書・同解説（JASS）あるいは国土交通省大臣官房官庁営繕部監修公共建築工事標準仕様書に準じて施工された打放しコンクリート，セメントモルタル塗り仕上げ，陶磁器質タイル張り仕上げおよびコンクリート系素地に施された塗装仕上げやコンクリート系下地に施された建築用仕上塗材仕上げとする．

> b．改 修 方 針
> 　（1）　パネル被覆改修工法を適用する目的は，意匠性，断熱性，構造体保護，剥落安全性の向上もしくは確保とする．
> 　（2）　以下の項目について検討して，改修材料・工法を選定して特記する．
> 　　　建築物の立地，外力条件（耐震性，耐風圧性），適用部位，改修用パネルの種類
> 　（3）　以下の項目を検討して，パネル被覆改修工法の詳細を決定して特記する．
> 　　　改修用パネルの寸法・質量・割付，パネルの製作，取付け方法，アンカー耐力

　b．（1）　当該工法に要求される主要な性能は，意匠性，断熱性および構造体に対する保護，剥落に対する安全性である．当該工法では，既存の外装仕上げに対して新たなパネルで被覆して，既存の外装仕上げとは異なる意匠性や断熱性の向上を付与することにより，建築物の資産価値を高めることも可能である．さらに，構造体に対する保護および外壁の剥落に対する安全性の向上や確保も期待できる．

（2）　改修に適用する材料・工法の選定には，既存の外壁面に新たな外装仕上げを施すことになるため，その材料および工法は，剥落などによる災害を生じないように検討することがもっとも重要である．改修設計にあたっては，以下の内容について検討したうえで材料および工法を選定して特記する．

ⅰ）建築物の立地

改修の対象とする既存建築物が，敷地境界線からどの程度離れているかを確認する．商業地域の建築物等では，既存外壁面が敷地境界線から数 cm しか離れていない場合があるため，パネル被覆改修工法の適用には大きな制約条件となることがある．

ⅱ）外力条件（耐震性，耐風圧性）

耐震性と耐風圧性については，本会編「非構造部材の耐震設計指針・同解説および耐震設計・施工要領」[25] に基づいて，検討する．

耐風圧性の設計に採用する風荷重と外力およびそれらの組合せは，建築基準法施行令による．

ⅲ）対象部位

既存建築物において，当該工法を適用する部位を実測して，パネルの製作寸法を決定する．

ⅳ）パネルの種類

採用するパネルは，原則として GRC パネル，ECP パネル，アルミニウム合金パネルとする．

1）GRC パネル

GRC（Glass-Fiber Reinforced Cement）とは，セメントモルタルと耐アルカリ性ガラス繊維を混合した繊維補強複合材料である．建築基準法では「ガラス繊維混入セメント板」と称し，建設省告示第 1400 号で不燃材料に指定されている．

GRC パネルの種類は，本会編 JASS 27[29] 5 節「GRC パネル外壁工事」に準じて選定する．

パネルの構成は，GRC のみで構成された平板パネル，リブ付きパネルおよび鉄骨フレームと一体に構成した SF（スチールスタッド）パネルがある．

2）ECP パネル

ECP（Extruded Cement Panel）とは，セメント，けい酸質原料および繊維質原料を主原料として，中空を有する板状に押出成形してオートクレーブ養生したパネルである．

ECP パネルは，JIS A 5441：2003（押出成形セメント板）に規定される表面形状，厚さ，働き幅の組合せから選定する．

3）アルミニウム合金パネル

アルミニウム合金パネルは，JIS H 4000：2017（アルミニウムおよびアルミニウム合金の板および条），JIS H 4100：2015（アルミニウムおよびアルミニウム合金の押出形材）に対して，JIS H 8601：1999（アルミニウムおよびアルミニウム合金の陽極酸化皮膜）に規定される陽極酸化皮膜処理もしくは加熱硬化形塗装が施されたものとする．後者の加熱硬化形塗装については，日本建築仕上学会編「加熱硬化形溶剤系塗装標準仕様書・同解説」[30] に準ずる．

（3）　設計にあたっては，選定した材料・工法に応じて以下の項目について検討したうえで，詳細を決定して特記する．

ⅰ）パネルの寸法・質量・割付け

パネル被覆改修工法では外壁に新たなパネルを取り付けるため，固定荷重が増加する．したがって，既存建築物の外壁面の条件，構造設計および立地条件などによる風荷重を考慮し，被覆に用いるパネルの寸法および質量を検討する．増加する質量は，パネル，取付け金物，下地材（間柱・胴縁）の合計とする．設計にあたっては，JASS 27 および JASS 14 を参考とする．

ⅱ）パネルの製作

パネルの寸法，質量，割付けおよび改修工事全体の工程を考慮して，工場で被覆用パネルを製作する．パネルの寸法や品質は，製作工場による自主検査の報告もしくは設計者や工事監理者による立会検査によって確認する．

ⅲ）取付け方法

建築物の立地環境，外力条件，選定したパネルの種類，寸法，割付けなどに基づいて，以下の工法の中から選定する．

（1）　GRC パネル被覆改修工法

GRC パネルを用いる被覆改修工法の代表例を解説図 4.21 に示す．

工法には，稲妻金物落込み工法，ボルト落込み工法，座掘り工法，カーテンウォール工法の4種類があり，パネルの取付けには，鋼製下地材を設置して取り付ける乾式外壁タイプと階高寸法を支持スパンとするカーテンウォールタイプがある．詳細については，JASS 27 を参照する．

（2）　ECP パネル被覆改修工法

ECP パネルを用いる被覆改修工法の材料および工法は，JASS 27 の 6 節「押出成形セメント板外壁工事」に準ずる．

取付け方法の代表例を解説図 4.22 に示す．

（3）　アルミニウム合金パネル被覆改修工法

アルミニウム合金パネルを用いる被覆改修工法は，金属パネルによる被覆工法と，カーテンウォール構法による外壁全面被覆工法に大別される．

アルミニウム合金パネル被覆による改修工法の代表例を解説図 4.23 に示す．

（4）　アンカー耐力

既存外壁に対するパネル取付けはあと施工アンカーに依存するため，アンカーが負担できる耐力を事前に確認することが重要であり，調査・診断の結果に基づいて，補修された既存外壁面に対して，アンカー耐力試験を実施する．

各種アンカーボルトの耐力算定方法は，本会編「各種合成構造設計指針・同解説」[31]に準ずる．

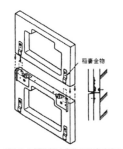 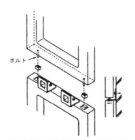 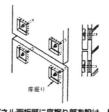 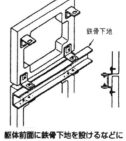

パネル上部取付け金物より突き出したツノ状部分に，その上に取り付けるパネルの下部取付け金物（稲妻金物）を挿し込んで取り付ける。

1)稲妻金物落込み構工法

パネル頂部に2か所設けた凹部に樹脂混入モルタルを充填し，その上に取り付けるパネル下部に設けたボルトを落とし込んで取り付ける。

2)ボルト落込み構工法

パネル面板部に座掘り部を設け，躯体から突き出したアンカーにワッシャ・ナットでパネルを取り付け，モルタルなどで座掘り部を埋める。

3)座掘り構工法

躯体前面に鉄骨下地を設けるなどにより，躯体とパネルの控え寸法を大きく取れる場合に採用される。取付け作業をパネル裏面から行う。

4)カーテンウォール構工法

解説図 4.21　GRC パネル被覆改修工法の代表例[16]

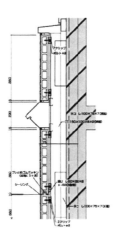

解説図 4.22　ECP パネルの取付け工法の代表例[16]

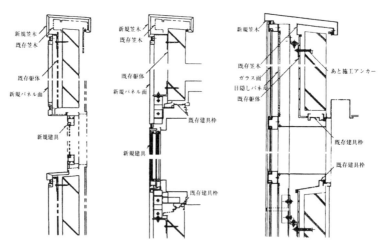

解説図 4.23　アルミニウム合金パネル被覆改修工法の代表例[16]

4.3 シーリングジョイントの補修・改修における材料および工法の選定

4.3.1 適用範囲

> 　本節は，鉄筋コンクリート造建築物のコンクリート構造体とサッシの取合い目地，コンクリート構造体の打継ぎ目地・ひび割れ誘発目地，笠木目地およびガラスまわり目地に施工された不定形シーリング材について，調査・診断報告書により補修（局所的な補修）・改修（全面的な補修を含む）が必要であると判定された部位を対象に，防水性の回復等を目的とする補修・改修設計に適用する．

　本節は，シーリングジョイントにおいて，不定形シーリング材を用いた補修・改修材料および工法の選定に関するものであり，シーリングジョイントとは異なる止水納まりに改変する場合は扱わない．

4.3.2 基本方針

> 　既存シーリング材の処理方法ならびに補修（局部的な補修）・改修（全面的な補修を含む）において，材料および工法を選定する際には，既存シーリング材の種類や劣化の程度，環境条件や使用条件，補修・改修を行う範囲などを勘案し，補修・改修後にシーリングジョイントの機能が適正に発揮できるように考慮する．

　適切な目地設計がされている状況でシーリング材が経年劣化したことにより補修・改修を行う場合，および単純な施工不良で局部的に補修を行う場合では，劣化した既存シーリング材を撤去して同種のシーリング材で再充填するのが原則である．しかし，既存シーリング材の撤去が困難なため，正常な被着面が得られない場合，あるいは，目地構成材の強度や被着面の状態がその機能を失っている場合には，被着面の処理方法の別途検討や目地を拡幅するなどの目地の改変を行うか，既存シーリング材を撤去せずに目地上から新たにシーリング材を被覆する等の別工法の選定が考えられる．また，目地形状（目地幅，目地深さ）が適当でなく，劣化に影響を与えている場合においても同様の対応が必要である．

4.3.3 目標性能

> 　本節で扱うシーリングジョイントは，以下の項目を満たすものとする．
> （1） シーリングジョイントの補修・改修に用いる材料および工法は，シーリング防水に対する要求性能を満足すること．
> （2） 補修・改修後は，所定の耐久性および防水性を有すること．

　（1） シーリングジョイントの補修・改修工事に適用する材料および工法は，シーリング防水に対する要求性能を満足できるものを選定して，補修・改修工事仕様書で指定する．また，シーリングジョイントの形状，外観および寸法を補修・改修工事仕様書に明記して工事監理を行う．

　（2） 補修・改修が施されたシーリングジョイントは，補修・改修設計仕様で期待される防水性および耐久性を保有していなければならない．

4.3.4　補修・改修に用いる材料および工法の選定

> a．既存シーリング材の劣化の状態，劣化因子，環境条件や使用条件を考慮して補修（局部的な補修）
>   とするか，改修（全面的な補修を含む）にするかを決定し，補修・改修工法を選定して特記する．
> b．補修・改修に用いる材料の種類は，JASS 8（防水工事）に準ずる．さらに，既存シーリング材の
>   種類，劣化の程度や使用環境条件などに応じて，シーリング材の耐久性，耐候性，被塗装性，目地周
>   辺への汚れ性，経済性等を考慮して，対象となる補修・改修工事に適した材料を選定して特記する．

　a．目地設計の適否については，JASS 8[21]の 4.3「シーリング材を充填する目地」を参考にする．

　補修・改修工法は，解説図 4.24 に示した工法選定フロー，および解説表 4.39，解説図 4.25 に示
した各種補修・改修工法の比較を参考に，性能，作業環境，意匠，工期，費用などを考慮して選定
する．

　なお，ブリッジ工法を選択した場合の目地設計方法は，本会編「外壁接合部の水密設計および施
工に関する技術指針・同解説」[29]に準じて行う．

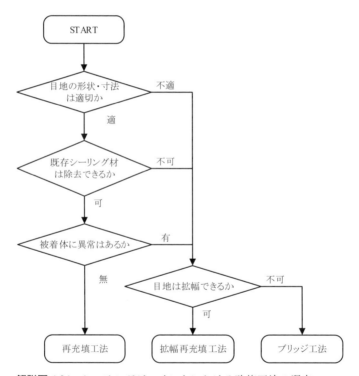

解説図 4.24　シーリングジョイントにおける改修工法の選定フロー

解説表 4.39　改修（全面的な補修を含む）工法の比較

項目 工法	性能	作業環境 （騒音・振動）	意匠の変化	工期	費用
再充填工法	良	良	良	中	普通
拡幅再充填工法	優	不良	可	長	高価
ブリッジ工法	優	有	不可	短	安価

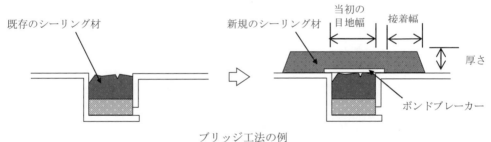

再充填工法の例　　　　　　　　　　　　拡幅再充填工法の例

ブリッジ工法の例

解説図 4.25　シーリングジョイントの改修工法の種類

　1)　再充填工法

　再充填工法は，既存のシーリング材を適切な方法で除去し，同種またはより高性能なシーリング材を新規に充填する工法である．補修・改修後，シーリング材の外観が補修・改修前と変わらないので意匠上優れている．また，性能・作業環境への影響・工期・費用については標準的な位置付けである．

　2)　拡幅再充填工法

　拡幅再充填工法は既存の目地幅が不足している場合に，目地幅を拡大して同種またはより高性能なシーリング材を新規に充填する工法である．目地幅の拡大によって十分な目地寸法や新しい被着面が得られるので性能上優れている．また，目地幅が多少大きくなるが意匠上特に問題にはならない．しかし，目地幅を拡幅するには作業環境への影響が大きく，工期が長くなり，多額の費用がかかる．

3）ブリッジ工法

　ブリッジ工法は，既存のシーリング材をそのまま残し，その上に新規のシーリング材をブリッジ状に重ねて施工する方法である．目地幅を拡大したのと同様な効果が得られ，被着体の異常や目地幅の不足を補うことができるなど性能上で優れ，既存のシーリング材を除去する必要がないので作業環境への影響が少ない．既往の目地幅が不足している場合，適切な目地幅に拡大するには多額の費用と工期を要するが，それに比較すれば費用が安く工期が短いなどの長所がある．しかし，意匠が変わるので発注者の了解が必要である．

　b．補修・改修に用いるシーリング材は，JASS 8 の解説表 4.11「シーリング材と構法，部位，構成材との適切な組合せ」などを参考に，被着体の種類，ムーブメントの大小，意匠などを検討して選定する．撤去しきれない既存シーリング材が残っているシーリングジョイントや，局部的な補修する場合等，既存シーリング材と新規シーリング材が打ち継がれる部位があることが一般的であるので，新規シーリング材には，既存シーリング材と接着するものを選定する必要がある．既存と同種のシーリング材を補修・改修にも使用することが原則ではあるが，目地のムーブメントや既存シーリング材の生産状況から，補修・改修シーリング材に既存シーリング材と異種のものを使用せざるを得ない場合は，両者の打継接着性について，JASS 8 の解説表 4.14「異種シーリング材の打継の目安」等を参考に事前確認する．

4.4　メンブレン防水の補修・改修における材料および工法の選定

4.4.1　適　用　範　囲

> 　本節は，メンブレン防水において，調査・診断報告書により補修（局部的な補修）・改修（全面的な補修を含む）が必要であると判定された部位を対象に，防水性の回復等を目的とする補修・改修設計に適用する．

　補修（局部的は補修）・改修（全面的な補修を含む）に使用するメンブレン防水は，アスファルト防水，改質アスファルトシート防水，合成高分子系シート防水および塗膜防水とし，JASS 8[21] に記載のものを対象とする．なお，雨水浸入箇所が特定できた場合に，その部分に局部的な補修を行う場合は，既存と同種の防水材料を張り付けるか，塗り付けることを基本とする．

4.4.2　基　本　方　針

> 　既存メンブレン防水の劣化度を調査・診断結果より，以下の補修か改修かを決定する．
> （1）　改修（全面的な補修を含む）
> （2）　補修（局部的な補修）

（1）　改修（全面的な補修を含む）

　既存メンブレン防水の調査・診断結果より，顕在化している劣化が大面積にわたっている場合や，既存防水層の経過年数が当初想定されていた耐用年数に近い，または超えている場合は，連続した屋根面の全体を改修（全面的な補修を含む）する．

　その場合，対象建築物の今後の使用予定期間の設定，補修・改修目的の明確化，補修・改修によって期待する性能項目およびそのレベルの設定，建築物・部位の劣化程度に応じた補修・改修の方針を決定した後，後述する具体的な工法選定の際に考慮するべき条件をもとに工法を選定する.

　（2）　補修（局部的な補修）

　雨水浸入箇所が特定された場合や，局所的に劣化が認められ，かつ既存メンブレン防水の経過年数が当初想定されていた耐用年数までにまだ時間がある場合は，その部分を局所的に補修する．この場合は，既存と同種の防水層を対象箇所に付設するものとする.

4.4.3　目標性能

> 本節に示す補修・改修に使用するメンブレン防水層は，以下の項目を満たすものとする.
> （1）　防水層は，所定の形状および寸法を有し，所要の仕上がり状態であり，取合い部も含めて漏水がないこと.
> （2）　防水性の回復以外の目的に応じた性能を保有すること.

　（1）　補修・改修に使用するメンブレン防水は，防水層としての基本品質を満足している必要があり，JASS 8 に記載のものを標準とする.

　（2）　補修・改修の目的として，防水性の回復以外に，断熱性の付与・回復，屋上使用等がある場合は，その目的に応じた目標性能を設定し，補修・改修工事仕様書に記載する.

4.4.4　既存メンブレン防水層等の処理方法と補修・改修工法の選定条件

> a．既存メンブレン防水層やルーフドレン回り，既存下地の処理方法等について，以下の項目について選定に必要な条件を確認する.
> （1）　既存メンブレン防水の処理方法
> 　既存メンブレン防水の適用状況や劣化度および範囲に応じて，以下の方法の処理から選定する.
> 　（i）　保護防水および保護断熱防水の場合
> 　　①　すべての層残置
> 　　②　防水層残置（防水層以外撤去）
> 　　③　すべての層撤去
> 　（ii）　露出防水および露出断熱防水の場合
> 　　①　すべての層残置
> 　　②　すべての層撤去
> （2）　保護層，断熱層および防水層の撤去方法
> 　保護層，断熱層および防水層の撤去方法に関する留意点を確認する.
> （3）　ルーフドレン回りの処理
> 　ルーフドレン回りの処理について確認する.
> （4）　既存下地の補修および処理
> 　新設防水層の下地となる既存保護層のコンクリート面およびモルタル面，既存防水層を撤去したコンクリート面およびモルタル面，ならびに既存防水層面に対する下地補修および処理は，新規防水工法の種類に適応した材料・工法から選定する.
> b．メンブレン防水の補修・改修工法を選定する際に，以下の条件を確認する.
> （1）　既存建築物・部位等の劣化度

（2） 既存建築物・部位等に使用されている材料および工法の確認ならびに過去の補修・改修歴
（3） 補修・改修後の仕上がり面の状態
（4） 地域条件および環境条件
（5） 対象部位および使用条件

　a．既存メンブレン防水の処理方法，保護層，断熱層および防水層の撤去方法，ルーフドレン回りの処理，ならびに既存下地の補修および処理については，以下に示す内容に留意して行う．

（1） 既存メンブレン防水の処理方法

　既存メンブレン防水の構成により，保護防水，保護断熱防水，露出防水および露出断熱防水がある．改修工法を選定する際には，既存メンブレン防水の処理をどのように行うかが重要な選択肢となり，平場の防水層の処理方法に数種類がある．

（i） 保護防水および保護断熱防水の場合

① すべての層残置

　保護層以下の全ての層を残置する場合，既存保護層が新たな防水層の下地となるので，保護層が新規防水層の下地として使用できるかどうか，その状態を確認する．

② 防水層残置，防水層以外撤去

　防水層を残置して，防水層のより上の保護層と断熱層，または保護層のみを撤去する場合，既存防水層をそのまま補修して使用することになるので，既存防水層の種類や工法，劣化の程度や改修工事の条件などを勘案して工法を選択する．

③ すべての層撤去

　防水層を撤去し，新たに防水層を設置することになるので，下地処理を行った後は新築時の防水材料・工法を選択すること同じとなり，JASS 8に準じて行う．

（ii） 露出防水および露出断熱防水の場合

① すべての層残置

　既存防水層の上に新たな防水層を施工することになるので，既存防水層の種類や工法，劣化の程度や改修工事の条件などを勘案して工法を選択する．

② すべての層撤去

　防水層を撤去し，新たに防水層を設置することになるので，下地処理を行った後は新築時の防水材料・工法を選択すること同じとなり，JASS 8に準じて行う．

（2） 保護層，断熱層および防水層の撤去方法

　既存部分の撤去方法を選定する際においては，以下の留意点がある．

・既存保護層を撤去する場合（（i） ②，③の場合）

　騒音・振動の防振対策

　作業時間についての建物管理者，入居者との合意

　安全対策，養生など

　荷おろし方法

　漏水対策

　　保護層上の設備機器などの移設，盛替え，復旧方法

　　廃棄物処分計画

　防水層を残置する場合は，既存防水層の損傷に注意して行う．

　・既存防水層を撤去する場合（（ⅰ）③，（ⅱ）②の場合）

　　既存保護層を撤去する場合の留意事項に加え，雨養生対策を行う．また，昭和62年以前のアスファルトルーフィング類にはアスベストが含まれている可能性があるため，アスベスト含有の判定を行い，適正な方法で撤去，処分する必要がある．

（3）　ルーフドレン回りの処理

　ルーフドレンの劣化が著しい場合は，新設を検討する．ルーフドレン回りの水はけが著しく悪い場合，漏水のおそれがある場合は納まりを修正・変更する．

（4）　既存下地の補修および処理

　下地面の平坦さおよび乾燥状態は，新設する防水層に支障が生じないようにし，排水勾配にも注意する．ただし，排水勾配不良の修正に，コンクリート打込み，モルタル厚塗りを行うことは，屋根荷重の増大，剥離・割れの懸念などから安易に行わない．既存防水層の上に異種の防水材料での防水改修は行わないことが原則であるが，適切な下地調整を行えば可能である．

　b．メンブレン防水の補修・改修工法を選定する際には，既存建築物や適用環境，部位等に関する条件が必ず関係してくるので，以下に示す条件について詳細に検討する．

（1）　既存建築物・部位等の劣化度

　既存建築物・部位等の劣化度の対象となる現象は，防水層のはがれやひび割れ，建築部位への漏水などである．部位・部材の劣化の種類とその程度は，点検結果，調査診断結果による．なお，劣化が著しいため，既存の防水層を完全撤去した場合は，改修工法の選択に対する制約は緩和される．一方，部分的な撤去の場合は，既存防水層との適合性を特に考慮する必要がある．

（2）　既存建築物・部位等に使用されている材料および工法の確認ならびに過去の補修・改修歴

　補修・改修工法の選定にあたり，問題となる場合としては，既存の材料・工法が既に使われていない，または改良されて採用できない場合であり，現状で使用できる材料・工法を選択せざるを得ない．また，既存の材料・工法に性能上問題があると判断された場合では，別の材料・工法を検討する．一方，劣化が著しく，既存防水層を完全撤去した後に補修・改修を行う場合は，特に材料・工法選択に対する制限はない．

　既存の材料・工法に性能上問題があり，同材料・工法を選択できない場合の具体的な例として，安全上の問題から法規制が変更になり使われなくなった材料を使用している場合等があり，既存防水層を撤去処分する際においても注意が必要となる．そのためには，アスベストの含有等，既存防水層のサンプリング調査を必要とする．

（3）　補修・改修後の仕上がり面の状態

　仕上がり面の状態は，テクスチャー，平滑，粗度，色，つや等の外観性能が挙げられるが，改修される新規メンブレン防水に第一義的に要求されるのは防水性能とその耐久性である．そのため，新規メンブレン防水の仕上がり面の状態としては，保護層等を含めた使用する材料・工法の所定の

仕上がり面の状態を有するものとする．ただし，勾配屋根については，外観性能として重視されるが，本規準では対象外とする．また，歩行用陸屋根については，不特定多数の人が歩行や台車等の走行にも耐える仕上がり面の状態とすることが必要である．

（4）　地域条件および環境条件

劣化度は，地域条件や部位条件により異なる．海塩粒子の多い臨海地域，亜硫酸ガス濃度の高い工業地域，高温多湿地域，気温の日間変動の激しい地域は材料によっては劣化が著しくなる場合もあり，方位や雨が当たる条件などにより異なっている．既存防水層の種類と経過年数を勘案して，できるだけ補修・材料工法の選定にフィードバックさせる．

屋上防水では，防水層自体の劣化が直接原因でなくとも，パラペットのコンクリート笠木材料の劣化に起因して漏水に至る場合がある．したがって，下地や周辺材料の性能と劣化環境も勘案する必要がある．劣化が著しい場合は，より高性能のものを採用するか，あるいは目標耐久性を低く見積もることも考慮する．

・劣化に関係する温湿度環境（寒冷，温暖，亜熱帯）

寒冷地域とは暖房度日数 D'18-18 が 3 000 ℃ day 以上の地域を指し，北海道，青森県，秋田県，岩手県および東北，関東，中部地方の山間部に相当する．温暖地域とは前記以外をいう．保護コンクリートの凍害や，露出防水層での雪下ろしによる損傷などが懸念されるため，選択の際に考慮して検討する．

・劣化・使用材料制限に関係する立地条件環境（住宅，商業，工業，田園，臨海，温泉地，防火，準防火，その他）

住宅，商業地では騒音，臭気，振動，塵埃等の施工上の制約がある．工業地では，耐薬品性，ばい煙，田園・臨海地では鳥害，落葉，種子等の飛来物，臨海地では海塩粒子の飛来物，温泉地では硫化水素への対応および防火上の問題を考慮して検討する．

・工事に関係する立地や環境の条件（市街化，山間・田園，強風，建築や人口の密集地，傾斜地等）

山間・田園地域，建物密集地域，傾斜地域では運搬，廃棄物の搬出などの制約がある．強風地域では防水層の飛散等が生じないよう耐風性を考慮した新規防水材料・工法を選定する．

（5）　対象部位，使用条件

メンブレン防水では，劣化の進行が早く，欠陥が生じやすい部位として以下があげられる．

・出隅・入隅，突出部

平坦部と比べて劣化の進行が早く，建築物の使い方によっては，汚れ，劣化が問題となることが多い．

・保護層の伸縮目地

保護層の挙動量を考慮して目地材を選定する．

・役物取合い，立上り，シート防水ジョイント

漏水につながる施工欠陥が生じやすいので，施工性を考慮した材料・工法の選定を行う．

・歩行屋根，勾配屋根

耐歩行性，意匠性，断熱性に対しての配慮が必要である．

・断熱防水

　地域条件に対応した断熱設計に基づいて材料・工法を選択する．露出防水の断熱工法の場合には，防火上の制約についての注意が必要である．

・その他

　積雪地域で雪下ろしを行う必要がある場合において，露出防水の採用には注意が必要である．

4.4.5　補修・改修に用いる材料・工法の選定

> 補修・改修工法の具体的な仕様は，既存防水の扱いおよび改修防水の条件の検討に基づいて選定して特記する．

　連続した屋根面のメンブレン防水を全面的に改修（全面的な補修を含む）する場合の材料・工法の選定は，防水部分とその周辺部分の劣化度に応じて行われる．具体的には，調査・診断の結果に基づき，本章の条件が加味されて具体的な改修工法が選定される．その過程では，既存防水層のもつ特性と劣化度に応じて，改修材料・工法の適否を多くの判定要素から絞り込むことになる．

　最適解を選ぶための判断要素の条件をもとに，既存防水材料・工法に対してどのような改修材料・工法が適用できるかを示したものが，解説表 4.40～4.44 である．

　この表では，たとえば既存メンブレン防水の保護層および防水層の処理や，新規メンブレン防水での断熱材および保護層の新設を判断要素とし，これらの組合せに新規防水材料・工法の適用性を対応させてある．原則として，既存と同種の材料・工法を選定することとし，標準工法ではない材料・工法は，ここには含めない．

　なお，既存防水層を全面撤去する場合は，下地処理を適切に実施することによって，新築の仕様と同等の性能を得ることができるので，材料・工法の選定においては新築時と同様の考え方で行うことになる．

　具体的な改修仕様選定に関しては，以下の項目について検討して選定する．

1）既存メンブレン防水の扱いに関する検討事項

・既存保護層および/または既存防水層（断熱層）の撤去廃材の処分方法

・原状復帰する場合の既存保護層撤去材の再生利用

・立上り/ドレン回り等の雨養生

・既存伸縮目地部の補修方法

・既存防水層の下地への接着性

・既存防水層の不具合部の補修方法

2）新規メンブレン防水に関する選択項目と検討事項

①　改修後の保護層の有無

・保護層を原状復帰

・保護層の設置が困難な場合または新規防水層を露出工法とする場合

②　新規防水層の施工環境

・溶融釜の設置が可能か

　アスファルト防水，改質アスファルトシート防水における溶融釜の扱い

・芳香族系有機溶剤の使用が許容されるか

　シート防水，塗膜防水における芳香族系有機溶剤の扱い

・トーチバーナーの火気が許容されるか

　改質アスファルトシート防水におけるトーチバーナーの扱い

・火気使用不可またはハンドバーナー程度の火気が許容されるか

③　改修下地の条件

・改修下地が現場打ちコンクリート保護層，または同種の既存防水層を撤去した下地

　接着工法が可能な場合

・改修下地が機械的工法に適した下地

　接着工法が不可能で機械的工法が可能な場合

④　新規メンブレン防水の基本性能

・新規メンブレン防水が露出仕様となる場合の耐風圧性

　特に，既存メンブレン防水が保護仕様であった場合に，耐風圧性の検討はされていないことがあるので注意が必要である．

・新規メンブレン防水が露出仕様となる場合の耐久性

　保護工法のメンブレン防水の上に露出工法の新規防水層を施工すると，新築時に露出工法のメンブレン防水を施工する場合と異なり，排水勾配が緩く，さらに下地による排水が不十分なため，水たまりが生じ，防水層の劣化を早める場合があるので注意が必要である．

⑤　その他

・ドレン

　まず，現状の排水条件を確認する．さらに，改修工法によっては二重ドレンを用いる場合では，排水管径が小さくなり排水条件が悪化することもあるので，改修により排水能力が想定最大降水量を下回ることがないことを確認し，そうでない場合は新たなドレン増設等も考慮する．

・防水層どうしの取合い

　パラペットと立上り，設備架台と平場など，部位ごとに異なる防水を使用する場合は，防水層の種類ごとに相性を確認し，止水ラインが連続するように留意した納まりとする．

　選定された改修工法の工程例を，解説表 4.46，解説表 4.47，および解説表 4.48 に示す．同解説表において，実施の必要な工程を確認し，改修工事仕様書を作成する．

解説表 4.40　メンブレン防水改修（全面補修も含む）仕様選定表（1）

◎：防水層・保護層を原状復帰する場合に適用　☆：断熱性能を付加または追加する場合に適用
○：適用可能　－：対象となる仕様なし
※：備考2欄の各項目で適用が可能・検討を要すべき事項
－：備考2欄で適用・検討・対応に関係のない事項
・平場の既存防水層を撤去する場合の改修防水層はJASS 8の標準仕様から選定する.
・既存保護層，既存断熱層　および/または　既存防水層は，立上り部およびドレン回りは原則として撤去する. 事前に，撤去廃材の処分方法の検討を行う.
・改修用二重ドレンを用いる場合は排水能力の検討を行い，ドレン回りの処置は，改修防水材料製造所の仕様による.
・既存露出断熱防水層上にかぶせ改修を施した場合は，次期の防水改修では原則として既存露出断熱防水を含めて撤去する.

既存防水工法			改修時工程			新規防水工法							
						アスファルト防水							
						保護防水						露出防水	
						保護工法			保護断熱工法			絶縁工法	断熱工法
防水種別	保護層・防水材料		平場保護層	断熱層	平場防水層	AC-PF	AM-PF	AM-PS	AC-PF（断熱）	AM-PF（断熱）	AM-PS（断熱）	AM-MS	AM-MT
保護防水	アスファルト防水改質アスファルトシート防水	現場打ちコンクリート	撤去	–	非撤去	◎	◎	◎	☆	☆	☆	○	☆
			非撤去	–	非撤去	–	–	–	–	–	–	○	☆
		コンクリート平板類 砂利	撤去	–	非撤去	–	–	◎	–	–	–	○	☆
		アスファルトコンクリート	撤去	–	非撤去	–	–	◎	–	–	–	○	☆
保護断熱防水	アスファルト防水改質アスファルトシート防水	現場打ちコンクリート	撤去	撤去	非撤去	○	○	○	◎☆	◎☆	◎☆	○	☆
			非撤去	非撤去	非撤去	–	–	–	–	–	–	○	☆
		コンクリート平板類 砂利	撤去	撤去	非撤去	–	–	○	–	–	◎☆	○	☆
露出防水	アスファルト防水 改質アスファルトシート防水		–	–	非撤去	–	–	–	–	–	–	◎	☆
	合成高分子系シート防水接着（密着）仕様	加硫ゴムシート系	–	–	非撤去	–	–	–	–	–	–	–	–
		塩化ビニル樹脂系	–	–	非撤去	–	–	–	–	–	–	–	–
		エチレン酢酸ビニル樹脂系	–	–	非撤去	–	–	–	–	–	–	–	–
	合成高分子系シート防水機械的固定仕様	加硫ゴムシート系	–	–	非撤去	–	–	–	–	–	–	–	–
		塩化ビニル樹脂系	–	–	非撤去	–	–	–	–	–	–	–	–
	塗膜防水	ウレタンゴム系絶縁仕様	–	–	非撤去	–	–	–	–	–	–	–	–
		ウレタンゴム系密着仕様	–	–	非撤去	–	–	–	–	–	–	–	–
		FRP系密着仕様	–	–	非撤去	–	–	–	–	–	–	–	–

露出断熱仕様	アスファルト防水 改質アスファルトシート防水		－	非撤去	非撤去	－	－	－	－	－	－	◎	☆
	合成高分子系シート防水接着（密着）仕様	加硫ゴムシート系	－	非撤去	非撤去	－	－	－	－	－	－	－	－
		塩化ビニル樹脂系	－	非撤去	非撤去	－	－	－	－	－	－	－	－
	合成高分子系シート防水機械的固定仕様	加硫ゴムシート系	－	非撤去	非撤去	－	－	－	－	－	－	－	－
		塩化ビニル樹脂系	－	非撤去	非撤去	－	－	－	－	－	－	－	－

備考2	改修後の保護層の有無		原状復帰	※	※	※	※	※	※	－	－
			再設置困難 改修防水露出	－	－	－	－	－	－	※	※
	改修工事施工環境制約	アスファルト防水 改質アスファルトシート防水	溶融釜設置可能	※	※	※	※	※	※	※	※
		合成高分子系シート防水 塗膜防水	芳香族系有機溶剤許容	－	－	－	－	－	－	－	－
		改質アスファルトシート防水	トーチバーナー使用許容	－	－	－	－	－	－	－	－
		改質アスファルトシート防水	火気使用不可 ハンドバーナー程度	－	－	－	－	－	－	－	－
	改修下地の状態	合成高分子系シート防水 塗膜防水	接着工法適合	－	－	－	－	－	－	－	－
			機械的固定工法適合	－	－	－	－	－	－	－	－
	改修防水基本性能		耐風圧性	－	－	－	－	－	－	※	※

解説表 4.41　メンブレン防水改修（全面補修も含む）仕様選定表（2）

◎：防水層・保護層を原状復帰する場合に適用　　☆：断熱性能を付加または追加する場合に適用
○：適用可能　　−：対象となる仕様なし
※：備考2欄の各項目で適用が可能・検討を要すべき事項
−：備考2欄で適用・検討・対応に関係のない事項
・平場の既存防水層を撤去する場合の改修防水層は JASS 8 の標準仕様から選定する.
・既存保護層，既存断熱層　および/または　既存防水層，立上り部およびドレン回りは原則として撤去する. 事前に，撤去廃材の処分方法の検討を行う.
・改修用二重ドレンを用いる場合は排水能力の検討を行い，ドレン回りの処置は，改修防水材料製造所の仕様による.
・既存露出断熱防水層上にかぶせ改修を施した場合は，次期の防水改修では原則として既存露出断熱防水を含めて撤去する.

| 既存防水工法 | | 改修時工程 | | | 新規防水工法 改質アスファルトシート防水 | | | | | | | |
| 防水種別 | 保護層・防水材料 | 平場保護層 | 断熱層 | 平場防水層 | 保護防水 保護工法 | | 保護断熱工法 | | 露出防水 露出工法 | | 露出断熱工法 | |
					AT-PF	AS-PF	AT-PF(断熱)	AS-PF(断熱)	AT-MF	AS-MS	AT-MT	AS-MT
保護防水 アスファルト防水 改質アスファルトシート防水	現場打ちコンクリート	撤去	–	非撤去	◎	◎	☆	☆	○	○	☆	☆
		非撤去	–	非撤去	–	–	–	–	○	○	☆	☆
	コンクリート平板類 砂利	撤去	–	非撤去	◎	◎	–	–	○	○	☆	☆
	アスファルトコンクリート	撤去	–	非撤去	◎	◎	–	–	○	○	☆	☆
保護断熱防水 アスファルト防水 改質アスファルトシート防水	現場打ちコンクリート	撤去	撤去	非撤去	○	○	◎☆	◎☆	○	○	☆	☆
		非撤去	非撤去	非撤去	–	–	–	–	○	○	☆	☆
	コンクリート平板類 砂利	撤去	撤去	非撤去	○	○	◎☆	◎☆	○	○	☆	☆
露出防水	アスファルト防水 改質アスファルトシート防水	–	–	非撤去	–	–	–	–	◎	◎	☆	☆
	合成高分子系シート防水接着(密着)仕様 加硫ゴムシート系	–	–	非撤去	–	–	–	–	–	–	–	–
	塩化ビニル樹脂系	–	–	非撤去	–	–	–	–	–	–	–	–
	エチレン酢酸ビニル樹脂系	–	–	非撤去	–	–	–	–	–	–	–	–
	合成高分子系シート防水機械的固定仕様 加硫ゴムシート系	–	–	非撤去	–	–	–	–	–	–	–	–
	塩化ビニル樹脂系	–	–	非撤去	–	–	–	–	–	–	–	–
	塗膜防水 ウレタンゴム系絶縁仕様	–	–	非撤去	–	–	–	–	–	–	–	–
	ウレタンゴム系密着仕様	–	–	非撤去	–	–	–	–	–	–	–	–
	FRP系密着仕様	–	–	非撤去	–	–	–	–	–	–	–	–

露出断熱仕様	アスファルト防水 改質アスファルトシート防水		－	非撤去	非撤去		－	－	－	◎	◎	☆	☆
	合成高分子系シート防水接着(密着)仕様	加硫ゴムシート系	－	非撤去	非撤去	－	－	－	－	－	－	－	－
		塩化ビニル樹脂系	－	非撤去	非撤去	－	－	－	－	－	－	－	－
	合成高分子系シート防水機械的固定仕様	加硫ゴムシート系	－	非撤去	非撤去	－	－	－	－	－	－	－	－
		塩化ビニル樹脂系	－	非撤去	非撤去	－	－	－	－	－	－	－	－

備考2	改修後の保護層の有無		原状復帰	※	※	※	※	－	－	－	－
			再設置困難 改修防水露出	－	－	－	－	※	※	※	※
	改修工事施工環境制約	アスファルト防水 改質アスファルトシート防水	溶融釜設置可能	－							
		合成高分子系シート防水 塗膜防水	芳香族系有機溶剤許容	－							
		改質アスファルトシート防水	トーチバーナー使用許容	※		※		※		※	
		改質アスファルトシート防水	火気使用不可 ハンドバーナー程度		※		※		※		※
	改修下地の状態	合成高分子系シート防水 塗膜防水	接着工法適合	－							
			機械的固定工法適合	－							
	改修防水基本性能		耐風圧性	－	－	－	－	※	※	※	※

解説表 4.42　メンブレン防水改修（全面補修も含む）仕様選定表（3）

◎：防水層・保護層を原状復帰する場合に適用　☆：断熱性能を付加または追加する場合に適用
○：適用可能　−：対象となる仕様なし
※：備考 2 欄の各項目で適用が可能・検討を要すべき事項
−：備考 2 欄で適用・検討・対応に関係のない事項
・平場の既存防水層を撤去する場合の改修防水層は JASS 8 の標準仕様から選定する.
・既存保護層，既存断熱層　および/または　既存防水層は，立上り部およびドレン回りは原則として撤去する. 事前に，撤去廃材の処分方法の検討を行う.
・改修用二重ドレンを用いる場合は排水能力の検討を行い，ドレン回りの処置は，改修防水材料製造所の仕様による.
・既存露出断熱防水層上にかぶせ改修を施した場合は，次期の防水改修では原則として既存露出断熱防水を含めて撤去する.

既存防水工法			改修時工程			新規防水工法								
						合成高分子系シート防水								
						接着（密着）工法					機械的固定工法			
						非断熱工法			断熱工法		非断熱工法		断熱工法	
防水種別		保護層・防水材料	平場保護層	断熱層	平場防水層	S-RF	S-PF	S-PC	S-RFT	S-PFT	S-RM	S-PM	S-RMT	S-PMT
保護防水	アスファルト防水 改質アスファルトシート防水	現場打ちコンクリート	撤去	−	非撤去	−	−	−	−	−	−	−	−	−
		現場打ちコンクリート	非撤去	−	非撤去	○	○	−	☆	☆	○	○	☆	☆
		コンクリート平板類 砂利	撤去	−	非撤去	−	−	−	−	−	−	−	−	−
		アスファルトコンクリート	撤去	−	非撤去	−	−	−	−	−	−	−	−	−
保護断熱防水	アスファルト防水 改質アスファルトシート防水	現場打ちコンクリート	撤去	撤去	非撤去	−	−	−	−	−	−	−	−	−
		現場打ちコンクリート	非撤去	非撤去	非撤去	○	○	−	☆	☆	○	○	☆	☆
		コンクリート平板類 砂利	撤去	撤去	非撤去	−	−	−	−	−	−	−	−	−
露出防水	アスファルト防水 改質アスファルトシート防水		−	−	非撤去	−	−	−	−	−	−	−	−	−
	合成高分子系シート防水接着(密着)仕様	加硫ゴムシート系	−	−	非撤去	−	−	−	−	−	○	−	☆	−
		塩化ビニル樹脂系	−	−	非撤去	−	−	−	−	−	−	○	−	☆
		エチレン酢酸ビニル樹脂系	−	−	非撤去	−	−	◎	−	−	○	○	☆	☆
	合成高分子系シート防水機械的固定仕様	加硫ゴムシート系	−	−	非撤去	−	−	−	−	−	◎	−	☆	−
		塩化ビニル樹脂系	−	−	非撤去	−	−	−	−	−	−	◎	−	☆
	塗膜防水	ウレタンゴム系絶縁仕様	−	−	非撤去	−	−	−	−	−	−	−	−	−
		ウレタンゴム系密着仕様	−	−	非撤去	−	−	−	−	−	−	−	−	−
		FRP系密着仕様	−	−	非撤去	−	−	−	−	−	−	−	−	−

露出断熱仕様	アスファルト防水 改質アスファルトシート防水		−	非撤去	非撤去	−	−	−	−	−	−	−	−	−
	合成高分子系シート防水 接着（密着）仕様	加硫ゴムシート系	−	非撤去	非撤去	−	−	−	−	−	◎	−	☆	−
		塩化ビニル樹脂系	−	非撤去	非撤去	−	−	−	−	−	−	◎	−	☆
	合成高分子系シート防水機械的固定仕様	加硫ゴムシート系	−	非撤去	非撤去	−	−	−	−	−	◎	−	☆	−
		塩化ビニル樹脂系	−	非撤去	非撤去	−	−	−	−	−	−	◎	−	☆

備考2	改修後の保護層の有無		原状復帰	−	−	−	−	−	−	−	−	−
			再設置困難 改修防水露出	※	※	※	※	※	※	※	※	※
	改修工事施工環境制約	アスファルト防水 改質アスファルトシート防水	溶融釜設置可能	−								
		合成高分子系シート防水 塗膜防水	芳香族系有機溶剤許容	※	※	−	※	※	※	※	※	※
		改質アスファルトシート防水	トーチバーナー使用許容	−								
		改質アスファルトシート防水	火気使用不可 ハンドバーナー程度	−								
	改修下地の状態	合成高分子系シート防水 塗膜防水	接着工法適合	※	※	※	※	※	−	−	−	−
			機械的固定工法適合	−	−	−	−	−	※	※	※	※
	改修防水基本性能	耐風圧性		※	※	※	※	※	※	※	※	※

解説表 4.43　メンブレン防水改修（全面補修も含む）仕様選定表（4）

◎：防水層・保護層を原状復帰する場合に適用　　☆：断熱性能を付加または追加する場合に適用
○：適用可能　　−：対象となる仕様なし
※：備考2欄の各項目で適用が可能・検討を要すべき事項
−：備考2欄で適用・検討・対応に関係のない事項
・平場の既存防水層を撤去する場合の改修防水層はJASS 8の標準仕様から選定する.
・既存保護層，既存断熱層　および/または　既存防水層は，立上り部およびドレン回りは原則として撤去する.　事前に，撤去廃材の処分方法の検討を行う.
・改修用二重ドレンを用いる場合は排水能力の検討を行い，ドレン回りの処置は，改修防水材料製造所の仕様による.
・既存露出断熱防水層上にかぶせ改修を施した場合は，次期の防水改修では原則として既存露出断熱防水を含めて撤去する.

既存防水工法 防水種別	保護層・防水材料	平場保護層	断熱層	平場防水層	L-USS（ウレタンゴム系 絶縁工法）	L-USH（ウレタンゴム系 絶縁工法）	L-UFS（ウレタンゴム系 密着工法）	L-UFH（ウレタンゴム系 密着工法）	L-FF（FRP防水）
保護防水 アスファルト防水 改質アスファルトシート防水	現場打ちコンクリート	撤去	–	非撤去	–	–	–	–	–
	現場打ちコンクリート	非撤去	–	非撤去	○	○	–	–	–
	コンクリート平板類 砂利	撤去	–	非撤去	–	–	–	–	–
	アスファルトコンクリート	撤去	–	非撤去	–	–	–	–	–
保護断熱防水 アスファルト防水 改質アスファルトシート防水	現場打ちコンクリート	撤去	撤去	非撤去	–	–	–	–	–
	現場打ちコンクリート	非撤去	非撤去	非撤去	○	○	–	–	–
	コンクリート平板類 砂利	撤去	撤去	非撤去	–	–	–	–	–
露出防水	アスファルト防水 改質アスファルトシート防水	–	–	非撤去	–	–	–	–	–
合成高分子系シート防水接着（密着）仕様	加硫ゴムシート系	–	–	非撤去	–	–	–	–	–
	塩化ビニル樹脂系	–	–	非撤去	–	–	–	–	–
	エチレン酢酸ビニル樹脂系	–	–	非撤去	–	–	–	–	–
合成高分子系シート防水機械的固定仕様	加硫ゴムシート系	–	–	非撤去	–	–	–	–	–
	塩化ビニル樹脂系	–	–	非撤去	–	–	–	–	–
塗膜防水	ウレタンゴム系絶縁仕様	–	–	非撤去	○	○	◎	◎	–
	ウレタンゴム系密着仕様	–	–	非撤去	○	○	◎	◎	–
	FRP系密着仕様	–	–	非撤去	–	–	–	–	◎
露出断熱仕様	アスファルト防水 改質アスファルトシート防水	–	非撤去	非撤去					
合成高分子系シート防水接着（密着）仕様	加硫ゴムシート系	☆	非撤去	非撤去					
	塩化ビニル樹脂系	☆	非撤去	非撤去					
合成高分子系シート防水機械的固定仕様	加硫ゴムシート系	☆	非撤去	非撤去					
	塩化ビニル樹脂系	–	非撤去	非撤去					

備考2			L-USS	L-USH	L-UFS	L-UFH	L-FF
改修後の保護層の有無		原状復帰	–	–	–	–	–
		再設置困難 改修防水露出	※	※	※	※	※
改修工事施工環境制約	アスファルト防水 改質アスファルトシート防水	溶融釜設置可能	–	–	–	–	–
	合成高分子系シート防水 塗膜防水	芳香族系有機溶剤許容	※	※	※	※	※
	改質アスファルトシート防水	トーチバーナー使用許容	–	–	–	–	–
	改質アスファルトシート防水	火気使用不可 ハンドバーナー程度	–	–	–	–	–
改修下地の状態	合成高分子系シート防水塗膜防水	接着工法適合	※	※	–	–	–
		機械的固定工法適合	–	–	–	–	–
改修防水基本性能		耐風圧性	※	※	※	※	※

解説表 4.44　メンブレン防水改修（全面補修も含む）仕様選定表（5）

●：備考1欄の各項目で適用が可能・検討を要すべき事項
－：備考1欄で適用・検討・対応に関係のない事項
・平場の既存防水層を撤去する場合の改修防水層はJASS 8の標準仕様から選定する．
・既存保護層，既存断熱層　および/または　既存防水層は，立上り部およびドレン回りは原則として撤去する．事前に，撤去廃材の処分方法の検討を行う．
・改修用二重ドレンを用いる場合は排水能力の検討を行い，ドレン回りの処置は，改修防水材料製造所の仕様による．
・既存露出断熱防水層上にかぶせ改修を施した場合は，次期の防水改修では原則として既存露出断熱防水を含めて撤去する．

既存防水工法		改修時工程			備考1					
防水種別	保護層・防水材料	平場保護層	断熱層	平場防水層	既存保護層（断熱層）および/または既存防水層の撤去廃材の処分方法の検討	原状復帰する場合は既存保護層撤去材の再生利用の検討	立上り部／ドレン回り等の雨養生の検討	既存伸縮調整目地部補修方法の検討	既存防水層の下地への接着性の確認	既存防水層の不具合部の補修
保護防水　アスファルト防水　改質アスファルトシート防水	現場打ちコンクリート	撤去	－	非撤去	●	－	●	－	－	●
	現場打ちコンクリート	非撤去	－	非撤去			●	●		
	コンクリート平板類　砂利	撤去	－	非撤去	－	●	●	－	－	●
	アスファルトコンクリート	撤去	－	非撤去		●	●			●
保護断熱防水　アスファルト防水　改質アスファルトシート防水	現場打ちコンクリート	撤去	撤去	非撤去	●		●			●
	現場打ちコンクリート	非撤去	非撤去	非撤去			●	●		
	コンクリート平板類　砂利	撤去	撤去	非撤去		●	●			●
露出防水	アスファルト防水　改質アスファルトシート防水	－	－	非撤去			●		●	●
	合成高分子系シート防水　接着（密着）仕様　加硫ゴムシート系	－	－	非撤去			●		●	●
	塩化ビニル樹脂系	－	－	非撤去			●		●	●
	エチレン酢酸ビニル樹脂系	－	－	非撤去			●		●	●
	合成高分子系シート防水　機械的固定仕様　加硫ゴムシート系	－	－	非撤去			●		●	●
	塩化ビニル樹脂系	－	－	非撤去			●		●	●
	塗膜防水　ウレタンゴム系絶縁仕様	－	－	非撤去			●		●	●
	ウレタンゴム系密着仕様	－	－	非撤去			●		●	●
	FRP系密着仕様	－	－	非撤去			●		●	●
露出断熱仕様	アスファルト防水　改質アスファルトシート防水	－	非撤去	非撤去			●		●	●
	合成高分子系シート防水　接着（密着）仕様　加硫ゴムシート系	－	非撤去	非撤去			●		●	●
	塩化ビニル樹脂系	－	非撤去	非撤去			●		●	●
	合成高分子系シート防水　機械的固定仕様　加硫ゴムシート系	－	非撤去	非撤去			●		●	●
	塩化ビニル樹脂系	－	非撤去	非撤去			●		●	●

解説表 4.45　メンブレン防水改修工法の工程参考例（1）

既存防水工法			改修時工程								
			既存部の撤去						防水層，保護層等の新設		
防水種別		保護層または防水材料の種類	既存保護層撤去		既存断熱層の撤去	既存防水層の撤去		新設する防水層のための下地処理	改修防水層の種別（JASS 8の仕様）	断熱材を付加する場合の改修防水層の種別（JASS 8の仕様）	保護層の新設
			立上り部ドレン部	平場		立上り部ドレン部	平場				
保護防水	アスファルト防水改質アスファルトシート防水	現場打ちコンクリート	○	○	－	○	○	○	AC-PF AM-PF・AM-PS AT-PF・AS-PF	AC-PF AM-PF・AM-PS AT-PF・AS-PF （いずれも断熱工法）	○
			○	○	－	○	○	○	AM-MS AT-MF・AS-MS S-RF・S-RM S-PF・S-PM S-PC L-UFS・L-USS L-UFH・L-USH	AM-MT AT-MT・AS-MT S-RFT・S-RMT S-PFT・S-PMT	×
			○	○	－	○	×	○	AC-PF AM-PF・AM-PS AT-PF・AS-PF	AC-PF AM-PF・AM-PS AT-PF・AS-PF （いずれも断熱工法）	○
			○	○	－	○	×	○	AM-MS AT-MF・AS-MS	AM-MT AT-MT・AS-MT	×
			○	×	－	○	×	○	AM-MS AT-MF・AS-MS S-RF・S-RM S-PF・S-PM L-USS・L-USH	AM-MT AT-MT・AS-MT S-RFT・S-RMT S-PFT・S-PMT	×
		コンクリート平板類砂利	○	○	－	○	○	○	AM-PS・AT-PF AS-PF	AM-PS・AT-PF AS-PF （いずれも断熱工法）	○
			○	○	－	○	○	○	AM-MS AT-MF・AS-MS S-RF・S-RM S-PF・S-PM S-PC L-UFS・L-USS L-UFH・L-USH	AM-MT AT-MT・AS-MT S-RFT・S-RMT S-PFT・S-PMT	×
			○	○	－	○	×	○	AM-PS・AT-PF AS-PF	AM-PS・AT-PF AS-PF （いずれも断熱工法）	○
			○	○	－	○	×	○	AM-MS AT-MF・AS-MS	AM-MT AT-MT・AS-MT	×
		アスファルトコンクリート	○	○	－	○	○	○	AM-PS ※ AT-PF ※ AS-PF	※ AM-PS ※ AT-PF ※ AS-PF （いずれも断熱工法）	○
			○	○	－	○	○	○	AM-MS AT-MF・AS-MS S-RF・S-RM S-PF・S-PM S-PC L-UFS・L-USS L-UFH・L-USH	AM-MT AT-MT・AS-MT S-RFT・S-RMT S-PFT・S-PMT	×
			○	○	－	○	×	○	AM-PS ※ AC-PF ※ AT-PF ※ AS-PF	※ AC-PF ※ AM-PS ※ AT-PF ※ AS-PF （いずれも断熱工法）	○
			○	○	－	○	×	○	AM-MS AT-MF・AS-MS	AM-MT AT-MT・AS-MT	×

保護断熱防水	アスファルト防水 改質アスファルトシート防水	現場打ちコンクリート	○	○	○	○	○	○	AC-PF AM-PF・AM-PS AT-PF・AS-PF	AC-PF AM-PF・AM-PS AT-PF・AS-PF （いずれも断熱工法）	○
			○	○	○	○	○	○	AM-MS AT-MF・AS-MS S-RF・S-RM S-PF・S-PM S-PC L-UFS・L-USS L-UFH・L-USH	AM-MT AT-MT・AS-MT S-RFT・S-RMT S-PFT・S-PMT	×
			○	○	○	○	×	○	AC-PF AM-PF・AM-PS AT-PF・AS-PF	AC-PF AM-PF・AM-PS AT-PF・AS-PF （いずれも断熱工法）	○
			○	○	○	○	×	○	AM-MS AT-MF・AS-MS	AM-MT・AT-MT・ AS-MT	×
			○	×	×	○	×	○	AM-MS AT-MF・AS-MS S-RF・S-RM S-PF・S-PM L-USS・L-USH	AM-MT AT-MT・AS-MT S-RFT・S-RMT S-PFT・S-PMT	×

－：当該工程が存在しない　　○：当該工程を実施　　×：当該工程を実施しない
※現場打ちコンクリートを改修防水層の保護層とする場合の改修防水層の種別

解説表 4.46　メンブレン防水改修工法の工程参考例（2）

既存防水工法		改修時工程								
防水種別	保護層または防水材料の種類	既存部の撤去					新設する防水層のための下地処理	防水層，保護層等の新設		
		既存保護層撤去		既存断熱層の撤去	既存防水層の撤去			改修防水層の種別（JASS 8 の仕様）	断熱材を付加する場合の改修防水層の種別（JASS 8 の仕様）	保護層の新設
		立上り部ドレン部	平場		立上り部ドレン部	平場				
露出防水 アスファルト防水 改質アスファルトシート防水		–	–	–	○	○	○	AM-MS・AT-MF・AS-MS S-RF・S-RM S-PF・S-PM S-PC L-UFS・L-USS L-UFH・L-USH	AM-MT AT-MT・AS-MT S-RFT・S-RMT S-PFT・S-PMT	×
		–	–	–	○	×	○	AM-MS・AT-MF・AS-MS	AM-MT AT-MT・AS-MT	×
露出防水 合成高分子系シート防水接着（密着）仕様	加硫ゴムシート系	–	–	–	○	○	○	S-RF・S-RM S-PF・S-PM S-PC AM-MS・AT-MF・AS-MS L-UFS・L-USS L-UFH・L-USH	S-RFT・S-RMT S-PFT・S-PMT AM-MT AT-MT・AS-MT	×
		–	–	–	○	×	○	S-RM・S-PM	S-RMT・S-PMT	×
	塩化ビニル樹脂系	–	–	–	○	○	○	S-PF・S-PM S-RF・S-RM S-PC AM-MS・AT-MF・AS-MS L-UFS・L-USS L-UFH・L-USH	S-PFT・S-PMT S-RFT・S-RMT AM-MT AT-MT・AS-MT	×
		–	–	–	○	×	○	S-PM・S-RM	S-PMT・S-RMT	×
	エチレン酢酸ビニル樹脂系	–	–	–	○	○	○	S-PC S-RF・S-RM S-PF・S-PM AM-MS・AT-MF・AS-MS L-UFS・L-USS L-UFH・L-USH	S-RFT・S-RMT S-PFT・S-PMT AM-MT AT-MT・AS-MT	×
		–	–	–	○	×	○	S-PC S-RF・S-RM S-PF・S-PM AM-MS・AT-MF・AS-MS L-UFS・L-USS L-UFH・L-USH	S-RFT・S-RMT S-PFT・S-PMT AM-MT AT-MT・AS-MT	×
露出防水 合成高分子系シート防水機械的固定仕様	加硫ゴムシート系	–	–	–	○	○	○	S-RF・S-RM S-PF・S-PM S-PC AM-MS・AT-MF・AS-MS L-UFS・L-USS L-UFH・L-USH	S-RFT・S-RMT S-PFT・S-PMT AM-MT AT-MT・AS-MT	×
		–	–	–	○	×	○	S-RM・S-PM	S-RMT・S-PMT	×
	塩化ビニル樹脂系	–	–	–	○	○	○	S-PF・S-PM S-RF・S-RM S-PC AM-MS・AT-MF・AS-MS L-UFS・L-USS L-UFH・L-USH	S-PFT・S-PMT S-RFT・S-RMT AM-MT AT-MT・AS-MT	×
		–	–	–	○	×	○	S-PM・S-RM	S-PMT・S-RMT	×

塗膜防水	ウレタンゴム系絶縁仕様	－	－	－	○	○	○	L-UFS・L-USS L-UFH・L-USH S-RF・S-RM S-PF・S-PM S-PC AM-MS・AT-MF・AS-MS	S-RFT・S-RMT S-PFT・S-PMT AM-MT AT-MT・AS-MT	×
		－	－	－	×	×	○	L-UFS・L-UFH	S-RMT・S-PMT	×
	ウレタンゴム系密着仕様	－	－	－	×	×	○	L-UFS・L-UFH	S-RMT・S-PMT	×
	FRP系密着仕様	－	－	－	○	×	○	L-FF	S-RMT・S-PMT	×

－：当該工程が存在しない　　○：当該工程を実施　　×：当該工程を実施しない

［注］異種既存防水層の上に設置する改修防水層の種別がS-RM, S-RMT, S-PM およびS-PMT の場合は、
　　　既存防水層上に絶縁シートを設置する

解説表 4.47　メンブレン防水改修工法の工程参考例（3）

既存防水工法		改修時工程								
防水種別	保護層または防水材料の種類	既存部の撤去					新設する防水層のための下地処理	防水層, 保護層等の新設		
		既存保護層撤去		既存断熱層の撤去	既存防水層の撤去			改修防水層の種別（JASS 8 の仕様）	断熱材を付加する場合の改修防水層の種別（JASS 8 の仕様）	保護層の新設
		立上り部ドレン部	平場		立上り部ドレン部	平場				
露出断熱防水	アスファルト防水 改質アスファルトシート防水	–	–	○	○	○	○	AM-MS・AT-MF・AS-MS S-RF・S-RM S-PF・S-PM S-PC L-UFS・L-USS L-UFH・L-USH	AM-MT AT-MT・AS-MT S-RFT・S-RMT S-PFT・S-PMT	×
		–	–	×	○	×	○	AM-MS・AT-MF・AS-MS	AM-MT AT-MT・AS-MT	×
	合成高分子系シート防水接着（密着）仕様　加硫ゴムシート系	–	–	○	○	○	○	S-RF・S-RM S-PF・S-PM S-PC AM-MS・AT-MF・AS-MS L-UFS・L-USS L-UFH・L-USH	S-RFT・S-RMT S-PFT・S-PMT AM-MT AT-MT・AS-MT	×
		–	–	×	○	×	○	S-RM・S-PM	S-RMT・S-PMT	×
	塩化ビニル樹脂系	–	–	○	○	○	○	S-PF・S-PM S-RF・S-RM S-PC AM-MS・AT-MF・AS-MS L-UFS・L-USS L-UFH・L-USH	S-PFT・S-PMT S-RFT・S-RMT AM-MT AT-MT・AS-MT	×
		–	–	×	○	×	○	S-PM・S-RM	S-PMT・S-RMT	×
	合成高分子系シート防水機械的固定仕様　加硫ゴムシート系	–	–	○	○	○	○	S-RF・S-RM S-PF・S-PM S-PC AM-MS・AT-MF・AS-MS L-UFS・L-USS L-UFH・L-USH	S-RFT・S-RMT S-PFT・S-PMT AM-MT AT-MT・AS-MT	×
		–	–	×	○	×	○	S-RM・S-PM	S-RMT・S-PMT	×
	塩化ビニル樹脂系	–	–	○	○	○	○	S-PF・S-PM S-RF・S-RM S-PC AM-MS・AT-MF・AS-MS L-UFS・L-USS L-UFH・L-USH	S-PFT・S-PMT S-RFT・S-RMT AM-MT AT-MT・AS-MT	×
		–	–	×	○	×	○	S-PM・S-RM	S-PMT・S-RMT	×

－：当該工程が存在しない　　○：当該工程を実施　　×：当該工程を実施しない

［注］異種既存防水層の上に設置する改修防水層の種別がS-RM, S-RMT, S-PM およびS-PMTの場合は，既存防水層上に絶縁シートを設置する

参 考 文 献

1）日本建築学会：鉄筋コンクリート造建築物の耐久性調査・診断および補修指針（案）・同解説，p.196，1997

2）日本建築学会：建物の火害診断および補修・補強方法，2004.3

3）日本建築学会：建物の火害診断および補修・補強方法指針・同解説，2015.2

4）濱崎　仁ほか：鉄筋コンクリート造建築物のかぶり厚さ確保に関する研究，建築研究報告，No.147，2013.3

5）大久保孝昭・森濱直之・流田靖博・長谷川拓哉・藤本郷史：実建築物の壁面に生じたひび割れ挙動計測に基づくひび割れ補修のための調査診断に関する考察，日本建築学会構造系論文集，Vol.76，No.662，pp.737〜744，2011.4

6）国土交通省大臣官房官庁営繕部監修：建築改修工事監理指針（上巻）令和元年版，建築保全センター，2019.12

7）阿知波政史・湯浅　昇・本橋健司：アクリルゴム系塗膜防水の長期防水性能とかぶせ工法を用いたメンテナンスによる防水性の回復効果，日本建築仕上学会　2015年大会学術講演会研究発表論文集，pp.11〜14，2015.10

8）日本建築学会：建築工事標準仕様書・同解説 JASS 5 鉄筋コンクリート工事，2015.7

9）日本建築学会：建築工事標準仕様書・同解説 JASS 5N 原子力発電所施設における鉄筋コンクリート工事，p.422，2013.2

10）川村康晴・本橋健司：迅速な建築用仕上塗材及び塗料の二酸化炭素透過性の評価方法，日本建築学会技術報告集，Vol.19，No.43，pp.825〜830，2013.10

11）土木学会：けい酸塩系表面含浸工法の設計施工指針（案），コンクリートライブラリー137号，2012.7

12）土木学会：電気化学的防食工法指針，コンクリートライブラリーNo.157，2020.9

13）丸山久一ほか編：－実例で見る思想と実践－コンクリート構造物の補修・補強，産業技術センター，2016

14）コンクリート構造物の電気化学的防食工法研究会 WEB ページ：http://www.cp-ken.jp/koho01.html

15）国土交通省大臣官房官庁営繕部：公共建築工事標準仕様書（建築工事編）平成28年版，公共建築協会，2016.06

16）ロングライフビル推進協会編：「建築仕上診断技術者」－ビルディングドクター（非構造）－講習テキスト，第6版，2020.9

17）日本建築学会：建築工事標準仕様書・同解説　JASS 15　左官工事，2007.6

18）日本建築学会：建築工事標準仕様書・同解説　JASS 19　陶磁器質タイル張り工事，2012.7

19）日本建築学会：建築工事標準仕様書・同解説　JASS 9　張り石工事，2009.1

20）日本建築学会：内外装改修工事指針（案）・同解説，2014.9

21）日本建築学会：建築工事標準仕様書・同解説　JASS 18　塗装工事，2013.3

22）日本建築学会：鉄筋コンクリート造建築物の耐久設計施工指針・同解説，2016.7

23）日本建築学会：建築工事標準仕様書・同解説　JASS 23　吹付け工事，2006.11

24）日本建築学会：建築工事標準仕様書・同解説　JASS 8　防水工事，2014.11

25）国土交通省大臣官房官庁営繕部：公共建築工事標準仕様書（建築工事編）平成31年版，公共建築協会，2019.4

26）日本建築学会：建築工事標準仕様書・同解説　JASS 14　カーテンウォール工事，2012.2

27）日本建築学会：建築工事標準仕様書・同解説　JASS 16　建具工事，2008.1

28）日本建築学会：非構造部材の耐震設計施工指針・同解説および耐震設計施工要領，2003.1

29）日本建築学会：建築工事標準仕様書・同解説　JASS 27　乾式外壁工事，2011.6

30）日本建築仕上学会：建築用アルミニウム合金材料 加熱硬化形溶剤系塗装標準仕様書・同解説，2013.6

31）日本建築学会：各種合成構造設計指針・同解説，2010.11

32）日本建築学会：外壁接合部の水密設計および施工に関する技術指針・同解説，2008.2

JAMS 5-RC　補修・改修工事標準仕様書

——鉄筋コンクリート造建築物

解　　説

日本建築学会建築保全標準

JAMS 5-RC　補修・改修工事標準仕様書——鉄筋コンクリート造建築物（解説）

1章　総　　則

1.1　適 用 範 囲

> 本仕様書は，補修・改修設計図書に示された鉄筋コンクリート造建築物の構造体，外装仕上げおよび防水の補修・改修にかかる工事について適用する．

　本仕様書は，JAMS 4-RC 補修・改修設計規準（以下，補修・改修設計規準）に従って補修・改修設計された建築物の補修・改修工事に適用するものである．したがって，対象とする建築物および対象とする工事の範囲は，補修・改修設計規準と同様である．

1.2　工事着手時の調査

> 施工者は，工事着手にあたって，施工計画書の作成や数量把握のための調査を行う．また，補修・改修工事を実施する際に設計図書どおりに施工できるかどうかを確認する．

　施工者は，工事の着手にあたって，施工計画書の作成や数量把握のために，次の1）～7）の項目に留意した調査を行う．

1）補修・改修対象建築物の立地・環境と使用条件
2）補修・改修対象建築物の過去の新築・管理・補修・改修の履歴と関連情報
3）補修・改修対象建築物に使用されている材料・工法とそれらの劣化，漏水，損傷の程度．必要な場合はそれらの調査方法
4）補修・改修施工の範囲と既存の部位・部材に対する処理方法，必要な場合は調査方法
5）作業や保管等に要する場所，作業時間や工期などの時間，補修・改修対象建築物の入居者，利用者，周辺への便宜供与，影響，工事予算など，補修・改修施工に対する各種の制約条件
6）外部作業，高所作業のある場合の仮設と安全対策
7）同種の補修・改修工事に関する施工者，作業員，協力業者等の技術・経験レベル

　施工計画書の作成では，調査結果を踏まえ，建築物周辺の環境，施工中の使用状態，施工に伴う騒音・振動・粉塵の発生および作業日・作業時間・工期などを考慮し，綿密に検討する．

　施工者は，補修・改修工事を実施する際に補修・改修現場の状況も確認し，設計図書や契約内容通りに補修・改修工事の施工計画を立て，工事を実施する．設計図書の変更を行う必要が生じた場

合の対応は，1.3「設計変更」による．また，工事中において設計図書との不整合や疑義が生じた場合にも必要に応じて，追加の調査を実施する．

1.3 設計変更

> 施工者は，工事着手時の調査，工事着手後の追加の調査等により，設計図書を変更する必要が生じた場合，工事監理者に必要な状況の説明あるいは提案を行い，協議する．

　十分に調査・検討した設計内容でも，施工段階における調査により既存部の状態が設計の前提と異なることがある．追加の調査の必要性，補修・改修の範囲，材料・工法・仮設・工期等を検討し，設計図書を変更する必要が生じた場合は，速やかに工事監理者に必要な状況の説明あるいは提案を行い，協議する．なお，協議の結果，設計変更を行うことになった場合，設計図書の変更に伴う工期や請負代金の変更にかかる協議を受注者と発注者が行って，どのように契約変更するのかについて合意する必要がある．契約書の規定では，施工者からの変更要望は，工事受注者（施工者）から工事監理者（設計者）を通じて発注者という経路で伝わることになる．

1.4 施工計画
1.4.1 総　　則

> a．施工者は，設計図書および工事着手時の調査の結果に基づいて施工計画書を作成する．
> b．施工者は，施工計画書を工事監理者に提出し，その内容について承認を受ける．
> c．施工計画書の作成にあたっては，設計図書に示された内容を満足するほか，使用者の安全の確保および良好な環境の維持に配慮する．

　a．～c． 補修・改修工事は，劣化または不具合を生じた既存建築物を対象としているため，既存建築物の現状や履歴などの影響を受け，新築工事に比べて工事現場内の仮設計画から使用する材料の選択まで様々な制約を受ける．そのため，事前の調査および診断がきわめて重要であり，選択された材料・工法が適切であるかどうか，また，補修・改修工事が適切に施工されたかどうかによって，当該建築物の工事後の劣化進行にも大きな差異が生じ，ひいてはそれらの建築物の耐用年数にも影響を及ぼす．また，事前に実施される調査・診断では，対象建築物の全ての部分を確認できているとは限らない．したがって，施工者は工事の実施に先立って，調査を実施し，工事の範囲や材料・工法の適否を確認し，疑義がある場合には，工事監理者と協議し，設計変更などの処置を申し入れる必要がある．さらに工事に際して，設計図書に基づく回復目標レベルや工事範囲，適用工法と使用材料の特性などを十分に理解して施工計画書に反映し，入念に施工しなければならない．施工計画書作成後，必要な諸手続きは遅滞なく行って，承認を受けておく必要がある．また，主な官公署への手続き等は，1.4.4項を参考にするとよい．

　なお，工事には騒音や粉塵，臭気などが発生するので，これらの点について近隣住民に工事着手前に十分説明をし，了解を得ておくことが必要である．

1.4.2　施工計画書の作成

　　施工計画書の内容は，原則として次の項目を含むものとする．ただし，小規模な補修・改修工事等においては，下記を参考に必要な事項について記載する．
　（1）　総則（適用範囲，適用図書，準拠図書および参考図書，協議，その他）
　（2）　工事概要（工期，工事規模，工事施工体制，施工管理体制，その他）
　（3）　施工範囲
　（4）　工程計画（実施工程表，作業数量，その他）
　（5）　仮設計画（仮設建物，工事監理者事務所，請負者事務所，足場，仮設構台，材料置場，危険物貯蔵所，工事用機械，電力設備，給排水設備，仮囲い，その他）
　（6）　工事用道路，駐車場所の計画
　（7）　既存物の保護・養生計画（既存建築物の保護，仮設間仕切り，植栽の保護・移植，その他）
　（8）　使用する材料，工法および使用機器の計画
　（9）　品質管理，施工管理計画（材料の試験・検査方法および検査基準，施工品質の検査方法および検査基準，その他）
　（10）　仮設物の撤去
　（11）　居住者，近隣住民，通行人，車両通行に対する安全対策（事故，災害，公害対策）
　（12）　廃棄物処理（既存部から発生する廃棄物，補修・改修工事に伴う廃棄物の適切な処理）
　（13）　防災計画
　（14）　安全管理

　　施工計画書は，施工者が当該工事で実際に施工する内容を具体的に文書にし，そのとおりに施工することを約したもので，次の2種類がある．
①　工事全般について，総合仮設計画を含めた総合施工計画書
　　総合施工計画書は，施工者が作成するものであり，工事監理者の承認を受ける．
②　工事別施工計画書
　　工事別の施工計画書で，原則として設計図書と相違があってはならない．しかし，設計図書に明示されていない施工上必要な事項などにより設計図書と異なる施工を行う事項についても記載する必要がある．
　　施工計画書には（1）〜（14）の内容を含むものとするが，特に施工体制をわかりやすく図に表し，全体の指示体系について明確にしておくとよい．この施工体制は，関連工事業者の体制も分かっていれば，それも記入しておくとよい．なお，工事規模や工事形態によっては（1）〜（14）のすべての内容を記載することは困難であるので，小規模な補修・改修工事等においては，これらを参考に必要な事項についてのみ記載するとよい．
　　次いで，準備作業として，施工に先立ち行われる各種の試験・調査・確認事項などをまとめて記載する．また，施工に必要な仮設物に対する計画を立て，手落ちのないようにする．材料については，商品名，一般名，JIS規格名，種類，等級，形状，寸法，粒度，数量，搬入方法などを設計図書あるいは計画書と照合し，一覧表にして掲示するなど，分かりやすく表現する．工場からまたは材料製造所から現場までの運搬，現場内での小運搬の方法を検討することによって，工期が短縮されたり，仕上がりがよくなったりするので，材料の荷姿，1個の大きさ，全体の数量と使用予定，重量などの細部についても検討し，運搬計画を立てる．

1.4.3 施工要領書の作成

> 使用する材料・工法に応じて，施工順序に従って，前処理から検査まで含めた工程，手順，作業要領，および注意事項等を整理した施工要領書を専門工事業者に作成させ，それを承認する．

　施工要領書は，施工計画を踏まえたうえで，個々の工事について具体的な方法を提示したものであり，補修・改修材料や塗料などの使用材料の商品名，使用材料の保管方法，配合・混合方法，当該補修・改修範囲の具体的な部位への適用方法，注意点などを盛り込み，施工手順を詳細に，かつ具体的に記述したものでなければならない．また，施工要領書は，専門工事業者が作成し，施工者がそれを承認する．

　施工要領は，次のような項目で作るとよい．

　1）　工法名

　2）　工程

　3）　手順

　4）　要領

　なお，詳細は2章以降に示される各工法の施工方法を参照にするとよい．

1.4.4 関係先への諸手続きの実施

> 官公署への手続き，発注者その他の関係先に対する関係書類の提出，説明を遅滞なく行い，必要な承諾，承認を得る．

　発注者および設計者に対する施工計画書や施工要領書などの説明，ならびに工事の規模や工事範囲および敷地条件などに応じた所轄の自治体，労働基準監督署，消防署，警察署などへ諸手続きを遅滞なく行う必要がある．工事の施工に必要な官公署への手続きには提出期限が定められていて，手続きが遅れると工事の進み方に影響するものがあるので，事前に届出の確認をし，工程の遅れの原因にならないようにする．解説表1.1 および解説表1.2 に代表的な手続きの一覧を示す．

　官公署への申請手続きにおいて，工事に係わる条件の変更またはそのおそれを生じたときは，遅滞なく，その旨を工事監理者に報告する．

解説表 1.1　官公署への主な申請手続きの一覧（共通関係）

工事区分		申請・届出の名称	提出者	提出先	提出期限	摘要	関係法令
共通関係	道路使用等	道路工事施工承認申請	発注者	道路管理者	着工前（工事予定日の30日前までに道路占用と一緒に）	歩道切下げ・ガードレールの撤去等	道路法第24条
		道路占用許可申請	施工者	道路管理者	着工前（工事予定日の30日前まで）	目的，場所，期間，構造，方法，時期，復旧方法	道路法第32条，県・市町村条例
		道路使用許可申請	施工管理者	警察署長	着工前（工事予定日の7日前まで）	目的，場所，期間，方法	道路交通法第77条
	騒音関係	指定区域内に特定施設を設ける場合					
		特定施設設置届	所有者	市町村長	工事開始の30日前まで	特定施設の種類ごとの数，騒音防止方法，配置図等	騒音規制法第6条
		特定施設使用届	施設所有者	市町村長	特定施設となった日から30日以内	特定施設の種類ごとの数，騒音防止方法，配置図等	騒音規制法第7条1項注：指定地域となった場合の既存施設
		特定建設作業実施届	施工管理者	市町村長	作業開始7日前まで（1日で完了する場合は不要）	特定建設作業の種類，場所，期間，騒音防止の方法等	騒音規制法第14条，騒音則第10条
	振動関係	特定区域内に特定建設作業を伴う建設工事を施工する場合					
		特定施設設置届	施設所有者	市町村長	工事開始の30日前まで	特定施設の種類ごとの数，振動防止方法，配置図等	振動規制法第6条
		特定施設使用届	施設所有者	市町村長	特定施設となった日から30日以内	特定施設の種類ごとの数，騒音防止方法，配置図等	振動規制法第7条1項注：指定地域となった場合の既存施設
		特定建設作業実施届	施工管理者	市町村長	作業開始7日前まで（1日で完了する場合は不要）	特定建設作業の種類，場所，期間，振動防止の方法等	振動規制法第14条，振動則第10条
	省エネ関係	省エネ措置の届出	発注者	所管行政庁（知事等）	着工21日前まで	特定建築物におけるエネルギーの効率的利用の為の措置（外壁・窓等からの熱損失防止等）延床面積300 m² 以上	省エネ法第75条および第75条の2

解説表 1.2 官公署への主な申請手続きの一覧（建築関係）

工事区分		申請・届出の名称	提出者	提出先	提出期限	摘要	関係法令
建築関係	建築物・工作物	許可等申請書	発注者	知事もしくは市町村長または特定行政庁	計画通知書提出前	許可等を必要とする場合	都市計画法第29，42条等，および建築基準法第43，44，48条等
		計画通知（建築物・工作物）	発注者	建築主事	着工前	昇降機および昇降機以外の電気，機械設備を含む．	建築基準法第18条
		建築工事届	発注者	知事または市町村長	計画通知書提出時	$10\,\mathrm{m}^2$ を超える場合	建築基準法第15条
		建設リサイクル法	発注者（発注者代行）	知事または市町村長	工事開始の7日前	特定建設資材の種類，着工の時期，工種の概要	建設リサイクル法第11条
		工事完了通知	発注者（発注者代行）	建築主事	完了日から4日以内	設計書，計画書，系統図，平面図等を添付	建築基準法第18条
		特定建築物届	所有者	知事	使用開始後1か月以内	所在地，用途，延面積，構造設備の概要，建築物環境衛生管理者名	建築物衛生法第5条 ※建築物衛生法施行令第1条に該当する建物

［注］ 地域により若干異なる

1.5 施工管理

1.5.1 一般事項

> a．施工者は，設計図書に適合する工事目的物を目標工期内に完成させるために，施工管理体制を確立し，品質，原価，工程，安全，環境等の施工管理を行う．
> b．施工者は，施工計画書に従って工事を進める．施工計画の変更を行う場合は，関係者で協議して適切な処置を講ずる．

　a.，b. 施工者は，施工計画書に従い補修・改修工事を行う．施工計画の変更を行う場合は，工事監理者と協議のうえ適切な処置を講ずる．

　補修・改修工事の実施にあたっては，設計図書に定められている仕様を満足するよう，施工計画書ならびに施工要領書に従って施工する．また，設計図書に工法が指定されていない場合は，施工方法は施工者に任される（工事請負契約書約款第1条第3項）ことになるが，その場合は，設計の意図する性能を発揮し，機能を満足するものであるかどうかを十分に検討しなければならない．

1.5.2　工程管理

> 工事を合理的に進めるために，全体工程（設備工事，仮設等を必要に応じて含む），月間工程，週間工程，工種別工程などの工程計画に従い，目標工期内に合理的かつ信頼性の高い施工が安全に進められるように留意する.

　施工者は，工事を合理的に進めるため，実施工程表を作成する．実施工程表は，補修・改修工事における施工順序，所要期間などを表した表で，バーチャート（工事ごとに横線で施工の開始・終了の月日を示し，順序と期間を表すもの）による方法などにより作成する．全体工程表の他，週間または月間工程表および工事種別工程表を作成する.

　実施工程表は，工事の羅針盤のようなもので，これにより施工の順序および工期全体が監視できるようになる．なお，実施工程表に示す主な事項および表の作成にあたって考慮すべき主な事項は次のとおりである．また，全体工程には建築物の補修・改修工事以外の仕上工事や設備工事等，その他の関連工事の内容についても記載し，工事の関連性を明確に示しておくとよい．なお，補修・改修工事の規模によっては，これらすべての内容を記載することは困難であるので，小規模な補修・改修工事等においては，これらを参考に必要な事項についてのみ記載するとよい.

　①　気候，風土，習慣等の影響
　②　製作図および施工図の作成ならびに承諾の時期
　③　主要材料などの現場搬入時期
　④　試験の時期および期間
　⑤　検査および施工の立会いを受ける時期
　⑥　電気設備および機械設備ならびにその他の関連工事の工程
　⑦　上記の各事項に対する余裕

　施工者は，作成した工程表に従い，目標工期内に合理的かつ信頼性の高い施工が安全に進められるように努める.

1.5.3　品質管理

> 品質管理を行うための組織を作り，品質管理計画に従い，使用する材料および施工中の試験・検査等を行う．試験・検査の結果は，必要に応じて工事監理者に報告する.

　施工者は，設計図書で規定された品質を確保するために，みずからの責任で品質管理を行う．品質管理は施工の各段階におけるすべての作業を確実に管理することにより行うことが重要であり，品質管理のための有効な組織を作り，工事開始前に計画を立案しておくことが必要である.

　工事管理組織は，工事関係各部門において品質管理活動に必要な業務分担，責任および権限を明確にしておくことが必要であり，また下記①～③を実行できる能力を持ったものでなければならない.

　①　施工目標とする品質の設定

② 施工目標とする品質を実現するための品質管理計画の作成・実施

③ 施工した品質の確認・評価

品質管理計画は，工事の特性に応じて作成するが，以下の事項を含むものとする．

・品質管理組織

・管理項目および管理基準

・品質管理実施方法

・品質評価方法

・管理基準を外れた場合の措置

工事および試験・検査は，品質管理計画に基づき行うが，試験・検査の結果が管理基準を外れた場合には品質管理計画に従って適切な処置を施し，再発防止のための必要な措置をとる．

1.5.4 安全衛生管理

> 施工中の安全および周辺に対する安全の確保に留意する．特に，施工現場の条件，気象条件等を考慮し，作業者および周辺に対する安全および健康の確保に支障をきたすおそれがある場合には，適切な対策を講ずるか作業を中止する．

施工者は，常に工事の安全に留意して現場管理を行い，施工に伴う災害および事故の防止に努める．また，施工者は，気象予報または警報等について，常に注意を払い，災害の予防に努める．さらに，施工者は，工事の施工にあたっては，工事個所ならびにその周辺にある地上および地下の既設構造物，既設配管等に対して，支障をきたさないような施工方法を定める．これらに対して支障をきたすおそれのある場合は，工事監理者と協議する．

建築物内の火気の使用は，原則として禁止とする．火気の使用や溶接作業等を行う場合は，火気の取扱いに十分注意するとともに，適切な消火設備，防炎シート等を設けるなど，火災の防止措置を講ずる．

工事の施工にあたっての近隣との折衝は，次による．また，その経過について記録し，遅滞なく工事監理者に報告する．

（1） 地域住民等と工事の施工上必要な折衝を行うものとし，あらかじめその概要を工事監理者に報告する．

（2） 工事に関して，第三者から説明の要求または苦情があった場合は，ただちに誠意をもって対応する．施工者は，工事材料，土砂等の搬送計画および通行経路の選定その他車両の通行に関する事項について，関係機関と十分打合せのうえ，交通安全管理を行う．また施工者は，災害および事故が発生した場合は，人命の安全確保を優先するとともに，二次災害の防止に努め，その経緯を工事監理者に報告する．

（3） 特に，内外装仕上げに対する補修・改修工事は，使用者や居住者が工事対象の建築物を使用している中で，施工をしなければならない場合も多い．このような場合は工事の関係者のみならず，当該建築物の使用者や居住者など第三者に対する安全衛生の配慮が不可欠である．特に，安全

通路の確保，飛来・落下の回避および廃材と使用材料，塵埃や騒音，臭気，振動などによる影響などは，施工計画上で十分に検討しておくことが重要である.

1.5.5　環境管理

騒音，振動，粉じん等に関する作業所および周辺環境，省エネルギーや廃棄物の発生抑制等の環境配慮について，法令等の規定を遵守し，かつ良好な環境を確保するための管理を行う.

施工者は，工事の施工の各段階において，騒音，振動，粉塵，臭気，大気汚染，水質汚濁等の影響が生じないよう，周辺環境の保全に努める. また施工者は，建築用仕上塗材，塗料，シーリング材，接着剤その他の化学製品の取扱いにあたっては，当該製品の製造所が作成した化学物質等安全データシート（SDS）を常備し，記載内容の周知徹底を図り，作業者および当該建築物の使用者，居住者の健康，安全の確保および環境保全に努める. さらに施工者は，発生材の抑制，再利用，再資源化および再生資源の積極的活用に努める.

1.6　完成検査

a．施工者は，工事完成後に自主検査を行ったうえで，工事監理者の立会いによる完成検査を受ける.
b．完成検査の結果が不合格の場合の措置は，工事監理者の指示による.

a．完成検査は，工事が設計図書に適合して完成されていることを工事監理者が確認するものである. 施工者は，工事の各段階で施工状況，材料の試験結果等を確認して品質管理記録を作成し，工事監理者の検査を受ける. 工事完成後においてもこれと同様に，施工者は，それに先立ち自主的に確認を行った後，工事監理者に申し出て工事監理者の立合いによる完成検査を受ける. 完成検査では設計図書との適合，外観および仕上がり状態などについて確認することが必要であるが，それらの具体的な方法や必要な資機材および労務等の提供については工事監理者との協議によって定める.

b．完成検査の結果が不合格の場合は，適切な措置を講ずることが必要になる. 施工者は，工事監理者の指示に従い，できるだけ速やかに手直しし，再び工事監理者の検査を受ける.

1.7　報　　告

施工者は，発注者に工事監理者が承認した設計変更図書，施工図，工事記録，各種検査記録などの必要書類を整備して提出し，工事報告を行う.

工事が完了したら，施工者は完成検査を受けた後に引渡しを行う. 引渡しの際には，工事監理者が承認した設計変更図書，施工図，工事記録などの書類を発注者に提出する. また，工事完了後の保全および建築物の使用方法について，発注者ならびに建築物の使用者に対する注意点や留意事項があれば，工事監理者に報告するのが望ましい.

2章　構造体および打放し仕上げの補修工事

2.1　適用範囲

> 本章は，既存建築物の構造体を対象として作成された補修工事仕様書に基づいて，補修工事を実施する場合の施工および施工管理ならびに工事監理に適用する．

　構造体の補修工事には，ひび割れ先行型の劣化形態によるひび割れ補修，鉄筋腐食先行型の劣化形態によるひび割れ補修，断面補修，表面被覆，表面含浸などがある．本章は，これらの構造体の補修工事に適用する．

2.2　一般事項

> 構造体の補修工事にあたっては，補修工事仕様書に示される材料・工法および施工時の気象条件を考慮し，適切な処置を講ずる．

　構造体の補修工事の実施にあたっては，構造体のひび割れ補修，断面修復補修，表面被覆などの補修工法や使用する材料に応じて，補修工事仕様書に定められている仕様を満足するよう，施工計画書ならびに施工要領書に従って施工する．また，設計図書に工法が指定されていない場合は，施工方法は施工者に任される（工事請負契約約款第1条第3項）ことになるが，その場合は，設計の意図する性能を発揮し，機能を満足するものであるかどうかを十分に検討しなければならない．

　構造体の補修工事における工程表，施工図および製作図などは，別契約の関連設備工事との関連により変更する必要が生ずる場合があるので，これらにも対応できるようにしなければならない．一度検討したものであっても変更を考慮する必要が生ずることもあるので，常に他の工事の状況を把握しておく．設備が隠蔽となる部分の施工は，別契約の関連設備工事の検査が完了するまで行ってはならない．施工者は監理者への報告を怠らないようにし，手戻りのないようにする．

　構造体の補修工事においては，計画段階の予測と異なる要補修範囲が出てきたり，異なった劣化状況に遭遇したりする場合がある．工事範囲の見直しや数量変更あるいは材料・工法の変更の必要性が生じた場合には，その都度，工事監理者と協議して対処する．

　構造体の補修工事は，各工程での施工の丁寧さがその後の構造物の耐久性に大きく影響する．この点を念頭におき，入念な施工に心がける必要がある．

2.3　ひび割れ補修

2.3.1　適用範囲

> 本節は，ひび割れ先行型劣化におけるひび割れ補修に適用する．

コンクリートに発生するひび割れは，進行性のひび割れと，非進行性のひび割れとに大別され，後者に関しては，さらに温度変化に繰返しなどによるひび割れ幅の周期的な変動の有無によって分類される．本節で扱うひび割れ工法は，これらの補修のための工法であり，ひび割れの程度，乾燥収縮・不適当な打重ね・不適当な打継ぎ処理などの劣化の原因，ひび割れ部の挙動の大小などによって，1）シール工法，2）樹脂注入工法，3）Uカットシール材充填工法，4）表面被覆工法のうちから，適切なひび割れ補修工法を選定する．もしくは，広範にひび割れが発生している場合や，今後有害なひび割れが発生し得るおそれのある面については，個別にひび割れを補修するのではなく，壁面などの全面に対して表面を被覆する全面的な4）表面被覆工法も有効である．そのほか，鉄筋腐食に起因するひび割れの暫定的な補修として，ひび割れ注入工法も適用可能である．

2.3.2 施工方法

---

a．ひび割れ補修は，施工要領書を作成し，その施工順序に従って行う．

b．ひび割れ補修の前処理として，下地となる施工面の脆弱部および異物の除去ならびに清掃を行う．

c．シール工法によるひび割れ補修は，補修設計で特記された材料を用い，ひび割れ補修部に，所要量を適切な方法で塗布する．

d．樹脂注入工法によるひび割れ補修は，補修設計で特記された材料を用いて，ひび割れ補修部に，所要量を適切な方法で注入する．

e．Uカットシール材充填工法によるひび割れ補修は，補修設計で特記された材料を用いて，ひび割れ修復部に，所要量を適切な方法で充填する．

f．表面被覆工法によるひび割れ補修は，補修設計で特記された材料を用いて，面全体あるいは処理しようとするひび割れ群を完全に含む面に，所要量を適切な方法で被覆する．

---

a．ひび割れ先行型劣化におけるひび割れ補修の施工要領を，補修設計で特記された材料および工法，ならびに施工計画に従って作成する．ひび割れ補修では，対象となる建築物の劣化要因や目標とする耐用年数が異なり一様ではないため，本節は施工要領に記載する要点に留め，これらを参照して施工要領を作成されたい．各項目の要点は次節で示すが，具体的な記載事項の例は，本会編「鉄筋コンクリート造建築物の耐久性調査・診断および補修指針（案）・同解説」[1]や日本コンクリート工学会「コンクリートのひび割れ調査，補修・補強指針」[2]が参考となる．

ひび割れ補修工事は，調査や設計変更後に作成される施工要領書に従って実施するが，例えばコンクリート中の鉄筋腐食のように，調査では全て確認できない変状も対象となるため，施工要領の変更を行う場合には，関係者（工事監理者・専門工事業者等）で協議を行って，適切な処置を講ずる．

b．ひび割れ補修の前処理として，コンクリート表面のレイタンスや汚れなどをディスクサンダー，サンドブラスト，高圧水洗浄などによって除去することにより，下地となる施工面の脆弱部および異物を除去するとともに清掃する．

c．シール工法とは，微細なひび割れの上に塗膜を構成させ，防水性，耐久性を向上させる工法であり，ひび割れ部のみを被覆する工法である．解説図 2.1 にシール工法のフロー，解説図 2.2 にシール工法の概要図を示す[3]．

シール工法は，ひび割れ内部の処理ができないこと，ひび割れ幅の変動が大きい場合や進行性の
ひび割れの場合にはひび割れの動きに追従し難いことなどの欠点がある．

なお，ここで示すひび割れ幅の変動が大きい場合とは，使用する被覆材の引張破壊伸びを超える
変動を指しており，このような場合には，ひび割れの変動により被覆材にひび割れが生ずるおそれ
があるため，可とう性材料を採用するような工夫が行われている．シール工法に用いられる材料は，
補修目的や部材の置かれる環境により異なるが，一般的には，ポリマーセメントペースト，パテ状
エポキシ樹脂などを用いる．

意匠性を考慮し，色合わせや不陸調整等を目的としたセメントモルタルや塗装による仕上げを施
す場合は適切な処理を行う．

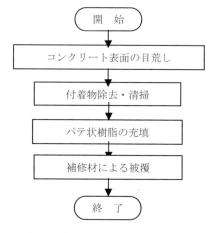

解説図 2.1 シール工法のフロー

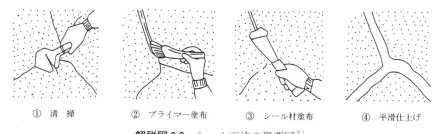

① 清 掃　　② プライマー塗布　　③ シール材塗布　　④ 平滑仕上げ

解説図 2.2 シール工法の概要図[3]

d．樹脂注入工法は，ひび割れに樹脂系あるいはセメント系の材料を注入し，防水性，耐久性を
向上させるものであり，仕上げ材がコンクリートの構造体から浮いている場合の補修にも採用され
る．解説図 2.3 に樹脂注入工法のフローを示す[2]．

現在，樹脂注入工法によるひび割れ補修で主流となっているのは，自動式低圧エポキシ樹脂注入
工法による補修であり，解説図2.4[3]に示すような注入器具を用いて注入圧力0.4 MPa以下の低圧で，
連続かつ低速で注入する．樹脂注入工法に用いられる材料は，一般的には JIS A 6024（建築改修工
事用及び建築補強用エポキシ樹脂）に規定されているエポキシ樹脂が使用されている．

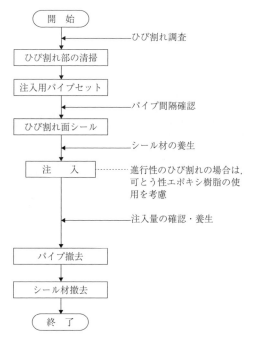

解説図 2.3　樹脂注入工法フロー[2]

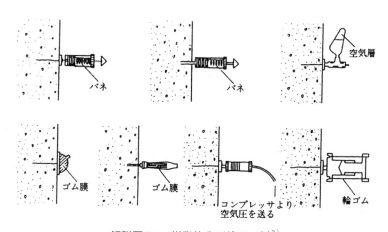

解説図 2.4　樹脂注入工法の一例[3]

　e．Uカットシール材充填工法とは，0.5〜1.0 mm 程度以上の比較的大きな幅のひび割れ，かつ，鋼材が腐食していない場合の補修に適する工法で，ひび割れに沿ってU字形にコンクリートをカットし，その部分に充填材を充填する工法である．解説図 2.5[2] にUカットシール材充填工法のフローを示す．ひび割れに沿って約 10 mm の幅でコンクリートをU字形にカットした後，このカットした部分に補修の目的に応じた充填材を充填し，ひび割れを補修する．U字形にカットする方法は，U字形をした円錐状のダイアモンドビットを電動ドリルの先端に取り付けてひび割れに沿って削る方法がある．Uカットシール材充填工法による補修方法の一例を解説図 2.6[3] に示す．

　Uカットシール材充填工法に用いられる材料は，ウレタン樹脂や変成シリコーン樹脂などのシーリング材，可とう性エポキシ樹脂，ポリマーセメントモルタルなどがあり，ひび割れ部の挙動が大きい場合にはウレタン樹脂やシリコーン樹脂などのシーリング材，もしくは可とう性エポキシ樹脂を使用する．一方，ひび割れ部の挙動がない場合は，シーリング材等で充填した後，表面部分をポリマーセメントモルタルで充填することもある．

　意匠性を考慮し，色合わせや不陸調整等を目的としたセメントモルタルや塗装による仕上げを施す場合は適切な処理を行う．

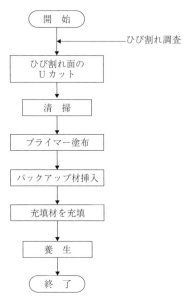

解説図 2.5　Uカットシール材充填工法のフロー[2]

シーリング材充填の場合

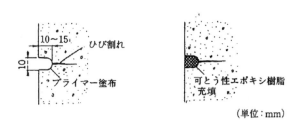

可とう性エポキシ樹脂充填の場合

解説図 2.6　Uカットシール材充填工法の一例[3]

　f．表面被覆工法によるひび割れ補修は，下地が設計で定められた状態であることを確認し，支障がある場合には下地処理や下地調整を行い，表面被覆工法の施工およびこれらの管理と検査を実施する．下地処理および下地調整は，表面被覆工法の性能や仕上りを左右する重要な工程のひとつであり，本会編「建築工事標準仕様書・同解説 JASS 23 吹付け工事」[4] 3.2 項および本会編「建築工事標準仕様書・同解説 JASS 8 防水工事」[5] 1.3 項 d に示す状態でない場合に実施される．

　下地処理は，構造体の脆弱部，浮き，レイタンスや突起物などの除去，施工範囲の水洗いによる清掃などを行うものであり，c により実施される．また，下地調整は，不陸，ピンホールなどへのポリマーセメントモルタルをはじめとする下地調整材を塗布するものである．なお，ひび割れ部をあらかじめ補修しておく場合には，前項 d～f による．アクリルゴム系外壁用塗膜防水工法を適用する場合には，ひび割れ部に対して，工程の中で下地挙動緩衝材を塗布する処理方法もある[6]．

　モルタルなどの浮き部をはつらない場合には，アンカーピンニングエポキシ樹脂注入工法などによる補修を行う．また，シーリング材が充填された目地がある場合には，シーリング材に対する表面被覆工法の適合性が確認されたノンブリード型シーリング材が充填されている必要がある．

　構造体の既存塗膜の付着強さが低い場合，脆弱部やふくれ，はがれなどが発生し，この上に表面被覆工法の施工が不可能な場合には，これを除去する必要がある．なお，アスベストが含まれている既存塗膜を除去する場合には，関係法令や省庁発行のマニュアルなどに従って，届出，除去処理や廃棄物処理を行う必要がある．

　ひび割れの挙動が認められる場合の表面被覆工法の例として，JASS 23 に示される防水形複層仕上塗材仕上げや，JASS 8 に示されるアクリルゴム系塗膜防水工法・外壁仕様がある．ただし，これらの工事仕様は新築工事を対象としたものであるから，下地との付着性や意匠性の確保など工事

仕様を確認し施工する．疑義がある場合は，工事監理者と協議して決定する．

防水形複層仕上塗材およびアクリルゴム系外壁用塗膜防水材は，それぞれを規定するJISに適合するものを用いる．表面被覆工法が所定のひび割れに追従するためには，主材基層塗りおよび防水材塗りにおいて，ピンホールなどの欠陥がなく，所定の膜厚が確保できるように塗り付けることが重要である．

表面被覆工法においては，下地に対する付着性を確保し，表面被覆施工後のふくれやはがれを防止しながら，下地との一体性を長期間確保することおよび均一な塗膜を形成し，良好な仕上がりおよびひび割れに対する追従性を確保するために，あらかじめ補修設計で定められた下地の状態，施工状況および施工後の状態を管理・検査する必要がある．

・下地処理完了後の検査では，表面被覆工法を施工する前の下地の状態になっていることを確認する．

・施工中の管理では，材料の種類，調合，使用量（膜厚）および施工状況を確認する．

・工事完了後の検査では，施工範囲，納まり，材料の使用数量，ピンホールやふくれなどの有無，仕上りなどを確認する．

2.3.3 品質管理・検査

> a．ひび割れ補修の品質管理では，前処理，材料の種類，調合，使用量および施工状況を確認する．
> b．完成検査では，施工範囲，材料の使用数量，仕上りなどについて検査を受ける．なお，ひび割れ補修性能に関する管理・検査が必要な場合には，必要に応じて項目・方法を定め，監理者の承認を受ける．

a．ひび割れ補修の施工にあたっては，各工程における材料の種類，調合，使用量および施工状況の目視によって確認し，補修設計で定められたものであることの管理・検査を基本とする．

b．ひび割れ補修の工事完了後の管理・検査は，施工範囲，材料の使用数量，仕上がりなどを目視や打診など，補修設計で定められた方法によって確認する．

なお，ひび割れ補修などを行った後に新たに同様なひび割れが発生する場合がある．このような原因としては，補修材料や工法の選定，ひび割れの原因推定や施工などの問題，構造的な欠陥などが考えられる．特に，塩害など劣化因子の侵入に伴い鋼材が腐食して発生したひび割れに対しては，単にひび割れを補修しただけでは不十分であるので，次項以降に示すひび割れの原因となる劣化因子を取り除くなどの処置を行い，必要に応じて補強を併用するなどの検討が必要である．

2.4 断面修復
2.4.1 適用範囲

> 本節は，鉄筋腐食に伴って生じたコンクリートのひび割れや浮き・剥離・剥落による劣化部分の断面補修に適用する．

断面修復は，鉄筋腐食先行劣化によって躯体コンクリートに，剥落やひび割れなどの損傷が生じた箇所のコンクリートをはつり取り，断面修復材で埋め戻すものである．なお，鉄筋腐食が顕在化

していないが，コンクリートの中性化や塩化物イオンなどの鉄筋腐食に影響する劣化因子が内在しており，今後，鉄筋腐食が生ずることを防止するための予防保全としてコンクリートをはつり取った箇所でも適用される．鉄筋腐食先行劣化は，中性化や塩害などによる鉄筋腐食に起因するため，断面修復では，鉄筋腐食の要因の除去と再劣化防止の観点から検討された補修設計に基づいて，施工が行われる．

2.4.2 施 工 方 法

> a．断面修復は，施工要領書を作成し，その施工順序に従って行う．
> b．断面修復箇所の前処理では，コンクリートのはつり取り，鉄筋のさび落しおよび補修箇所の清掃を行う．
> c．下地処理（含浸処理，吸水調整処理，プライマー処理など）では，補修設計で特記された材料を用い，断面修復材で埋め戻すコンクリート面に均一となるように，所要量を適切な方法で塗布する．
> d．鉄筋防せい処理では，補修設計で特記された材料を用いて，鉄筋に均一となるように，所要量を適切な方法で塗布する．
> e．断面修復では，補修設計で特記された材料を用い，特記された施工方法で断面修復個所に所要量を適切な方法で修復する．施工方法の特記がない場合は左官工法とする．

a．断面修復の施工は，下記に示す①から④の工程が基本となる．なお，これらの工程は，材料・工法の選定や施工計画により，工程が省略される場合や順序が異なる場合があることを留意されたい．

① 断面修復箇所の前処理：断面修復箇所のコンクリートのはつり取り，腐食鉄筋のさび落しおよび補修箇所の清掃

②－1 下地処理（含浸材処理）：はつり取り箇所のコンクリートの改質等を目的とした含浸材の塗布

②－2 下地処理（吸水調整処理，プライマー処理）：断面修復材の付着を補うための処理材の塗布

③ 鉄筋防せい処理：さび落としを行った鉄筋への防せい処理材の塗布

④ 断面修復（特記のない場合は，左官工法）：はつり取り箇所の断面修復材による埋め戻し

断面修復に用いられる材料は，現場で調合することは少なく，コンクリート以外は材料製造業者によって工場で製造された製品を用いるのがほとんどである．各材料の取扱いなどは，材料製造業者が発行するSDS（Safety Data Sheet）や施工要領書などを参照する．SDSは使用材料の化学物質の性状や取扱いに関する情報を示したものであり，施工要領書は使用材料，施工内容，留意事項などを示したものである．

なお，①〜④の工程を組み合せてシステム化した補修工法の中には，材料製造業者等が実施する講習で，補修改修に関する専門的な知識，材料の取扱い方や施工技術を習得した管理者が，施工管理等を行うものがある．また，断面補修は，補修設計に基づいて作成された施工要領書に従って工事を行うが，工事を進めている際に，事前の補修設計と異なる状況が認められた場合には，関係者で協議を行い，補修設計や施工要領の変更等の適切な処置を講ずることが必要である．

断面修復に用いる材料は，下地処理材（含浸材，吸水調整材，プライマーなど），鉄筋防せい処

理材および断面修復材に分けられる．それぞれの材料は，JAMS 4-RC の補修・改修設計規準で選定されたものを基本とし，特記とする．なお，材料の性能，施工方法，補修効果を考慮して，材料の変更が必要な場合には，関係者で協議を行い対応する．

　b．コンクリートのはつりは，はつり範囲や深さが小さい場合には電動はつり機やたがねを用いて行い，はつり範囲や深さが大きい場合には，高圧水の噴射によるウォータージェット工法などの専用機械を使用して行う．なお，コンクリートのはつりは，断面補修の材料性能や施工性能に悪影響がないよう注意して行う必要がある．以下に留意する事項を示す．

・はつり取り端部は，皿状に薄くなる（フェザーエッジ）とならないように事前に切込みを入れる〔解説図 2.7 を参照〕．
・鉄筋裏面は，鉄筋のさび落としおよび防せい処理，断面修復材の充填が容易にできる深さまではつり取る．

　腐食した鉄筋（鋼材）のさび落としは，コンクリートのはつりにより露出した腐食した鉄筋（鋼材）をサンドブラスト，ワイヤブラシ，電動式カップワイヤーブラシ等を用いて行う．

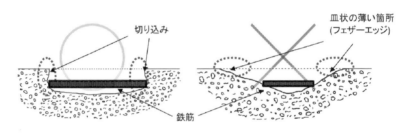

解説図 2.7　はつりの形状の例[1]

　c．下地処理（含浸処理）に用いる含浸材には，浸透性アルカリ性付与材，塗布形防せい材，浸透性固化材，浸透性吸水防止材などがある．含浸材は，アルカリ性の付与，防せい成分の付与，コンクリートのぜい弱部の強化などの効果があり，断面補修後の補修効果の持続を期待するものであり，補修設計で指定されたものを使用する．含浸材の取扱いおよび施工方法は，材料の種類によって異なるため，材料製造業者の施工要領書を確認し，指定された方法で行う．なお，含浸材の施工は，刷毛，ローラーなどで塗布するのが一般的であるが，施工面積が広い場合には，エアレススプレーなどを用いて噴霧して塗布するものもある．含浸材の施工では，材料が飛散しないように塗布面周囲の養生を行う必要がある．含浸材処理は，表面処理として断面補修箇所以外のコンクリート表面にも適用され，同表面への塗布工程を含浸材処理と同時に行うものもある．

　下地処理（吸水調整処理，プライマー処理）は，断面修復材の接着性能を十分に発揮させるために，必要に応じて行う工程である．吸水調整材およびプライマーの取扱いおよび施工方法は，材料の種類によって異なるため，材料製造業者の施工要領書を確認し，指定された方法で行う．なお，吸水調整材およびプライマーの施工は，刷毛，ローラーなどで塗布するのが一般的であるが，施工

面積が広い場合には，リシンガン，エアレススプレーなどを用いて噴霧して塗布した後，刷毛で表面を整えることもある．吸水調整材およびプライマーの施工では，材料が飛散しないように塗布面周囲の養生を行ったなどの措置を必ず行う必要がある．

　下地処理（含浸材処理，吸水調整処理，プライマー処理）に用いる材料は，次工程以降に使用する鉄筋防せい処理材や断面修復材との相性を確認したものを使用する必要がある．そのため，鉄筋防せい処理材および断面修復材と同じ材料製造業者が指定したものを用いることが望ましい．

　d．鉄筋防せい処理は，補修後の鉄筋の発せいの防止や断面修復材と鉄筋の密着性・付着性を確保することを目的として，はつり箇所のさび落としを行った鉄筋表面に鉄筋防せい処理材を塗布するものである．鉄筋防せい処理材には，ポリマーセメント系材料やさび転換塗料などがある．鉄筋防錆処理材の取扱いや施工方法は，材料の種類によって異なるため，材料製造業者の施工要領書を確認し，指定された方法で行う．なお，鉄筋防せい処理材の施工は，鉄筋表面に刷毛を用いて塗布するのが一般的であるが，施工面積が広い場合には，リシンガンエアスプレーなどを用いて吹き付けた後，刷毛で表面を整える場合もある．また，鉄筋防せい処理材は，次工程に使用する断面修復材との相性を確認したものを使用する必要がある．そのため，断面修復材と同じ材料製造業者が指定したものを用いることが望ましい．

　e．断面修復は，断面修復の厚さ，範囲および施工環境を考慮して施工方法（左官工法，吹付工法，充填工法）が選定されることから，特記とする．建築物における断面修復では，左官こてを用いて，はつり取り箇所に断面修復材を用いて埋戻しを行う左官工法が，一般的であることから，特記のない場合には左官工法としている〔解説図2.8を参照〕．なお，左官工法による施工においては，躯体コンクリートとの付着性や重ね塗りした際の層間を一体化させる場合，こて圧を適切にかけることが必要であり，左官技能者の熟練度によって施工品質が左右されることを留意する必要がある．

　断面修復材には，ポリマーセメントモルタル，ポリマーモルタル（軽量エポキシ樹脂モルタルなど）およびセメントモルタルまたはコンクリートがある．断面修復材の取扱いおよび施工方法は，材料の種類によって異なるため，材料製造業者の施工要領書を確認し，指定された方法で行う．特に，調合や軟度調整，断面修復材の1回の塗付け厚さや重ね塗りの間隔を確認しておくことが重要である．

　また，断面修復材の表面仕上げを行った後は，直射日光，風雨などを避けて，所定期間の養生を行うことが必要である．

　左官工法以外の断面修復の施工方法として，吹付け工法および充填工法がある．なお，吹付け工法には，湿式吹付け工法と乾式吹付け工法の2種類の方法がある．

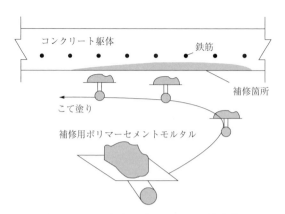

解説図 2.8　左官工法による断面修復[7)]

2.4.3　品質管理・検査

> a．断面修復の前処理の品質管理では，はつりの範囲および深さ，鉄筋のさび落しおよび補修箇所の清掃後の状況を確認する．
> b．下地処理の品質管理では，材料の種類，調合，使用量および施工状況を確認する．
> c．鉄筋防せい処理の品質管理では，材料の種類，調合，使用量および施工状況を確認する．
> d．断面修復の品質管理では，材料の種類，調合，使用量および施工状況を確認する．
> e．完成検査では，施工範囲，材料の使用数量，仕上りなどについて検査を受ける．なお，断面修復性能に関する管理が必要な場合には，必要に応じて項目・方法を定め，監理者の承認を受ける．

---

　a．コンクリートのはつり取り，鉄筋のさび落しおよび補修箇所の清掃は，あらかじめ定めた状態であることを施工中および施工後に目視によって管理する．コンクリートのはつり取りは，断面修復後の再劣化に大きく影響するものであり，はつり取り後の鉄筋腐食が補修設計で想定した状態と一致しなく，その変更が必要となる場合には，関係者で協議して適切なはつり取りに変更する．また，鉄筋のさび落しや清掃の程度は，あらかじめ定めた状態であることを目視で確認する．

　b．下地処理での含浸材の施工では，その種類によっては乾燥・固化後に無色となり，施工後に塗布の有無が確認できないものもあるため，施工中または施工直後に管理を行うことが必要となる場合もあることを留意する．施工後の含浸材処理の性能は，使用する材料の種類，調合割合および使用量を考慮し，使用後の空容器や空袋の数による出来高で管理を行うとともに，含浸材処理の施工に関する管理は，目視で行うことを基本とする．

　吸水調整材，プライマーについては，材料の種類，調合割合，使用量および施工が材料製造業者の指定内であれば品質を満たすため，使用後の空容器の数による出来高および施工を目視によって管理を行うことを基本とする．なお，コンクリートのはつり取りの範囲によって増減することに留意し，変更がある場合には，関係者で協議して管理する．

　c．鉄筋防せい処理材は，ポリマーセメント系材料やさび転換塗料などを，鉄筋表面に塗布するものである．これらの性能は，材料の種類，調合割合，使用量および施工が材料製造業者の指定内であれば品質を満たすため，含浸材と同様に使用後の空袋や空容器の数による出来高および施工を

目視によって管理を行うことを基本とする．なお，鉄筋防せい処理材の使用量は，はつり取りの範囲によって増減することに留意し，変更がある場合には，関係者で協議して管理する．

　d．断面修復材は，工場でプレミックス化された製品がほとんどであるため，材料の種類，調合割合および使用量を使用後の空容器や空袋の数による出来高および施工方法の目視によって管理を行うことを基本とする．さらに，断面修復材は，断面修復の中でも主要な材料であり，品質管理では，コンクリートの品質管理での特性値である圧縮強度やコンクリートとの一体化性の特性値となる付着強度などを定めることがある．なお，前記の特性値の試験項目を実施する場合には，断面修復する範囲・規模，施工箇所などによって，頻度をあらかじめ定めて行う．

　e．工事完了後の完成検査では，断面修復箇所の外観検査を行い，断面修復部にひび割れあるいは浮き等がないか確認するとともに，断面修復表面が平滑であり，以後，表面被覆等を行う際に支障がないことを確認する．また，使用した材料の使用量が，施工範囲と照らし合わせて，適当であることを確認する．なお，材料使用量の確認が，各工程で実施されている場合には，省略することができる．なお，断面修復性能に関する検査は，dで示した特性値の試験が実施されている場合には，その最終結果を確認する．なお，特性値の試験を実施することを定めていない場合には，確認を省略することができる．

2.5　表面被覆

2.5.1　適用範囲

> 　本節は，コンクリート表面からの劣化因子の浸透を遮断・抑制するためのコンクリート表面に施工する表面被覆に適用する．

　本節は，鉄筋腐食先行型劣化（中性化・塩害）に対して，構造体であるコンクリートの表面に表面被覆工法による塗膜を形成し，外部からの劣化因子の浸透を遮断・抑制を図るために適用するものであり，補修・改修設計で示された補修・改修工事仕様書に基づき，適切に工事が行われることを目的としている．

　施工者は，工事仕様書に基づく回復目標レベル，施工範囲，適用工法や使用材料などの特性を十分理解したうえで施工しなければならない．

2.5.2　施工方法

> 　a．表面被覆は，施工要領を作成し，その施工順序に従って行う．
> 　b．表面被覆の前処理として，下地となる施工面の脆弱部および異物の除去ならびに清掃を行う．
> 　c．下塗材，主材および上塗材は，補修設計で特記された材料を用い，コンクリート表面に均一となるように，所要量を適切な方法で被覆する．

　a．施工要領は，本工事を具体的に記載したものであり，下地処理，下地調整，汚損防止のための養生（建物周辺，植込み，車両など），施工可能な気象条件，使用材料の商品名，保管方法，調合・混合方法，施工工程，施工方法，品質管理・検査方法，施工後の処置，注意事項などについて詳細

に記述しなければならない．補修・改修対象となる建物が立地する環境や特有の気象，周囲建物や環境などへの配慮が必要な場合には，その旨も記載する．

　改修工事は，居住者が建物を使用している状態で施工することがほとんどであるため，安全性の確保などに関する事項も記載しておく．

　使用材料は，製造業者によって工場にて製造された既調合製品を用いる場合がほとんどであるが，取扱いや保管に際しては，JASS 23-4.2 および 4.4 節，JASS 8-1.5 節 b を参照する．

　b．下地処理および下地調整は，表面被覆工法の仕上りや性能に影響を及ぼすことから，下地が設計で定められた状態でない場合に，適切な方法により処置するものであり，2.3.2 項 c および f による．なお，既存塗膜を部分的に除去した箇所は，あらかじめ模様合わせをしておく．

　c．表面被覆工法に用いる下塗材，主材および上塗材は補修設計で定められたものを使用し，その施工は，JASS 23，JASS 8 および 2.3.2 項 f を参照する．

2.5.3　品質管理・検査

> a．表面被覆の前処理の品質管理では，下地や構造体の状態，乾燥の程度，清掃状況などを確認する．
> b．表面被覆の品質管理では，材料の種類，調合，使用量および施工状況を確認する．
> c．完成検査では，施工範囲，材料の使用数量，仕上りなどについて検査を受ける．なお，表面被覆性能に関する管理・検査が必要な場合には，必要に応じて項目・方法を定め，監理者の承認を受ける．

　a．表面被覆工法を施工する前の下地処理や下地調整では，あらかじめ設計で定められた下地や構造体の状態，乾燥の程度，清掃状況などを確認しなければならない．下地の状態は，下地処理や下地調整が適切に行われ，2.3.2 項 g に示した施工前の下地の状態になっていることが必要であり，既存塗膜を残存させる場合には，はがれ，ふくれ，付着不良部の有無などを確認する．既存塗膜を部分的に撤去した場合には，既存塗膜の模様に合うように適切に模様合わせされているか確認する．

　所定の要件を満たしていない場合には，工事監理者への報告および指示に基づいた手直しを行う．

　b．表面被覆の管理・検査は，工程検査として実施し，工事仕様書や施工要領書に基づいて，各工程で指定の材料が使用され，適切な施工が実施されているかを確認する必要があり，各工程において以下を目視などにより確認する．

・施工時の気象条件，養生の状況（方法，範囲など）
・材料名，製造業者名，色相，荷姿，数量，製造番号，異常の有無
・材料の調合，取扱い方法，工程，施工方法（施工機器，施工器具，手順など），使用量（膜厚），塗り回数，施工間隔
・施工の均一性，塗残しやむらの有無，仕上り（ピンホールの有無，模様，色，光沢など）

　使用量の管理は，単位面積当たりの質量で管理する方法と塗布厚みを測定して管理する方法があり，これらも施工要領であらかじめ定めておくとよい．

工事仕様書や施工要領書に基づいた施工内容でない場合，異常や不具合があれば，ただちに手直しを行う．

　c．工事が完了後の管理・検査は，補修・改修工事が仕様書や要領書どおりに行われたことおよび補修・改修工事によって目的どおりの性能および機能が回復されたことを確認するためのものであり，工事監理者の立会いのもとに行う．管理・検査の具体的な方法は，仕様書によりあらかじめ決められている場合がほとんどであるが，工程検査の記録および検査結果や以下を目視などにより確認する．アクリルゴム系外壁用塗膜防水工法において品質保証が必要な場合は，これを支援する資料などを準備しておく必要がある．

　・施工範囲

　・見切り，異種下地などとの取合いの適切性

　・材料の使用量（膜厚）

　・塗残し，仕上り（ピンホール，ふくれの有無，模様，色，光沢），傷の有無

また，施工範囲以外の材料による汚損の有無，養生の取残しなどについても確認する．

　検査結果が不合格の場合には，工事仕様書や施工要領書に基づいた施工内容でない場合には，工事監理者と協議し，手直しを行う．

　表面被覆性能に関する管理・検査が必要な場合には，必要に応じて項目・方法を定め，実施する．検査は基本的に非破壊検査が望ましいが，膜厚測定，付着強さなどの破壊検査もある．しかし，仕様どおりに仕上られた箇所を破壊することは，手直ししても元どおりには戻らないため，あらかじめ定めた使用量や施工方法により工事されたことの確認や使用後の空容器や空袋の数による出来高の確認によって，補修設計で定めた性能を満たすこととしてもよい．また，工事完了直後では性能が判断できない場合には，本会編「鉄筋コンクリート造建築物の耐久性調査・診断および補修指針（案）・同解説」を参考に経年での点検・調査により観察することも可能である．この際の点検・調査の頻度や内容については，あらかじめ工事仕様書で定めておく必要がある．

2.6　表面含浸

2.6.1　適用範囲

> 　本節は，コンクリート表面からの劣化因子の抑制を図るために，打放しコンクリート表面へ施工する表面含浸に適用する．

　本節は，鉄筋腐食先行型劣化に対して，構造体であるコンクリート表面からの劣化因子の抑制を図るために，コンクリート表面へ施工する表面含浸に適用する．補修・改修設計で示された補修・改修工事仕様書に基づき，適切に工事を行う．施工者は，工事仕様書に基づく回復目標レベル，施工範囲，適用工法や使用材料などの特性を十分理解したうえで施工しなければならない．

2.6.2　施 工 方 法

> a．表面含浸は，施工要領を作成し，その施工順序に従って行う．
> b．表面含浸の前処理として，下地となる施工面の脆弱部および異物の除去ならびに清掃を行う．
> c．表面含浸材は，特記による．特記のない場合は浸透性吸水防止材とする．
> d．表面含浸材の施工は，コンクリート表面に均一となるように，所要量を適切な方法で塗り付ける．数回に分けて塗布する場合には，塗布間隔を適切に設定する．

　a．表面含浸によって施工する場合には，「表面含浸材の下地処理」，「表面含浸材の施工」および「品質の管理・検査」を基本とした施工要領を作成し，その施工手順に従って行う．表面含浸材の塗布量は，製造業者の指定によるが，対象となるコンクリートのち密さなどの質が異なるため，あらかじめ対象となるコンクリートの一部に塗布を行って，目標塗布量の確認・設定を行う．また，あらかじめ施工要領で定めた含浸材の目標塗布量を設定しても，施工時のコンクリートの含水率などの状態や部位によっては目標塗布量を塗布することが困難な場合には，コンクリート表層に過剰な材料が蓄積し，美観や次工程に塗り付けるものがあれば付着阻害をおこす可能性もある．これらの場合には，関係者で協議して部分的な塗布量の修正などの処置を講ずることが必要となる．

　b．下地となる施工面については，次の事項に配慮する．

　1）　打放し面の不陸や接合部の目違い，突起などは，表面含浸材の種類によって許容できる範囲に下地調整を行う．また，塗料，仕上塗材，有機系パテ等の既存塗膜が施工されていた場合は，電動工具や高圧水洗等により完全に除去しておく．

　2）　表面含浸材の施工に支障となる鉄筋，セパレータ，木片などは取り除き，穴などはポリマーセメントモルタルで埋め，鉄さびの膨張によるはがれや汚染のないようにしておく．

　3）　コンクリートの打継ぎ，コールドジョイント，乾燥収縮によるひび割れなどで漏水の原因となるおそれがある箇所は，工事監理者の承認を得て，適当な方法であらかじめ防水処理を行う．

　4）　表面に硬化不良，その他，著しく強度の小さい箇所がある場合は，ワイヤブラシなどで不良部分を取り除き，セメント系下地調整塗材などを用いて下地調整を行う．また，表面に離型剤などが付着しているときは，ワイヤブラシなどで取り除く．

　c．表面含浸材は，浸透性吸水防止材の使用を基本とする．なお，けい酸塩系表面含浸材を使用する場合には，「固化型」の場合のコンクリート表面は乾燥状態，「反応型」の場合のコンクリート表面は湿潤状態にする必要がある．

　d．表面含浸材の施工は，吹付けまたはローラー塗りによって行う．吹付けまたはローラー塗りに使用する空気圧縮機，スプレーガン，ローラーばけなどの施工機器は，表面含浸の種類，施工部位などを考慮して，適切なものを用いる．なお，吹付け操作およびローラー塗り操作は，次による．

　1）吹付け操作

　ⅰ）吹付けは，スプレーガンのノズルを下地面に対して直角に保ち，吹むら・吹残しがないように注意して行う．

　ⅱ）スプレーガンの種類，ノズルの口径，吹付け距離などの吹付け条件は，製造業者の指定に

よる.

2）ローラー塗り操作

ローラー塗りにおけるローラーばけを動かす速度は，表面含浸材が飛散しないように調整するものとする. ローラーばけの種類は，製造業者の指定による.

塗布量および塗布回数，工程の時間間隔等は原則として製造者の指定によるが，本会「コンクリート・ポリマー複合体の施工指針・同解説」[8]では，表面含浸材として浸透性吸水防止材を用いた塗布含浸工程，塗布量および塗布回数として，解説表 2.1 を提案している.

また，土木学会編「けい酸塩系表面含浸工法の設計施工指針（案）」[9]では，表面含浸材としてけい酸塩系表面含浸材で施工する時のコンクリート表層部について，固形型の場合は乾燥状態，反応型の場合は湿り気を帯びた状態とし，塗布量を 0.2 から 0.3kg/m^2 と提案している.

解説表 2.1　浸透性吸水防止材の塗布含浸工程[8]

材料	配合 （質量比）	塗布量 （kg/m^2）	塗布回数 （回）	間隔時間（h）		
				工程内	工程間	養生
浸透性吸水防止材	10	0.2～0.4	1～3	3 以上	－	12 以上
	0					
希釈剤	所定量					

2.6.3　品質管理・検査

> a．表面含浸の前処理の品質管理では，施工面の状態，乾燥の程度，清掃状況などを確認する.
> b．表面含浸の品質管理では，材料の種類，調合，使用量および施工状況を確認する.
> c．完成検査では，施工範囲，材料の使用数量，仕上りなどについて検査を受ける. 表面含浸性能に関する管理・検査が必要な場合には，必要に応じて項目・方法を定め，監理者の承認を受ける.

a．，b．表面含浸材のほとんどは，一成分形でひとつの容器で供給されるが，いくつかの材料を混合して使用する場合や希釈を必要とする場合には，製造業者の指定する方法で，各材料を精度よく計量して行わなければならない. 表面含浸材は，下地に塗布して含浸することによって，その性能を発揮するものである. したがって，それらの浸透性に影響を及ぼすような下地の含水率や施工時の温度変化には，十分に注意する. 降雨・強風または周囲の他の作業によって，塗布作業に支障を来すおそれのある場合は，作業を中止する. 工事中は，周辺のほかの部材および仕上げ面を汚損しないように，適切な養生を行う. また，表面含浸材は，温度変化によって，粘度が変化したり，揮発量が多くなったりすることを避けるため，その施工温度は，5～35℃を標準とする. 冬期には，暖かい日を選んで施工するように努める. やむをえず気温が5℃未満のときに施工する場合は，板囲い，帆布シート，ポリ塩化ビニルシートなどで保温する. 夏期に屋外で施工する場合は，急激な乾燥を防止するため，シート類，ポリエチレンフィルムなどで覆う.

c．工事完了時の検査は，工事監理者の立会い検査とし，次のように行う.

（1）　工事が仕様書どおり行われたか否かを，工程検査の記録によって確認する.

（2） 外観および仕上がり状態を目視観察する.

（3） 浸透性吸水防止材を用いた場合には，含浸箇所への散水などによって，吸水防止性（はっ水性）を確認する.

2.7 特殊工法

2.7.1 適用範囲

> 本節は，鉄筋腐食環境が厳しい場合に採用する特殊工法に適用する.

特殊工法の採用にあたっては，工法の原理，補修効果に関する試験結果など工法に関する資料を収集し，その特徴と施工にあたっての留意事項を把握する必要がある.

本節では，鉄筋腐食環境が厳しく，ひび割れ補修，断面修復，表面被覆および表面含浸工法で対応できない場合に，採用できる特殊工法として電気化学的補修工法を取り上げ，その施工方法および品質管理・検査について示す. 電気化学的補修工法に関する仕様は，土木学会編「電気化学的防食工法　設計施工指針（案）」[10]に詳しく解説されている.

2.7.2 施工方法

> a．電気化学的補修は，施工要領を作成し，その施工順序に従って行う.
> b．電気化学補修工法の前処理として，補修対象とする領域のコンクリートについて，正常な通電を行うための措置を行う.
> c．再アルカリ化工法は，アルカリ性保持溶液を含む仮設した外部電極とコンクリート中の鉄筋に直流電流を流し，アルカリ性保持溶液をコンクリート中に強制浸透させる.
> d．脱塩工法は，外部電極とコンクリート中の鉄筋に直流電流を流し，コンクリート中の自由塩化物イオンをコンクリートの外へ強制的に除去させる.
> e．電気防食工法は，外部電源方式あるいは流電陽極方式により，構造物の供用期間中，防食電流を流し続ける.

a．電気化学的補修工法には，アルカリ性の回復を目的とした再アルカリ化工法，塩化物イオンの除去を目的とした脱塩工法および鉄筋腐食反応抑制を目的と電気防食工法がある. 電気化学的補修を行うにあたっては，劣化状況と回復目標に応じた要求性能にあわせて，施工要領を作成し，その施工順序に従って施工する. 所定の性能が得られないときの対応方法など，施工要領の変更については，関係者で協議して処置を講ずる.

b．補修対象とする領域のコンクリートについて，次の項目を確認し，正常な通電に必要な措置を行う必要がある.

（1） 表面仕上材の有無と除去

塗装等の表面仕上材は一般的には電気的に絶縁物である. したがって，電気を通しにくい表面仕上げがコンクリート表面に施工されている場合，除去しなければならない.

（2） コンクリート劣化部の有無およびその処理

コンクリートの剥離部（浮き部）・豆板部などをはつり取り通電を阻害しないことが確認される

断面修復材により修復しなければならない．特に，コンクリート表面から鋼材位置にまで到達するような浮きや豆板は，通電処理において短絡の原因となるので，修復もしくは絶縁処理を行う．

（3）　ひび割れ部，断面欠損部の有無および補修

ひび割れ部や剥落部（断面欠損部）なども，コンクリート表面から鋼材位置にまで到達するような場合は，短絡防止のための措置を無機系断面修復材等，あるいは，エポキシ樹脂，アクリル樹脂等により実施しなければならない．

（4）　電気的障害部の有無およびその処理

コンクリート表層部の露出金属（結束線やセパレータ含む）は，電気的な短絡の原因となるので，これらの絶縁処理を実施しなければならない．

　c．アルカリ性溶液は炭酸カリウムなどを使用し，電流密度はコンクリート表面積 $1\,m^2$ あたり1Aとし，通電期間は2週間を標準とする．通電開始後に，所定の直流電流値が供給されていること，および異常な電流値や電圧値が発生していないことを確認しなければならない．また，通電中はコンクリート表面が湿潤状態になるように，アルカリ性溶液の補給を行うだけでなく，直流電源装置，仮設陽極，配線などの点検を行う．

通電終了後，再アルカリ化を行うために仮設した仮設材料（陽極材，アルカリ性溶液，保持材およびそれらの固定材等）を徹去する．また，コンクリート表面の汚れ等を清掃した後，中性化深さ調査用にサンプル採取したコア穴や固定用アンカー穴等を修復する．

　d．電解質溶液は水酸化カルシウムやほう酸などを使用し，電流密度はコンクリート表面積 $1\,m^2$ あたり1A とし，通電期間は8週間を標準とする．通電開始後に，所定の直流電流値が供給されていること，および異常な電流値や電圧値が発生していないことを確認しなければならない．また，通電中はコンクリート表面が湿潤状態になるように，電解質溶液の補給を行うだけでなく，直流電源装置，仮設陽極，配線などの点検を行う．

通電終了後，脱塩処理を行うために仮設した仮設材料（陽極材，電解質溶液，保持材およびそれらの固定材等）を徹去する．また，コンクリート表面の汚れ等を清掃した後，塩分分析調査用にサンプル採取したコア穴や固定用アンカー穴等を修復する．

　e．外部電源方式による電気防食工法は，外部に電源を設け，構造物の供用期間中，強制的に電気を流し続ける．流電陽極方式による電気防食工法は，電源システムを用いず，鉄筋よりイオン化傾向の大きい亜鉛などの金属を陽極材とし，鉄筋と導通させ断面修復材等で被覆する．

2.7.3　品質管理・検査

---

　a．電気化学補修工法の前処理では，補修対象とする領域のコンクリートの通電に関わる状態を確認する．

　b．再アルカリ化工法では，コンクリートコアもしくはドリルサンプルにより，コンクリート躯体の補修設計で定められた深さまでアルカリ性を回復していることを確認する．

　c．脱塩工法では，コンクリートコアにより，鉄筋位置付近の塩化物イオン量が補修設計で定められた値以下となっていることを確認する．

　d．電気防食工法では，外部電源方式あるいは流電陽極方式による防食電流により，鉄筋の復極量が

　100 mV を確保できていることを確認する.
　e. 完成検査では, a～dにおいて確認した事項について, 監理者の検査を受ける. 検査の数量, 方法, 合否基準等は特記による.

　a. 前処理では, 鉄筋と陽極材間で短絡がないか, 鉄筋と陽極材との導通は確実かなどを確認する. 直流電源からコンクリートに電流を供給する制御方式は定電流方式とし, 通電開始後に, 直流電源によって設定されている電流値がコンクリート構造物に正しい方向で流れているのかを電流計を用いて確認する. なお, 出力電圧の最大値は, 人体に対して安全な値（例として 50V 以下）として, 直流電源を制御できることが望ましい.

　b. 再アルカリ化工法適用前に採取したサンプル位置の近傍（鉄筋近傍）より, 通電処理期間終了後の中性化深さ測定用サンプルを採取して, 中性化深さを確認すると, 再アルカリ化の効果を処理前の中性化深さとの比較によって確認できる. 中性化深さの測定はフェノールフタレイン法で行う.

　なお, 補修設計で定められた深さまでアルカリ性が回復していないと判断される場合には, 通電システムの異常をチェックする. 異常がない場合には, 処理効果が確認されるまで再度通電を行う. 異常がある場合には, その対策をしたのち, 再度通電を行う.

　c. 脱塩工法適用前に採取したサンプル位置の近傍（鉄筋近傍）より, 通電処理期間終了後の塩化物濃度測定用サンプルを採取して, 塩化物濃度を確認すると, 脱塩の効果を処理前の塩化物濃度との比較によって確認できる. 塩化物濃度の分析方法は, JIS A 1154（硬化コンクリート中に含まれる塩化物イオンの試験方法）等に基づいて実施する.

　なお, 補修設計で定められた値まで塩化物イオン量が低下していないと判断される場合には, 通電システムの異常をチェックする. 異常がない場合には, 処理効果が確認されるまで再度通電を行う. 異常がある場合には, その対策をしたのち, 再度通電を行う.

　d. 電気防食工法では, 一般に復極量が 100 mV 以上確保できていれば, コンクリート中の鉄筋は防食状態であるとされている. 目安として, 通電開始時に分極量で 100 mV 以上が確保できる電流量を供給する.

　e. 完成検査では, a～dの工法ごとの確認項目について, 検査を受ける.

2.8　コンクリートの不具合の補修
2.8.1　適用範囲

　本節は, 劣化と無関係なコンクリートの部分的な欠損や未充填箇所の補修に適用する.

　コンクリートの不具合の補修は, 構造体コンクリートの表面に対して美観の向上, 外装材や防水材の下地の確保を目的として行うものである. 欠損部, 豆板などの未充填箇所, コールドジョイントなどのひび割れ部の手直しを行い, 平たんな状態に仕上げる. 適用にあたっては, 鉄筋腐食やコンクリートの浮きなどの劣化による損傷, 中性化や塩化物イオンなどの鉄筋腐食に影響する劣化因子が内在していないことを事前に確認する必要がある.

2.8.2　施　工　方　法

> a．コンクリートの不具合の補修は，施工要領を作成し，その施工順序に従って行う．
> b．部分的な欠損部や未充填箇所の補修は，断面修復（左官工法）を適用し，補修設計で特記された材料を用いて所要量を適切な方法で修復する．
> c．ひび割れ部の補修は，ひび割れ補修（シール工法）を適用し，補修設計で特記された材料を用いて所要量を適切な方法で塗布する．

　a．〜c．コンクリートの不具合は，それらと類似する鉄筋コンクリートの劣化現象と同様の補修を行うことを基本とする．選定する材料および工法ならびに施工計画は，欠損部，豆板などの未充填箇所の補修については断面修復（左官工法），コールドジョイントなどのひび割れ部の補修についてはひび割れ補修（シール工法など）を適用し，施工要領を作成する．

2.8.3　品質管理・検査

> a．コンクリートの不具合における補修の品質管理では，前処理，材料の種類，調合，使用量および施工状況などを確認する．
> b．完成検査では，施工範囲，材料の使用量，仕上りなどについて検査を受ける．なお，外装下地や防水下地としての性能に関する管理・検査が必要な場合には，試験項目・方法を定め，実施する．

　a．コンクリートの不具合の補修の施工にあたっては，各工程における材料の種類，調合，使用量および施工状況を目視によって確認し，補修設計で定められたものであることの管理・検査を基本とする．

　b．コンクリートの不具合における補修の工事完了後の管理・検査は，施工範囲，材料の使用量，仕上がりなどを目視や打診など，補修設計で定められた方法によって確認する．なお，外装下地や防水下地としての性能については，部材・部位ごとに，外装仕上げや防水の種類および施工方法ごとに特記として定められており，またその管理・検査についても試験項目・方法などを特記として定められていることが望ましい．特記として定められていない場合は，これを省略することができる．

参考文献

1）日本建築学会：鉄筋コンクリート造建築物の耐久性調査・診断および補修指針（案）・同解説，1997.1
2）日本コンクリート工学会：コンクリートのひび割れ調査，補修・補強指針，2013.5
3）国土交通省大臣官房官庁営繕部監修：建築改修工事監理指針　平成28年版，建築保全センター，2016.11
4）日本建築学会：建築工事標準仕様書・同解説　JASS 23　吹付け工事，2006.11
5）日本建築学会：建築工事標準仕様書・同解説　JASS 8　防水工事，2014.11
6）宮沢　健：資料2　外壁用塗膜防水剤を用いた補修・改修技術の開発，外壁仕上げおよび防水の補修・改修技術　3編　塗り仕上げ外壁の補修・改修技術，日本建築センター・建築保全センター，pp.315〜319，1992.07
7）大濱嘉彦監修：鉄筋コンクリート構造物の劣化対策技術，テクノシステム，p.231，1996.1

8）日本建築学会：コンクリート・ポリマー複合体の施工指針・同解説，2011.6.

9）土木学会：けい酸塩系表面含浸工法の設計施工指針（案），コンクリートライブラリー137号，2012.7

10）土木学会：電気化学的防食工法指針，コンクリートライブラリー107号，2001.11

3章　外装仕上げの補修・改修工事

3.1　適用範囲

> 調査・診断の結果から，補修・改修が必要であると判定された既存建築物の外装仕上げを対象として作成された補修・改修設計図書に基づいて，補修・改修工事を実施する場合の施工および施工管理ならびに工事監理に適用する.

　本章は，調査・診断の結果に基づいて，補修・改修が必要であると判定された外装仕上げを対象として，JAMS 4-RC に示される補修・改修設計規準に基づいて作成された補修・改修設計図書の内容に準じて実施される既存建築物の外装仕上げに対する補修・改修工事における施工および施工管理ならびに工事監理に適用する.

　本章は，外装仕上げを対象としているが，既存の素地・下地や仕上げの仕様および状態を確認したうえで，内装仕上げに対する適用を検討することも可能である.

3.2　基本事項

> a．施工に先立ち，調査を実施して現場の状況が補修・改修設計図書に指定された状態であり，補修・改修設計仕様が施工可能であることを確認する．現場の状況が補修・改修設計図書の記載内容と異なる場合や補修・改修設計仕様の施工が困難な場合には，ただちに工事監理者と協議する.
> b．外装仕上げに対する補修・改修の施工にあたっては，素地・下地や構造体が仕上げを施すのに適切な状態に補修されていなければならない.
> c．補修・改修工事に用いる材料・工法は，補修・改修設計図書で指定されて工事監理者に承認されたものとする.
> d．補修・改修工事を実施した後の外装仕上げは，補修・改修設計図書で指定された形状，外観，寸法および仕上り状態であり，補修・改修設計図書で指定される所定の意匠性，防水性，安全性および防耐火性を確保するものとする.

　a．補修・改修設計は，JAMS 3-RC「調査・診断標準仕様書」に準拠して事前に実施された結果に基づいているが，調査・診断の内容や範囲には制約がある．したがって，実施工にあたっては仮設足場を設置したり，既存の材料を撤去したりすることが可能となるため，補修・改修工事に着手する前に確認のための調査を実施する．当該調査の目的は，現場の状況が補修・改修設計図書に記載された内容に適合しているか否か，および補修・改修工事の対象数量を確認するものである．確認された現場の状況が，補修・改修設計図書に示されている内容と異なる場合には，工事監理者と直ちに協議して設計仕様の変更を検討する.

　b．外装仕上げの補修・改修にあたっては素地・下地や構造体に対する補修が完了して，仕上げ

を施すことが可能な状態になっていなければならない．素地・下地や構造体の補修が不十分な場合には工事監理者と協議のうえ，調査・診断あるいは素地・下地や構造体に対する補修工事に戻って適切な措置を施さなければ，外装仕上げに対する補修・改修工事には着手できない．

c．本章で規定する外装仕上げの補修・改修工事に適用する材料・工法は，補修・改修設計図書で指定され，事前に工事監理者による承認を受けたもので，外装仕上げに対する要求性能を満足していなければならない．

d．外装仕上げの補修・改修工事にあたっては，補修・改修設計図書で指定された形状，外観，寸法および仕上り状態となるように，十分な施工と施工管理をしなければならない．補修・改修設計図書で指定される建築外装としての所定の意匠性や防水性およびセメントモルタル塗り仕上げ，陶磁器質タイル張り仕上げ，張り石仕上げ，金属製部材・部品や建具，被覆に用いたパネルの落下に対する安全性および施工中の災害防止，さらには法規制を満足する所定の防耐火性を確保していなければならない．また，塗装仕上げや建築用仕上塗材仕上げに用いる材料は，労働安全衛生法や消防法などの関連法規に準拠して，安全に取り扱わなければならない．特に，補修・改修工事においては，新築工事のように関係者以外を立入禁止にするような工事区画を十分に設けることは困難な場合が多く，当該工事の関係者のみではなく使用者，居住者および近隣住民に対する安全確保が特に重要となる．

3.3　セメントモルタル塗り仕上げ
3.3.1　適用範囲

> 既存セメントモルタル塗り仕上げにおいて，調査・診断の結果により補修・改修が必要であると判定された部位を対象として，補修・改修設計図書に基づき，補修・改修工事をする場合の適切な施工および施工管理ならびに工事監理に適用する．

本項は，当該工事の施工者が，補修・改修設計図書に基づいて，施工計画書，施工要領書，工程表，施工図等の工事に必要な図書を作成して，工事期間内に要求品質を満足する施工と適切な施工管理を実施するための内容を示す．さらに，工事監理者が設計図書に指定された工事内容が実施されていることを監理して，施工されたセメントモルタル塗りの機能や性能を確保するための内容を示す．

3.3.2　既存セメントモルタル塗り仕上げの処理

> 既存セメントモルタル塗り仕上げの処理は，補修・改修設計図書で指定された材料と工法を採用して，的確に施工する．

劣化した既存セメントモルタルの処理方法は，設計図書で指定される①ひび割れに対する注入またはシール材充填，②部分的な剥落に対する充填，③浮きに対する下地への固定および④既存セメントモルタル塗り仕上げの除去の中から選定して，補修・改修工事に適用する．なお，使用する材

料・工法は工事に着手する前に，工事監理者の承認を受けたものであることを確認する．

　主要な補修・改修工法の手順を解説図 3.1～解説図 3.7 に示す．

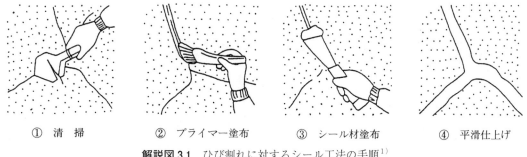

①　清　掃　　　　②　プライマー塗布　　　　③　シール材塗布　　　　④　平滑仕上げ

解説図 3.1　ひび割れに対するシール工法の手順[1]

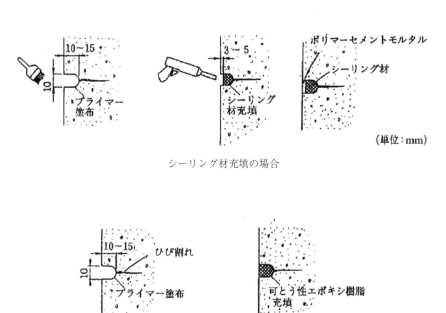

シーリング材充填の場合

可とう性エポキシ樹脂充填の場合

解説図 3.2　ひび割れに対する U カットシール材充填工法の手順[2]

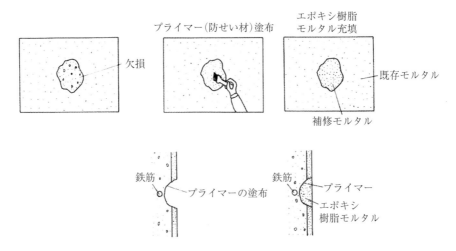

解説図 3.3　エポキシ樹脂モルタル充填工法[2]

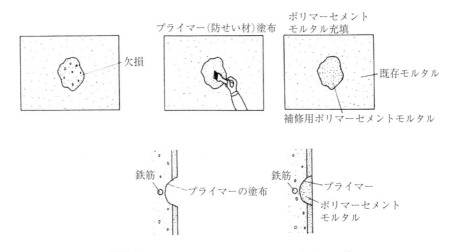

解説図 3.4　ポリマーセメントモルタル充填工法[2]

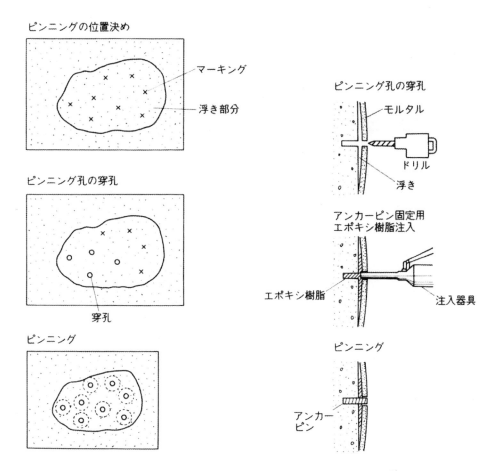

ピンニングの位置決め

マーキング

浮き部分

ピンニング孔の穿孔

モルタル

ドリル

浮き

ピンニング孔の穿孔

穿孔

アンカーピン固定用
エポキシ樹脂注入

エポキシ樹脂

注入器具

ピンニング

ピンニング

アンカー
ピン

解説図 3.5　アンカーピンニング部分エポキシ樹脂注入工法[2]

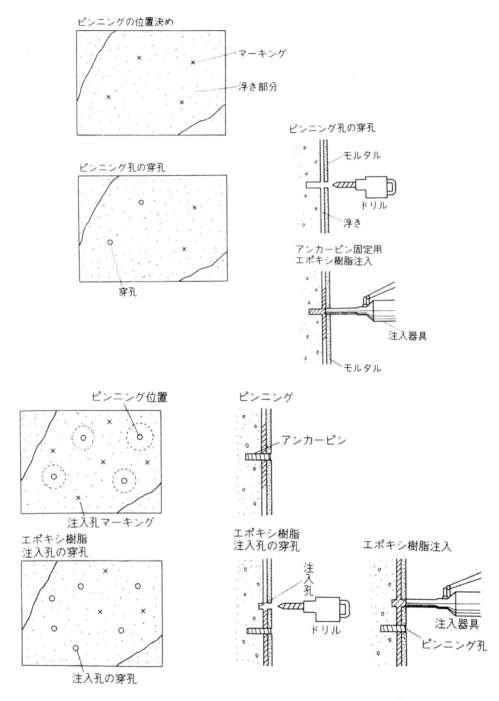

解説図 3.6 アンカーピンニング全面エポキシ樹脂注入工法[2]

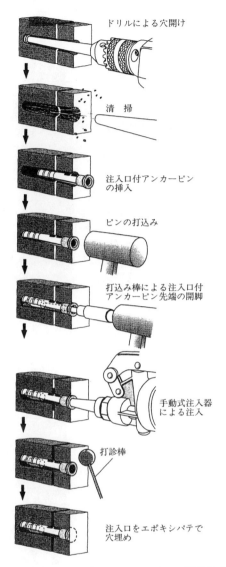

ドリルによる穴開け

清　掃

注入口付アンカーピン
の挿入

ピンの打込み

打込み棒による注入口付
アンカーピン先端の開脚

手動式注入器
による注入

打診棒

注入口をエポキシパテで
穴埋め

解説図 3.7　注入口付アンカーピンニングエポキシ樹脂注入の施工工程[3]

3.3.3　セメントモルタル塗りによる補修・改修

> 既存セメントモルタル塗り仕上げを除去した後に，セメントモルタル塗り仕上げによる補修・改修を施工する場合は，本会編「建築工事標準仕様書・同解説 JASS 15 左官工事」に準ずる.

　補修・改修設計図書に基づいて，既存セメントモルタル塗り仕上げを除去した後に，新たなセメントモルタル塗りを施工する場合は，本会編「建築工事標準仕様書・同解説 JASS 15 左官工事」に準じて，セメントモルタルを塗り付ける. 部分的なセメントモルタル塗りには，低収縮モルタルや無収縮モルタルを用いることが多い.

3.3.4　検　　査

---
　a．工程検査
　　既存セメントモルタル塗り仕上げを処理した後，処理後の状態を検査する．
　b．最終検査
　　セメントモルタル塗り仕上げによる補修・改修をした後，仕上げ面に対する以下の検査を実施する．
　（1）　外観目視
　（2）　打音検査
---

a．工程検査

　既存セメントモルタル塗り仕上げの浮きやひび割れが適切に補修されていることを外観目視および打音検査等により確認する．既存セメントモルタル塗り仕上げの表面強度についても，引かき硬さ等の程度を確認するとよい．

　なお，工程検査の結果でセメントモルタル塗り面に不具合が認められた場合には，工事監理者に報告し，施工計画書に基づいて処理の方法について指示を受け，適切な処置を施す．

b．最終検査

セメントモルタル塗り面の最終検査における要点は，以下に示すとおりである．

（ⅰ）　セメントモルタル塗り仕上げに，浮きやひび割れがないことを，外観目視および打音検査等により確認する．セメントモルタルの表面強度については，引かき硬さ等の程度を把握する．

（ⅱ）　次工程で塗装などの仕上げを施す場合には，セメントモルタル塗り表面のレイタンスおよび表面への付着物がないこと等を確認する．

（ⅲ）　適切な面精度が確保されていることを確認する．

　最終検査の結果で，セメントモルタル塗り仕上げ面に剥離・ひび割れ・凹凸・白華・汚れなど不具合が認められた場合には，工事監理者に報告し，施工計画書に基づいて処理の方法について指示を受け，適切な処置を施し，記録に残す．

3.4　陶磁器質タイル張り仕上げ
3.4.1　適用範囲

　既存陶磁器質タイル張り仕上げにおいて，調査・診断の結果により補修・改修が必要であると判定された部位を対象として，補修・改修設計図書に基づき，補修・改修工事をする場合の適切な施工および施工管理ならびに工事監理に適用する．

　本項は，当該工事の施工者が，補修・改修設計図書に基づいて，施工計画書，施工要領書，工程表，施工図等の工事に必要な図書を作成して，工事期間内に要求品質を満足する施工と適切な施工管理を実施するための内容を示す．さらに，工事監理者が設計図書に指定された工事内容が実施されていることを監理して，施工された陶磁器質タイル張り仕上げの機能や性能を確保するための内容を示す．

3.4.2　既存陶磁器質タイル張り仕上げの処理

> 既存陶磁器質タイル張り仕上げの処理は，補修・改修設計図書で指定された材料と工法を採用して，的確に施工する．

　劣化した既存陶磁器質タイル張り仕上げの処理方法は，設計図書で指定される①表面の洗浄と清掃，②下地への固定，③既存陶磁器質タイル張り仕上げの除去の中から選定して，補修・改修工事に適用する．なお，使用する材料・工法は工事に着手する前に，工事監理者の承認を受けたものであることを確認する．

　主要な補修・改修工法の手順を解説図 3.8〜解説図 3.13 に示す．

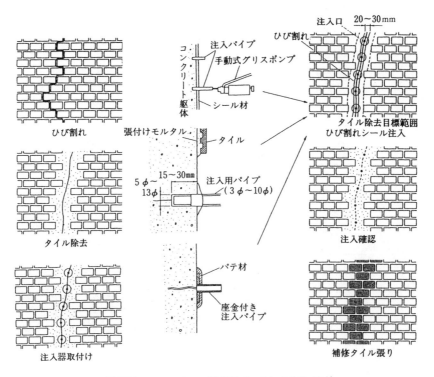

解説図 3.8　エポキシ樹脂注入工法（手動式）[1]

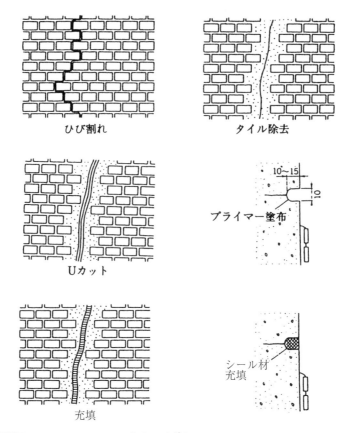

ひび割れ　　　　　タイル除去

Uカット　　　　　プライマー塗布

充填　　　　　シール材充填

解説図 3.9 Uカットシール充填工法[1]（可とう性エポキシ樹脂充填の場合）

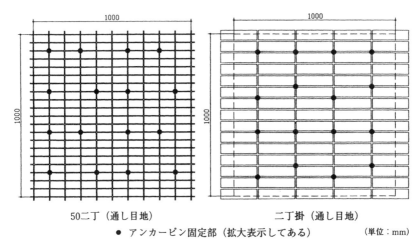

50二丁（通し目地）　　　　二丁掛（通し目地）
● アンカーピン固定部（拡大表示してある）　　　（単位：mm）

解説図 3.10 アンカーピンニング部分エポキシ樹脂注入工法における穿孔位置の例[1]

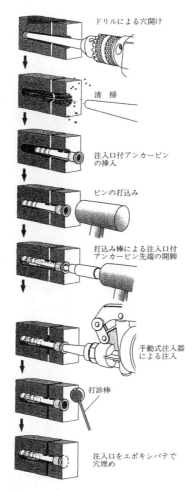

ドリルによる穴開け

清　掃

注入口付アンカーピン
の挿入

ピンの打込み

打込み棒による注入口付
アンカーピン先端の開脚

手動式注入器
による注入

打診棒

注入口をエポキシパテで
穴埋め

解説図 3.11　注入口付アンカーピンニング部分エポキシ樹脂注入工法の施工手順[1]

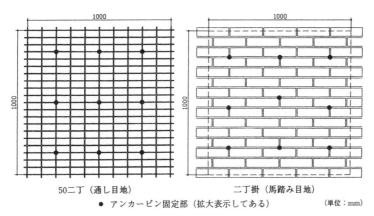

50二丁（通し目地）　　　　　　　　二丁掛（馬踏み目地）

● アンカーピン固定部（拡大表示してある）　　　　（単位：mm）

解説図 3.12　注入口付アンカーピンニング部分エポキシ樹脂注入工法の穿孔位置の例[1]

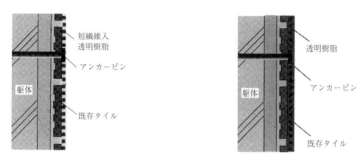

短繊維入
透明樹脂

アンカーピン

躯体

既存タイル

透明樹脂

アンカーピン

躯体

既存タイル

解説図 3.13　透明樹脂塗装（繊維材料を併用）を用いた外壁複合改修工法の例[2]

3.4.3　陶磁器質タイル張り仕上げによる補修・改修

　既存陶磁器質タイル張り仕上げを除去した後に，陶磁器質タイル張り仕上げによる補修・改修を施工する場合は，本会編「建築工事標準仕様書・同解説 JASS 19 陶磁器質タイル張り工事」に準ずる．

　補修・改修設計図書に基づいて，既存陶磁器質タイル張り仕上げを除去した後に，新たな陶磁器質タイル張り仕上げ施工をする場合には，本会編「建築工事標準仕様書・同解説 JASS 19 陶磁器質タイル張り工事」に準じて，陶磁器質タイルを張り付ける．部分的な陶磁器質タイル張り仕上げには，有機系接着剤を採用する実績が増加している．解説図 3.14 に陶磁器質タイル部分張替え工法の手順を示す．

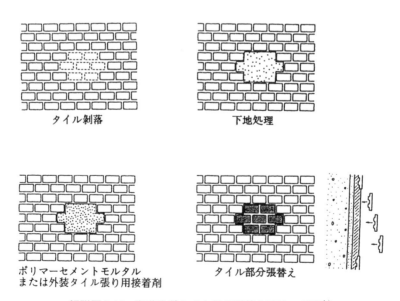

タイル剝落

下地処理

ポリマーセメントモルタル
または外装タイル張り用接着剤

タイル部分張替え

解説図 3.14　陶磁器質タイル部分張替え工法の手順[1]

3.4.4　検　　査

> a．工 程 検 査
>   既存陶磁器質タイル張り仕上げを処理した後，処理後の状態を検査する．
> b．最 終 検 査
>   陶磁器質タイル張り仕上げによる補修・改修をした後，仕上げ面に対する以下の検査を実施する．
>   （1）　外 観 目 視
>   （2）　打 音 検 査

a．工 程 検 査

既存陶磁器質タイル張り仕上げの浮きやひび割れが適切に補修されていることを外観目視および打音検査等により確認する．

なお，工程検査の結果で，陶磁器質タイル張り仕上げ面に不具合が認められた場合には，工事監理者に報告し，施工計画書に基づいて処理の方法について指示を受け，適切な処置を施す．

b．最 終 検 査

陶磁器質タイル張り仕上げ面の最終検査における要点は，以下に示すとおりである．

（ⅰ）　陶磁器質タイル張り仕上げ面に，浮きやひび割れがないことを外観目視および打音検査等により確認する．

（ⅱ）　陶磁器質タイル張り仕上げ面に，エフロレッセンス，汚れなどがないことを外観目視により確認する．

（ⅲ）　適切な面精度が確保されていることを外観目視により確認する．

最終検査の結果で，陶磁器質タイル張り仕上げ面に，浮き・ひび割れ・凹凸・エフロレッセンス・汚れなど不具合が認められた場合には，工事監理者に報告し，施工計画書に基づいて処理の方法について指示を受け，適切な処置を施し，記録に残す．

3.5　張り石仕上げ

3.5.1　適 用 範 囲

> 　既存張り石仕上げにおいて調査・診断の結果により，補修・改修が必要であると判定された部位を対象に，補修・改修設計図書に基づき，補修・改修工事を実施する場合の適切な施工および施工管理ならびに工事監理に適用する．

本項は，当該工事の施工者が，補修・改修設計図書に基づいて，施工計画書，施工要領書，工程表，施工図等の工事に必要な図書を作成して，工事期間内に要求品質を満足する施工と適切な施工管理を実施するための内容を示す．さらに，工事監理者は，設計図書に指定された工事内容が実施されていることを監理して，張り石仕上げの機能や性能を確保するための内容を示す．

3.5.2　既存張り石仕上げの処理

> 　既存張り石仕上げの処理は，補修・改修設計図書で指定された材料と工法を採用して，的確に施工する．

　劣化した既存張り石仕上げの処理方法は，補修・改修設計図書で指定される①清掃・表面洗浄，②石材自体の補修，③下地への固定，および④既存張り石仕上げの撤去の中から選定して，補修・改修工事に適用する．なお，使用する材料・工法が，補修・改修設計図書で指定され，工事監理者に承認されたものであることを受入れ時に確認する．

　　a．清掃・表面洗浄

　大気中の塵埃などが付着した汚れ・染みに対して，ブラシ洗浄，あるいは高圧水洗などで除去する．除去しにくい汚れは合成洗剤などの洗剤で洗浄するが，塩酸等の薬剤は石材および他材料を損傷させることがあるため，原則として使用しない．

　エフロレッセンスはブラシがけなどで除去するだけでなく，石材裏面への雨水の浸入を防止する対策が必要である．例えば，石目地部分へのシーリング材施工，笠木回りからの雨水浸入防止処置等がある．

　赤さびによる汚れ・染みは，石材表面だけでなく石材内部にも浸透しているため，一般的な洗浄方法では除去することが難しく，張替えも考慮する．

　シリコーン系シーリング材による汚れは，除去方法が標準化されていないため，試験施工を行うとともに，専門工事業者との協議したうえで，工事監理者による承認が必要である．

　　b．石材自体の補修

　（1）　塗装系材料の塗布による石材表層劣化進行の抑制

　石材表層劣化に対しては，完全に補修することはできないため，進行を抑制する方法が一般的である．石材表面に対して，試験施工により事前に確認された浸透性吸水防止材などの塗装系材料を塗布して雨水の浸透を抑制する．

　（2）　注入材によるひび割れ拡大の抑制

　ひび割れの補修には，低粘度のエポキシ樹脂を注入するのが一般的である．ひび割れ部分が将来拡大し，剥落に至ることが懸念される場合は割れ部分の周辺を機械的に固定する場合もある．

　（3）　補修材などによる欠損部の補修

　試験施工により事前に確認した以下のような方法を検討する．

　欠損部の補修は，調色したエポキシ樹脂モルタルの充填や同種石材の接着による．

　小規模な欠損に対しては，同種の石材片をエポキシ樹脂で練り合せて調色したエポキシ樹脂モルタルなどを用いて，整形する．大きな欠損部の修復は，解説図 3.16 に示すように，同種石材を接着する．欠損部分をカッターで切断して形状を修正し，欠損部に併せて成形した同種石材をはめ込んでエポキシ樹脂で接着する．欠損箇所や大きさによっては，ステンレス鋼製ピンによる機械的な固定を併用する．

　　c．下地への固定

　下地からの石材の剥離は，セメントモルタル塗りや陶磁器質タイル張り仕上げの場合と同様に剥離部分にエポキシ樹脂を注入するとともに，新たに石材と下地を機械的に固定するステンレス鋼製ピンを取り付けることが多い．その他，石材の表面から貫通ボルトによって，構造体コンクリートにアンカー固定する方法を検討する．

d．既存張り石仕上げの撤去

撤去する石材以外の周辺石材や他の部材を損傷しないように，対象部分の石材を取り外す．

① 欠損部　　② 欠損部の成形　　③ エポキシ樹脂モルタルの充填　　④ 余盛部分の研磨

解説図 3.15　調色したエポキシ樹脂モルタルによる欠損部の補修

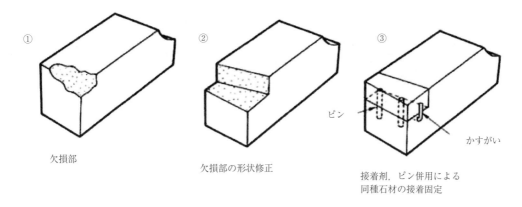

① 欠損部　　② 欠損部の形状修正　　③ 接着剤，ピン併用による同種石材の接着固定

ピン　かすがい

解説図 3.16　同種石材による欠損部の補修

3.5.3　張り石仕上げによる補修・改修

> 既存張り石仕上げを撤去した後に，張り石仕上げによる補修・改修をする場合は，本会編「建築工事標準仕様書・同解説 JASS 9 張り石工事」に準ずる．

補修・改修設計図書に基づいて，既存張り石仕上げを除去した後に，新たな張り石仕上げを施工している場合は，本会編「建築工事標準仕様書・同解説 JASS 9 張り石工事」に準じて施工する．

石材の取付けは外壁乾式工法を除いて，下部から積上げてダボなどの金物により上下の石を連結するため，劣化部分のみを取りはずして，現状と同様に補修することは困難な場合が多い．したがって，一般には石材表面から貫通ボルトによって構造体コンクリートにアンカー固定する．解説図 3.17 に，湿式工法の場合のアンカーによる石材の取付け方法を示す．この場合の留意点は，以下のとおりである．

① 撤去した石材が再使用できない場合は，新しい石材を使用する．

② 剥落部分を撤去した場合は，上部の石材荷重を受けるため，構造体コンクリートにアンカー固定した受け金物が必要となる場合がある．

③ 張り替える石材を留める貫通ボルトは，構造体コンクリートにアンカー固定するため，構造体コンクリートに対するアンカーの強度を確認する．

④ 貫通ボルトは，ステンレス鋼製など耐食性に優れるものを使用する．

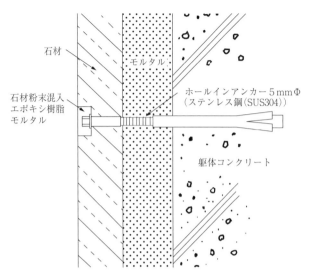

解説図 3.17 アンカーによる石材の取付け（湿式工法の場合）

3.5.4 目地および取付け部品の補修・改修

> シーリング材等の目地材および引き金物などの取付け部品は，補修・改修設計図書および施工計画書に準拠し，所定の仕上がり状態が確保できるよう補修・改修する．

目地に充填されたシーリング材については，4章「シーリングジョイント補修・改修工事」に準ずる．引き金物などの取付け部品については，本章3.8「金属製部材および部品の取付け」補修・改修工事に準ずる．

3.5.5 検 査

> a．工程検査
> 補修・改修設計図書および施工計画書に基づいて，各工程で適切な施工が実施されていることを確認する．
> b．最終検査
> 張り石仕上げ補修・改修工事が終了した後，仕上げ面の検査を実施する．

a．工程ごとに，補修・改修設計仕様に適合した状態になっていることを確認する．

b．張り石仕上げの最終検査は，仕上げ面の不陸・目違い，異物の付着，欠損の有無および目地の通りについて，目視およびスケールにより所定の仕上がり状態になっていることを確認する．

検査の結果は工事監理者に報告し，不具合がある場合は補修・改修設計図書および施工計画書に基づいて処理の方法について指示を受け，適切な処置をして記録に残す．

3.6　塗装仕上げ

3.6.1　適用範囲

調査・診断の結果に基づいて，既存の塗装仕上げに対する補修・改修工事が必要であると判定された部位を対象として，補修・改修設計図書に基づき，塗装仕上げによる補修・改修工事を実施する場合の適切な施工および施工管理ならびに工事監理に適用する．

本節では，補修・改修設計図書に基づき，当該工事の施工者が施工計画書，施工図などの工事関係図書を作成し，指定された工期内に要求品質を満足する施工と適切な施工管理を実施するための内容を示す．また，工事監理者は設計図書どおりに工事が実施されているかを監理して，塗装仕上げの機能・性能を確保する内容を示す．

3.6.2　塗装仕上げの下地調整

補修・改修設計図書に指定された既存塗膜の処理方法にしたがい，劣化した塗装下地を塗装仕上げによる補修・改修工事に適する状態に回復することを目的とし，既存塗膜の処理を行う．

金属系下地の鉄鋼面に対する下地調整は，既存塗膜の除去程度と劣化によって生じたさびの除去である．電動工具や手工具などを用いて，既存塗膜とさびを除去し清掃する．亜鉛めっき鋼面は，白さびが発生し，既存塗膜の付着性が低下していることが多いので，電動工具，手工具などを用いて既存塗膜とさびを除去する．鉄鋼面および亜鉛めっき鋼面の下地調整の種別を解説表 3.1 に示す．なお，下地調整の種別 R1 種の既存塗膜を全面除去した後の素地調整は，本会編「JASS 18 塗装工事」[5]に準ずる．また，アルミニウムおよびアルミニウム合金の素地調整は，本章 3.8「金属製部材および部品の取付け」に準ずる．

解説表 3.1　鉄鋼面および亜鉛めっき鋼面の既存塗膜とさびの除去による種別

下地調整の種別	工　法
R1 種	電動工具や手工具等を用いてさび落としと既存塗膜を全面除去する
R2 種	電動工具や手工具等を用いてさび落としと既存塗膜の劣化部分のみを除去する
R3 種	手工具等を用いて既存塗膜の表面の汚れや付着物を除去して，清掃する

セメント系下地の既存塗膜に付着している汚れなどの付着物は，高圧水洗などにより清掃・除去する．調査・診断の結果に基づき付着性が低下した塗膜や周辺の劣化した塗膜は，除去する．セメント系下地の下地調整の種別を解説表 3.2 に，下地調整の種類および使用する材料を解説表 3.3 に示す．なお，下地調整の種別 R1 種の既存塗膜を全面除去した後の素地調整は，JASS 18 に準ずる．

解説表 3.2　セメント系下地の下地調整の種別

下地調整の種別	工　法
R1 種	高圧水洗や電動工具，手工具等を用いて既存塗膜を全面除去する
R2 種	電動工具や手工具等を用いて既存塗膜の劣化部分のみを除去した後，汚れや付着物を除去して清掃し，下地の凹部にパテや下地調整塗材を施して平たんに仕上げる
R3 種	手工具等を用いて既存塗膜の表面の汚れや付着物を除去して，清掃する

解説表 3.3　セメント系下地の下地調整の種類および使用する材料

種類	吸込み止めの材料	パテかい，パテ付けの材料
RR	反応形合成樹脂シーラーおよび弱溶剤系反応形合成樹脂シーラー	反応形合成樹脂パテ
EC	合成樹脂エマルションシーラー	セメント系下地調整塗材
ED	合成樹脂エマルションシーラー	合成樹脂エマルション系下地調整塗材

［注］　E：合成樹脂エマルション系
　　　　R：溶剤系 2 液反応硬化形合成樹脂系および弱溶剤系 2 液反応硬化形合成樹脂系
　　　　C：セメント系下地調整材
　　　　D：合成樹脂エマルション系下地調整材

　木質系下地の既存塗膜に付着している汚れなどの付着物は，エアブロー，研磨紙，ウェス，ラスターはけなどを用いて清掃する．付着性が低下した塗膜があれば，その周辺を含めて入念に除去・清掃する．ヤニが出ていれば，アルコールなどで拭き取りヤニ止め処理を施す．木質系下地の下地調整の種別を解説表 3.4 に示す．透明塗料塗りの下地調整は R1 種とする．なお，下地調整の種別R1 種の既存塗膜を全面除去した後の素地調整は，JASS 18[5] に準ずる．

解説表 3.4　木質系下地の下地調整の種別

下地調整の種別	施工方法
R1 種	研磨紙等を用いて既存塗膜を全面除去する
R2 種	研磨紙等を用いて既存塗膜の劣化部分のみを除去した後，汚れや付着物を除去して清掃し，全面を軽く研磨紙ずりする
R3 種	ラスターはけ等を用いて既存塗膜の表面の汚れや付着物を除去して，清掃する

　下地調整が不適切であると，補修・改修用塗料の仕上がりの状態，下地との付着性，耐久性などに悪影響を及ぼすので，補修・改修設計仕様において選定された方法により，適切に下地調整を行うことが肝要である．下地調整工程における施工および施工管理の要点を解説表 3.5 に示す．
　なお，補修・改修工事において新たに塗装を施す場合や，既存塗膜を全面除去した後に新たに塗装を施す場合は，JASS 18 に準じて施工する．しかし，補修・改修工事の多くは，既存塗膜の健全な部分をそのまま残し，劣化した部分だけを除去するので，適切な下地調整材などを用いて平滑な面としてから，塗装を行う必要がある．

3.6.3　塗装仕上げの補修・改修

> 塗装は，施工計画書および施工要領書に準拠し，指定された材料と工法を用いて，所定の仕上がり状態が確保できるように施工する．

　塗装の施工標準は JASS 18 に示されており，特に材料の品質，材料の保管，材料の取扱い，施工器具，環境条件，安全性，養生などに配慮して適切に行うことが重要である．解説表 3.6 に，塗装仕上げの工程における施工および施工管理の要点を示す．

　なお，補修・改修工事は新築工事と異なり，居住者・使用者が建築物を使用している状態で施工されることが多いので，安全性の確保にあたっては，特に次の事項に注意する必要がある．

　1）　居住者や使用者に対する健康・安全対策

　2）　工事部分と非工事部分との区画

　3）　溶剤または溶剤を用いた材料を使用する場合の材料の保管，貯蔵，取扱い，臭気対策

　4）　引火性の材料を使用する場合の電気配線，モーター，静電気等の火花に対する安全対策

　5）　適切な施工を行うための仮設足場

解説表 3.5　下地調整の工程管理（例）

工程	管理項目	管理の要点	要点を外れたときの処理
事前確認	素地の状態	素地の補修が適切に行われていることを確認する ・素地のひび割れ，欠損，穴，隙間などが補修されているか ・調査時に破壊検査された箇所は適切に修復されているか ・補修部分の状態が塗装仕上げに支障がないか	工事監理者に処理方法を提案し指示を受ける
下地調整	既存塗膜の除去・清掃	既存塗膜の除去・清掃が適切に行われていること確認する ・電動工具・手工具工法 　電動工具，スクレーパー，皮スキなどにより既存塗膜の脆弱な部分やさびなどが除去され，汚れや粉状物などが水洗いなどで清掃されているか ・高圧水洗工法 　高圧水洗（30〜70 MPa 程度）により既存塗膜の脆弱な部分が除去され，汚れや粉状物などが清掃されているか．剥離した塗膜等は適切に処理されたか． ・塗膜剥離剤工法 　塗膜剥離剤を用いて既存塗膜が除去され，使用した剥離剤等が残存しないように清掃されているか． ・水洗工法 　水洗（10 MPa 程度）により汚れや粉状物などが清掃されているか．剥離した塗膜等は適切に処理されたか．	再施工
	不陸調整	既存塗膜の除去部分と残存部分の不陸調整が施され，平滑になっていることを確認する ・素地の補修部分は適切に補修が行われているか ・除去された塗膜の下地部分は不陸調整が行われ平滑になっているか ・塗装仕上げに支障がないような状態になっているか	再施工

解説表 3.6　塗装仕上げの工程管理（例）

工程	管理項目	管理の要点	要点を外れたときの処理
事前確認	・材料 ・施工条件	材料・施工条件が適切であることを確認する ・設計図書で指定された，もしくは工事監理者に承認された材料が納入されていること 　（材料名，製造者名，製品規格，色相，荷姿，数量，使用期限等） ・材料に塊や異物の混入など異常がないこと ・施工要領書に準じた施工機器・工具（吹付け器具，ローラーブラシ，はけ等）が準備されていること ・気象条件，周辺環境への影響，養生などは適切であること 　（気温・湿度，結露，降雨・降雪，下地の乾燥状態，吹付けミスト・ローラースパッタの飛散防止等）	・材料が不適な場合は交換する ・施工条件が不適な場合は施工を中止する
塗装工程	・施工器具 ・調合 ・塗付け量 ・塗り回数 ・工程間隔時間 　（工程内，工程間） ・仕上り状態	・規定の塗装方法に基づいた塗装器具を使用していること 　（スプレーガン等を用いる場合には，材料の吐出状態が良好であること） 　（ローラーブラシを用いる場合には，回転状態を良好であること） 　（はけを用いる場合には，はけが十分清掃されていること） ・規定以上に希釈していないこと ・下地が透けて見えたりムラが生じたりしないように均一に塗付けられていること ・規定の塗付け量が使用されていること ・工程間隔時間（工程間・工程内）は守られていること ・塗残しなどがないこと ・見本塗板や試験施工時の仕上り状態（色，つや）となっていること	・施工に不具合があればただちに手直しする．

3.6.4　検　　査

> a．工程検査
> 　塗装工程ごとに，適切な施工が実施されていることを施工計画書や施工要領書に基づいて確認する．
> b．最終検査
> 　塗装仕上げが完了した後に，所定の仕上がり状態になっていることを確認する．

a．工程検査

　採用された塗装仕様の標準工程に準じて，施工工程の途中で検査を実施する．検査は，施工計画書や施工要領書に準じて規定の材料を用い，工程どおりに施工されていることを確認する．検査の結果で，塗装面に不具合が認められた場合には，工事監理者に報告し，設計図書や施工計画書に基づいた処理の方法について指示を受け，適切な処置をする．

b．最終検査

　塗装面に塗残しやムラなどがなく，均一に仕上がっていることを確認する．手直し等の指摘を受けた場合は，適切に手直しが行われていることを確認する．検査の結果で，塗装面に不具合が認められた場合には，工事監理者に報告し，施工計画書に基づいた処理の方法について指示を受け，適切な処置をする．解説表 3.7 に施工者が行う検査の要点を例示する．

解説表 3.7　塗装仕上げの検査要領（例）

工程	管理項目	検査の要点	要点を外れたときの処理
工程検査	・施工計画書への適合性 ・施工要領書への適合性	施工計画書や施工要領書に準じて規定の材料を用い，工程どおりに施工されていることを確認する	工事監理者と協議する
最終検査	仕上り状態	塗残しやムラなどがなく，均一に仕上がっていることを確認する ・指定された色調や光沢に仕上がっていること ・巣穴や著しい発泡跡など性能に影響する現象がないこと ・傷が補修されていること ・養生の取残しがないこと ・養生を取り外した後の塗残しがないこと ・飛散した塗料の除去・清掃ができていること	工事監理者と協議し，不具合があればただちに手直しする
	手直し状態	手直し等の指摘を受けた場合は，適切に手直しが行われたことを確認する	

3.7　建築用仕上塗材仕上げ

3.7.1　適用範囲

> 　本項は，調査・診断の結果において，既存の建築用仕上塗材仕上げに対する補修・改修工事が必要であると判定された部位を対象として，補修・改修設計図書に基づき，建築用仕上塗材仕上げによる補修・改修工事をする場合の適切な施工および施工管理ならびに工事監理に適用する．

　本項は，建築用仕上塗材仕上げの機能・性能を確保するために，当該工事の施工者が補修・改修設計図書に基づいて，施工計画書，施工要領書，工程表，施工図などの工事関係図書を作成し，指定された工事期間内に要求品質を満足する施工と適切な施工管理を実施するための内容を示す．また工事監理者は，設計図書どおりに工事が実施されていることを監理して，建築用仕上塗材仕上げの機能・性能を確保する．本項で，補修・改修に使用する建築用仕上塗材には，JAMS 3-RC に準じて建築用塗膜防水材とマスチック塗材を含んでいる．

3.7.2　建築用仕上塗材仕上げの処理

> 　既存の建築用仕上塗材仕上げの処理は，補修・改修設計図書に指定された既存塗膜の処理方法と材料・工法を採用して，建築用仕上塗材仕上げによる補修・改修工事に適した状態にする.

　建築用仕上塗材で補修・改修するには，既存の劣化した建築用仕上塗材仕上げの脆弱な表面層や塗膜内部まで及んでいるふくれ・割れ・はがれなどを補修・改修設計図書に指定された既存塗膜の処理方法を適用して，補修・改修用の建築用仕上塗材仕上げの施工に適した状態に回復する必要がある.

　既存塗膜の処理方法には，①表面の清掃，②既存塗膜の除去があり，既存塗膜を部分的に除去した場合には，設計図書で指定される補修・改修用の建築用仕上塗材の仕上り状態を損なうことがあり，あらかじめ不陸塗膜との段差修正や模様合わせなどの処理を行う必要がある.

　既存塗膜が複層仕上塗材の場合における模様合わせの例を，解説図 3.18 に示す.

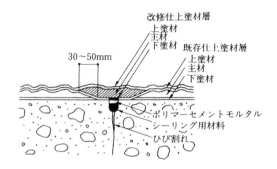

解説図 3.18　複層仕上塗材の模様合わせの例[4]

　既存塗膜の処理が不適切であると，補修・改修仕上塗材の既存塗膜との付着不良によるはがれや仕上げ面における部分的な模様の差違を生ずることがあり，既存塗膜の状態に応じて，適切に処理することが重要である.

　既存塗膜の処理工程における施工および施工管理の要点を，解説表 3.8 に例示する.

解説表 3.8 既存塗膜の処理の工程管理（例）

工程	管理項目	管理の要点	要点を外れたときの処理
事前確認	下地の状態	下地の補修が適切に行われていることを確認する ・下地のひび割れ，欠損などが補修されていること ・調査時に破壊検査された箇所は適切に修復されていること ・補修部分の状態が仕上塗材仕上げに支障がないこと	工事監理者に処理方法を提案し指示を受ける
既存塗膜の処理	既存塗膜の清掃	既存塗膜の塵埃や汚れなどの付着物に対する清掃が適切に行われていることを確認する	再施工または工事監理者と協議する
	既存塗膜の除去	既存塗膜の除去が適切に行われていること確認する ・電動工具・手工具工法 　電動工具，スクレーパーなどにより既存塗膜の脆弱な部分が除去され，汚れや粉状物などが水洗い等で清掃されていること ・高圧水洗工法 　高圧水洗（30〜70 MPa 程度）により既存塗膜の脆弱な部分が除去され，汚れや粉状物などが清掃されていること．剥離した塗膜等が適切に処理されていること ・塗膜剥離剤工法 　塗膜剥離剤を用いて既存塗膜が除去され，塗膜剥離剤等が残存しないように清掃されていること． ・水洗工法 　水洗（10 MPa 程度）により汚れや粉状物などが清掃されていること．剥離した塗膜等が適切に処理されていること． 既存塗膜の除去部分に適用される補修・改修用仕上塗材の模様が残存する既存塗膜の模様に合うよう適切に模様合わせされていることを確認する ・下地の補修部分は模様合わせが行われていること ・除去された塗膜の部分は模様合わせが行われていること ・仕上塗材仕上げの意匠性等に支障がないような状態になっていること	

3.7.3 建築用仕上塗材仕上げの補修・改修

建築用仕上塗材仕上げは，補修・改修設計図書および施工計画書に準じて，指定の仕上がり状態が確保できるように施工する．

建築用仕上塗材仕上げで補修・改修する工事は既存塗膜が下地となるため，新築工事を対象としたJASS 23[6]やJASS 8[7]とは異なるが，建築用仕上塗材仕上げの施工に適した状態に既存塗膜を処理した下地であれば，基本的に下地調整を除いた工程を適用して施工が可能である．また，既存塗膜を下地として施工できる可とう形改修用仕上塗材は標準化はされていないが，最近の補修・改修工事で多くの実績があり，既存塗膜との適合性や仕上がり性が確認された材料・工法を適用して施工する．建築用仕上塗材仕上げの補修・改修では，材料の品質，材料の保管，材料の取扱い，施工

器具，環境条件，安全性，養生などに配慮して，適切に行うことが重要である．

　解説表3.9に，建築用仕上塗材仕上げの工程における施工および施工管理の要点を示す．

　なお，補修・改修工事は新築工事と異なり，居住者・使用者が建築物を使用している状態で施工されることが多いので，安全性の確保にあたっては，特に次の事項に注意する必要がある．

1）　居住者や使用者に対する健康・安全対策

2）　工事部分と非工事部分との区画

3）　溶剤または溶剤を用いた材料を使用する場合の材料の保管，貯蔵，取扱い，臭気対策

4）　引火性の材料を使用する場合の電気配線，モーター，静電気などの火花に対する安全対策

5）　適切な施工を行うための仮設足場

解説表3.9　建築用仕上塗材仕上げの工程管理（例）

工程	管理項目	管理の要点	要点を外れたときの処理
事前確認	・材料 ・施工条件	材料・施工条件が適切であること確認する ・設計図書で指定された，もしくは工事監理者に承認された材料が納入されていること 　（材料名，製造者名，製品規格，色相，荷姿，数量，使用期限など） ・施工要領書に準じた施工機器・工具（圧送機器，吹付け器具，ローラーブラシなど）が準備されていること ・気象条件，周辺環境への影響，養生などは適切であること 　（気温・湿度，降雨・降雪，下地の乾燥状態，吹付けミストの飛散防止など）	・材料が不適な場合は交換する ・施工条件が不適な場合は施工を中止する
下地の確認	・既存塗膜の処理状態	・既存塗膜の塵埃や汚れなどの付着物がないこと ・材料に塊や異物の混入など異常がないこと ・既存塗膜の除去がされていること ・既存塗膜の除去部分が残存する既存塗膜の模様に合うよう適切に模様合わせされていること	・既存塗膜の処理に不具合があればただちに手直しを行う
建築用仕上塗材仕上げ	・施工器具 ・調合 ・所要量 ・塗り回数 ・工程間隔時間 （工程内，工程間） ・仕上がり状態	・規定の塗装方法に基づいて塗装器具を使用していること 　（スプレーガン等を用いる場合は，材料の吐出状態が良好であること） 　（ローラーブラシを用いる場合は，回転状態は良好であること） 　（はけを用いる場合は，はけが十分清掃されていること） ・規定以上に希釈していないこと ・下地が透けて見えたりムラがないように均一に塗り付けられていること ・規定の所要量が使用されていること ・間隔時間（工程間・工程内）は守られていること ・塗残しなどがないこと ・見本塗板や試験施工時の仕上り状態（模様，色，つや）となっていること	・施工に不具合があればただちに手直しをする

3.7.4　検　　査

> a．工 程 検 査
>   施工計画書や施工要領書に基づいて，工程ごとに適切な施工が実施されていることを確認する．
> b．最 終 検 査
>   建築用仕上塗材仕上げが完了した後に，指定の仕上がり状態になっていることを確認する．

　a．採用された建築用仕上塗材仕上げの標準工程に準じて，施工工程の途中で検査を実施する．検査は，施工計画書や施工要領書に準じて規定の材料を用い，工程どおりに施工されていることを確認する．検査の結果で塗装面に不具合が認められた場合には，工事監理者に報告し，施工計画書に基づいて処理の方法について指示を受け，適切な処置をする．

　b．建築用仕上塗材仕上げ面に塗残しやムラなどがなく，均一に仕上がっていることを確認する．手直し等の指摘を受けた場合は，適切に手直しが行われたことを確認する．検査の結果で仕上げ面に不具合が認められた場合は，工事監理者に報告し，施工計画書に基づいて処理の方法について指示を受け，適切な処置をして記録する．

　解説表 3.10 に施工者が行う検査の要点を例示する．

解説表 3.10　建築用仕上塗材仕上げの検査要領（例）

工程	管理項目	検査の要点	要点を外れたときの処理
工程検査	・施工計画書への適合性 ・施工要領書への適合性	施工計画書や施工要領書に準じて指定の材料を用い，工程どおりに施工されていることを確認する	工事監理者と協議する
最終検査	仕上り状態	塗残しやムラなどがなく，均一に仕上がっていることを確認する ・所定の模様に仕上がっていること ・所定の色や光沢に仕上がっていること ・巣穴や著しい発泡跡など性能に影響する現象はないこと ・傷が補修されていること ・養生の取残しがないこと ・養生や仮設足場を取り外した後に塗残しがないこと ・飛散した塗材の清掃ができていること	工事監理者と協議し，不具合があればただちに手直しする
	手直し状態	手直しなどの指摘があった場合は，適切に手直しが行われたことを確認する	

3.8　金属製部材および部品の取付け

3.8.1　適 用 範 囲

> 　調査・診断の結果により，既存金属製部材および部品に対する補修・改修が必要であると判定された部位を対象として，補修・改修設計図書に基づいて，金属製部材および部品に対する補修・改修工事を実施する場合の適切な施工および施工管理ならびに工事監理に適用する．

　本項は，調査・診断により，補修・改修が必要であると判定された金属製部材および部品を対象とした補修・改修工事に適用する．補修・改修工事は，金属製部材および部品の機能・性能を確保するために，補修・改修設計図書で指定された内容に基づいて，当該工事の施工者は，施工計画書，工程表，施工要領書，施工図などの工事関係図書を作成し，工期内に要求品質を満足する施工と適切な施工管理を実施する必要がある．さらに，工事監理者は，設計図書どおりに，適切な工事が実施されていることを監理しなければならない．

3.8.2　既存金属製部材・部品の処理

> 　補修・改修工事に先立ち，補修・改修設計図書で指定された既存金属製部材・部品の処理を的確に実施する．

　補修・改修工事に先立ち，補修・改修設計図書で指定された①表面洗浄工法，②固定・補強工法，③表面塗装工法，④建具改修工法および⑤新規部材・部品の取付け工法のいずれかの補修・改修工法の種類に応じて，下地を各工法に適した状態へ回復させる，あるいは既存の部材・部品を撤去する目的で，下地処理を的確に実施する．

　下地処理は，腐食部分を十分に除去するとともに，必要に応じて腐食原因に対する措置を講ずる．なお，補修・改修する部位の周辺や近傍に対する養生は，適切かつ確実に実施する．特に，既存の部材・部品を撤去した後，周辺部材やその取合い部の腐食が進行することを懸念される場合には，周辺部材・部品についても，腐食部分および原因を除去し，ただちに防せい処理や止水処置など適切な補修を施す．また，必要に応じて，構造体に対する補修や内装に対する補修・改修を実施する．

　金属製部材・部品を切断する場合には，養生や切断音に対する措置および切断面の処理を確実に実施する．特に，溶接・溶断作業を行う場合は，火気の取扱いに十分注意するとともに，適切な消火設備や防炎シート等を設置するなど，火災の防止措置を着実に講ずる．

（1）　表面の洗浄と清掃

　汚れが軽微で，かつ，乾いた汚れの場合には，乾いた布でから拭きする．固着した汚れや重度の汚れ，油脂類，塩分の付着，手垢や指紋跡などの汚れが存在する場合には，中性洗剤やスポンジ，柔らかい布などを併用して洗浄・清掃する．なお，洗浄剤などの薬剤が残留すると，腐食の発生原因となることがあるため，使用した場合には水拭きや洗浄を十分に実施し，それらの薬剤が残留しないようにする．

（2）　表面処理層や既存塗膜等の仕上げ層の除去

　劣化あるいは脆弱化したアルミニウム合金陽極酸化皮膜の表面層は，研磨紙ずりで軽く除去する．既存の仕上げ塗膜の除去方法については，本章3.6「塗装仕上げ」に準ずる．

（3）　部材を構成する金属の腐食層の除去

　既存の金属製部材・部品に腐食が認められた場合は，腐食の程度と面積に応じて，研磨紙やワイヤーブラシなどの手工具，電動工具を単独あるいは併用して，腐食部分を入念に除去する．

　いずれの補修・改修材料および工法を選定した場合においても，腐食や変形の原因を除去するこ

とが重要である．サッシなどで漏水が生じた場合には，サッシ回りの目地に充填されたシーリング材を補修し，水の浸入を抑える．また，異種金属との接触腐食が生じた部分については，塗装やテープ，シーリング材などで絶縁して，必要に応じて，納まりを変更する．

（4）　存置する部材・部品の補修

既存の部材・部品を撤去した後，存置する部材・部品については，腐食部分および原因を除去し，さび止め塗装など適切な補修を施す．既存の部材・部品を撤去した後，急速に腐食が進行する可能性もあるため，存置する部材・部品に対する防せい処理や止水処置などの補修は，ただちに実施する．

（5）　既存の部材・部品の撤去

取り合う部材や設備等に変形や損傷などの悪影響を与えないように注意して撤去する．既存の部材・部品が落下する危険性が懸念される場所には立入禁止などの措置を講じ，安全に注意して撤去する．既存の部材・部品を撤去した後，周辺部材やその取合い部などに防せい処理や防水・止水処置が必要な場合は速やかに処置する．

3.8.3　金属製部材・部品の補修・改修

> 補修・改修工事は，補修・改修設計図書および施工計画書に準じて，所定の仕上がり状態，耐久性，機能性が確保できるように，的確に実施する．

補修・改修工事に先立ち，存置する既存の金属製部材・部品を清掃および洗浄する．なお，洗浄前に漏水の有無を確認し，必要な養生を実施する．洗浄時に洗浄剤や研磨剤などを用いる場合には，事前にその効果や影響を確認したうえで，使用後の水拭きや洗浄を十分に実施し，それらの残留がないようにする．

（1）　固定・補強工法

固定・補強部材が施工計画書に準じて製作されていることを確認のうえ，固定・補強の対象となる部材へ接合する．

（2）　表面塗装工法

本章 3.6「塗装仕上げ」に準ずる．

（3）　建具改修工法

補修・改修設計図書で指定される工法を適用して，施工する．既存の部材を存置する場合には，既存部材の防せい処理および防水・止水処置を確実に実施する．また，かぶせる部材あるいは新規建具が補修・改修設計図書に準じて製作されていることを工事の開始前に確認する．なお，かぶせる部材あるいは新規建具の製作においては，製作の前に現場実測することが不可欠である．

（4）　新規部材・部品の取付け工法

新規の部材・部品が補修・改修設計図書に準じて製作されていることを工事の開始前に確認して，取り付ける．また，既存の部品・部材を撤去した後の切断面および溶接部は，設計図書や施工計画書に準じて処理する．

3.8.4　検　　査

> a．受入れ検査
>   補修・改修設計図書や施工計画書に基づいて，補修・改修工事に用いる部材・部品が所定の表面状態，寸法および機能を有していることを確認する．
> b．工 程 検 査
>   工程ごとに適切な施工が実施されていることを施工図や施工計画書に基づいて，確認する．
> c．最 終 検 査
>   金属製部材・部品に対する補修・改修工事を実施した後に，所定の仕上がり状態および機能性が確保されていることを確認する．

　検査は補修・改修設計図書や施工計画書に基づいて，所定の施工が実施されたことを確認するもので，受入れ検査，工程検査，最終検査の3種類に区分され，その概要は以下のとおりである．

　a．受入れ検査

　新規に取り付ける部材・部品は工事監理者に承認を受けた材料であり，所定の表面状態，数量，寸法および機能性を有していることを確認する．

　b．工 程 検 査

　施工後には確認が困難な部材や部品があるため，各工程で所定の施工が実施されていることを確認する．

　固定・補強工法は，固定・補強の対象となる部材へ確実に接合されていることを確認する．表面塗装工法については，本章3.6「塗装仕上げ」に準ずる．建具改修工法は，存置する部材の表面処理層や既存塗膜等の仕上げ層に付着した汚れ・塵埃，表面腐食部分および腐食生成物，部材を構成する金属の腐食部分を十分に除去したうえで，さび止め塗装などの防せい処理が実施されていること，およびかぶせた状態や新規に取り付けた状態が補修・改修設計図書で指定された仕様であることを確認する．新規部材・部品の取付け工法は，既存の部品・部材を撤去した後の切断面の処理，および補修・改修設計図書で指定された取付け状態であることを確認する．

　c．最 終 検 査

　美観や機能が回復し，所定の仕上がり状態になっていることを確認する．接合部や固定部位については，所定の強度が確保されていることを確認する．不具合が認められた場合には，工事監理者に報告し，補修・改修設計図書および施工計画書に準じた処理方法の指示を受けて，適切な処理をして記録する．

3.9　パネル被覆改修

3.9.1　適 用 範 囲

> 　補修・改修設計図書に基づいて，所要の補修が施された素地・下地や構造体を対象として，補修・改修設計図書で指定されたパネル被覆改修工法を適用する改修工事を実施する場合の適切な施工および施工管理ならびに工事監理に適用する．

　本項は，当該工事の施工者が補修・改修設計図書に準じて，パネル被覆改修工事に必要な施工計

画書，施工要領書，工程表，施工図等の工事関係図書を作成して，指定された工事期間内に設計仕様で要求される性能を満足する施工と，その施工に対する適切な施工管理を実施するための内容を示す．さらに，工事監理者が設計図書に指定された工事内容が施工されていることを監理して，パネル被覆改修工法の機能や性能を確保することに適用する．

3.9.2　既存下地および構造体の確認

> 工事に着手する前に，本工法を適用する対象部位の素地・下地および構造体に対する補修の実施およびアンカー耐力の確保など，工事対象部位の健全性が確保されていることを確認する．

本工法の適用対象部位は，調査・診断の結果に基づいた補修・改修設計図書で指定された所要の補修が施された素地・下地および構造体であることが不可欠である．特に，アンカー耐力試験を実施して，当該工事によるアンカー打設を行うための健全性が確保されていることを工事の着手前に確認する．

3.9.3　パネル被覆による改修

> パネル被覆による改修工事は，改修設計図書および施工計画書に準じて，所定の仕上がり状態および寸法・形状ならびに耐久性，機能性，安全性が確保できるように，的確に実施する．

改修設計図書で指定された内容を反映した施工計画書に基づき，改修対象とされる部位が改修設計図書で要求されている外装としての所定の仕上がり状態および寸法・形状ならびに耐久性，機能性等の諸性能を確保できるように，施工する．特に，存置する部材・部品の処置および被覆する部材のアンカー固定等に対する留意が重要である．

3.9.4　検　　査

> a．受入れ検査
> 　改修設計図書や施工計画書，製作要領書に基づいて，パネルおよび取付け部品の表面状態，寸法，形状が適切であることを確認する．
> b．工程検査
> 　改修設計図書や施工計画書に基づいて，各工程で適切な施工が実施されていることを確認する．
> c．最終検査
> 　施工が終了したパネルの状態や取付け精度など建築外装としての適切性を確認する．

a．受入検査

1）製作工場においてパネルの品質に対する自主検査を実施するのは当然のことであるが，荷積みや運搬などの影響によってパネルの表面損傷や反り変形などを生ずることも懸念される．したがって，施工現場への搬入時には改修設計図書や施工計画書，製作要領書に基づいて，工事監理者の承認を受けた材料であり，パネルおよび取付け部品の表面状態，寸法，形状が適切であることを確認する．

2）　不具合が認められた場合は工事監理者と協議して，改修設計図書や施工計画書，製作要領書に基づいて，調整もしくはパネルの再製作など適切な処理の方法について指示を受ける.

b．工 程 検 査

1）　改修設計図書や施工計画書，製作要領書に基づいて，各工程で適切な施工が実施されていることを確認する.　特に，パネルの取付け前には，素地・下地および構造体の表面に対する補修の実施およびそれらに対するアンカー強度を確認することが重要である.

2）　施工の各工程において不具合が認められた場合は，工事監理者と協議して，改修設計図書や施工計画書，製作要領書に基づいて是正に対する指示を受ける.

c．最 終 検 査

1）　施工が完了したパネルの状態や取付け精度などは改修設計図書で指定された仕上がり状態となり，建築外装としての機能や性能が確保されていることを確認する.

2）　不具合が認められた場合には工事監理者と協議して，改修設計図書や施工計画書，製作要領書に基づいて適切な処理の方法に関する指示を受けて，是正して記録する.

参 考 文 献

1）公共建築協会編：建築設計基準及び同解説（平成18年度版），（一社）公共建築協会，2006
2）日本建築センター編：外壁仕上及び防水の補修・改修技術，（一財）経済調査会，1992
3）国土交通省大臣官房官庁営繕部監修：建築改修工事監理指針　平成25年度版，建築保全センター，2013
4）日本建築学会：内外装改修工事指針（案）・同解説，2014
5）日本建築学会：建築工事標準仕様書・同解説　JASS 18　塗装工事，2013
6）日本建築学会：建築工事標準仕様書・同解説　JASS 23　吹付け工事，2006
7）日本建築学会：建築工事標準仕様書・同解説　JASS 8　防水工事，2014

4章　シーリングジョイントの補修・改修工事

4.1　適用範囲

> a．調査・診断において，対象建築物の既存シーリングジョイントを改修（全面的な補修を含む）する必要であると判断された際に，既存シーリングジョイントを再充填工法，拡幅再充填工法またはブリッジ工法によって改修工事を実施する場合の施工および施工管理ならびに工事監理に適用する．
> b．補修（局部的な補修）を行う場合，その施工および施工管理ならびに工事監理は特記による．
> c．改修工事に先立ち，補修・改修設計において，適切な目地設計が行われていることを前提とする．

　a．シーリングジョイントの改修工事は，既存シーリングジョイントの一区画を全面的に改修（全面的な補修を含む）する場合に適用する．既存シーリング材と新規シーリング材とが直接取り合う場合や，同一区画や同一の劣化環境の部位において，既存シーリングジョイントと新規シーリングジョイントが共存するようなケースは，特記による．

　b．雨水浸入箇所が特定された場合など，その部分のみを補修（局部的に補修）する場合は，特記による．

　c．改修工事に使用する材料および工法の選択，目地の形状・寸法などの目地設計は適切に行われていることを前提とし，改修工事の段階で設計図書どおりに施工できないことが確認された場合は，再度，補修・改修設計を行う必要がある．

4.2　一般事項
4.2.1　材料の品質および受入れ

> a．工事に使用する材料は，所定の品質を有するものとする．
> b．搬入された材料の品名，数量，製造業者名等を確認する．

　a．材料が搬入されたら，設計図書に適合することについて承諾を得た材料であることを確認する．

　b．設計図書，施工計画書などに記載された品名，数量であるかを確認する．そのほか，製造業者名および，材料の種別に応じて，製造年月日，貯蔵有効期間などを確認する．工事監理者の要求に応じて，試験成績表等を提出する．

4.2.2　使用材料・施工機器の保管および取扱い

> a．使用材料・施工機器の保管および取扱いは，消防法，労働安全衛生法等の関係法規に従う．
> b．使用材料は，雨露や直射日光の当たらない場所で，凍結しないように注意して保管する．
> c．施工機器は，常に適切に保管し，取り扱う．

　ａ．材料・副資材は，安全データシート（SDS）を参考に，保管・取扱いを行う．特に，清掃溶剤やプライマーは消防法，労働安全衛生法等の関係法規に従って火災の防止および安全衛生の確保に努めなければならない．

　ｂ．使用材料は，変質や品質の低下を防止するために雨露や直射日光の当たらない場所で保管する．

　ｃ．施工機器は，常に整備しておき，能率よく適所で使用する．

4.2.3　施工条件，作業環境，安全確保等

> ａ．降雨・降雪時または降雨・降雪が予想される場合，もしくは降雨・降雪後で被着面が未乾燥の場合には施工してはならない．
> ｂ．強風時や，気温が著しく低い場合や高い場合には，施工を行わない．
> ｃ．必要に応じて照明設備を設ける．

　ａ．シーリング材の接着性は，施工時の構成材または被着面の水分状態により大きく左右される．したがって，降雨・降雪が予想される場合は，すみやかに施工を中止する．

　ｂ．強風時の作業は危険を伴うので，施工者は状況を十分に把握し，施工を中止するなど適切な処置を行う．施工途中の中止に際しては，施工後間もないシーリング材の未硬化部などが，雨や雪により濡れるのを防止するために適切な養生を行う．また，著しく気温が低い場合や高い場合の施工は，所定の性能を確保することが難しく，耐久性の低下を生じさせることになる．したがって，施工の可否を適切に判断し，必要な場合は工事監理者と協議のうえ，決定する．

　ｃ．夜間作業になるような場合には，十分な照明設備を用意し安全に施工する．

4.3　再充填工法

> ａ．既存シーリング材は，カッターナイフもしくは専用工具などを用い，撤去する．
> ｂ．シーリング材を再充填する目地に，必要な形状・寸法が確保できていることを確認し，既存シーリング材と再充填するシーリング材の打継ぎ部の接着性を事前に確認する．
> ｃ．既存シーリング材を撤去する際に生じた被着体の軽微な欠損部は，工事監理者と協議のうえ，適切な補修を行う．
> ｄ．シーリング材の充填は，JASS 8 に準じて行う．

　ａ．既存シーリング材の撤去時は被着体を損傷しないよう十分に注意するとともに，作業者の安全のために適切な保護具を使用する．また，電動工具などを使用する際は，近隣への騒音等を十分に配慮することが必要である．

　ｂ．シーリング材を再充填する目地に，必要な目地幅および目地深さが確保できない場合や，既存シーリング材が残存してしまい，新規シーリング材との打継ぎの接着性が不十分な場合は，工事監督者と協議し，拡幅再充填工法やブリッジ工法への工法変更を検討する．

　ｃ．被着体の軽微な欠損部の補修は，ポリマーセメントモルタルなどで指定された目地形状となるように補修する．

　ｄ．シーリング材充填前の清掃時やプライマー塗布の際は，溶剤を使用し臭気が発生するため，特に近隣への配慮が必要である．

4.4　拡幅再充填工法

> ａ．指定された目地形状となるように，電動カッター等で拡幅する．
> ｂ．拡幅作業によって目地周辺部に損傷が生じた場合は，適切な補修を行う．
> ｃ．シーリング材の充填は，JASS 8 に準じて行う．

　ａ．電動カッター等を使用する際は粉塵，騒音に十分に配慮する．

　ｂ．補修は，ポリマーセメントモルタルなどで指定された目地形状となるように補修する．この方法で補修できない場合は，工事監理者に報告し，設計者の指示を仰ぐ．

　ｃ．シーリング材充填前の清掃時やプライマー塗布の際は，溶剤を使用し臭気が発生するため，特に近隣への配慮が必要である．

4.5　ブリッジ工法

> ａ．シーリング材の被着面は，目荒らしをする．
> ｂ．被着面の清掃後，新規シーリング材が設計図書で指定された幅および厚さとなるよう，バックアップ材を用いて枠を作る．また，設計図書で指定された幅のボンドブレーカーを張る．
> ｃ．シーリング材の充填は，JASS 8 に準じて行う．

　ａ．被着面も経年で劣化しているため，被着面の目荒らしを行う．目荒らしを省略する場合はシーリング材と被着面の接着性を事前に確認する．

　ｂ．シーリング材を充填するための枠に用いるバックアップ材は，施工後に撤去する際，バックアップ材の粘着剤が被着面に残らない材質のものを選定する．ボンドブレーカーはシーリング材と接着しない材質のものを選定する．

　ｃ．シーリング材充填前の清掃時やプライマー塗布の際は，溶剤を使用し臭気が発生するため，特に近隣への配慮が必要である．

4.6　品質管理・検査

> ａ．改修工事中に行う品質管理は，新規シーリング材を充填する前に下記を確認する．
> （１）　再充填工法では，既存シーリング材が十分に撤去されており，指定された目地幅・目地深さが確保されていること．
> （２）　拡幅再充填工法では，指定された目地幅・目地深さになっていること．
> （３）　ブリッジ工法では，指定されたボンドブレーカーの幅，接着幅および厚さとなっていること．
> ｂ．工事完了後，1.6 節に従い，検査を行う．

　ａ．施工中に行う品質管理は，目視によりシーリング材の仕上がり位置，表面の著しい凹凸および気泡がないことを検査する．また，指触でシーリング材の硬化状態を，へらなどで接着状態を検

査する．硬化不良・接着不良が認められたときは作業日報などの施工記録を照会し，その日に施工したすべての箇所を対象に再度検査を行い，不具合は適切な方法により補修する．

　b．完成検査は1.6節による．検査方法は特記による．検査方法としては，指触による接着性確認試験，ひも状接着性試験（2面接着の場合）などがある．

5章　メンブレン防水の補修・改修工事

5.1　適用範囲

> a．調査・診断において，対象建築物の陸屋根防水を改修（全面的な補修を含む）する必要があると判
> 断された際に，既存部の撤去，下地処理，ならびに新規防水層および新規保護層の設置を実施する場
> 合の施工および施工管理ならびに工事監理に適用する．
> b．補修（局部的な補修）を行う場合，その施工および施工管理ならびに工事監理は特記による．

　a．本章では，陸屋根メンブレン防水の改修（全面的な補修を含む）工事において，新規に施工
する防水層および保護層の施工はJASS 8で標準とされるアスファルト防水層，改質アスファルト
シート防水層，合成高分子系シート防水層および塗膜防水層，ならびにその保護層を採用すること
を前提としている．

　b．雨水浸入箇所が特定された場合などで，既存防水層を局部的に補修する際は，通常，既存と
同種の防水材料を対象部に張り付けるか，塗り付けることで対応できるため，本節の適用範囲とは
せず，本章では一区画の陸屋根等を全面的に改修（全面的な補修も含む）する場合を対象としてい
る．

5.2　一般事項

5.2.1　材料の品質および受入れ

> a．工事に使用する材料は，所定の品質を有するものとする．
> b．搬入された材料の品名，数量，製造業者名等を確認する．

　a．材料が搬入されたら，設計図書に適合することについて承諾を得た材料であることを確認す
る．

　b．設計図書，施工計画書などに記載された品名，数量であるかを確認する．そのほか，製造業
者名および，材料の種別に応じて，製造年月日，貯蔵有効期間などを確認し，工事監理者の要求に
応じて，試験成績表等を提出する．

5.2.2　使用材料・施工機器の保管および取扱い

> a．使用材料の保管および取扱いは，消防法，労働安全衛生法等の関係法規に従う．
> b．使用材料は，雨露や直射日光の当たらない場所で，凍結しないように注意して保管する．
> c．施工機器は，常に適切に保管し，取り扱う．

　a．使用材料の保管および取扱いにあたっては，消防法，労働安全衛生法等の関係法規に従って，

安全を確保する.

b．成形された材料および断熱材は，湿気の影響や損傷を受けない状態で保管し，損傷を与えないように取り扱う. 液状の材料は密封状態で保管し，溶剤系材料では換気や周辺での火気の取り扱いに留意し，エマルション系材料では凍結しないように注意する.

c．施工機器は，常に整備しておき，能率よく適所で使用する.

5.2.3　施工条件，作業環境，安全確保等

a．降雨・降雪時または降雨・降雪が予想される場合，もしくは降雨・降雪後で下地が未乾燥の場合には施工してはならない.
b．強風時や気温が著しく低く，施工に支障を生ずることが予想される場合には施工してはならない.
c．採光が必要な場合には，照明設備を設ける.
d．足場が必要な場合には，適切な足場を設ける.

a．防水改修工事の施工は，健全な防水層を形成するために，降雨，降雪，水溜りなどによって下地が湿潤な状態になっていないことに注意する. また，防水層の施工中に降雨・降雪等のおそれが生じた場合には，施工を中止し，施工済みの防水層には必要な養生を行う.

b．強風時には防水材料の飛散やゴミなどの付着により施工不良となることがある. また防水改修工事の施工は，施工時の気象条件に大きく左右される. 特に低温での施工は下地表面の温度が低下するため，接着不良や硬化不良などを生じやすいため，十分に注意する.

c．作業の安全を考慮して，採光の悪い場所では作業の安全性や施工品質を確保するために照明設備を適切に設ける.

d．安全確保のため，足場が必要な場合は，適切な足場を設ける.

5.3　メンブレン防水改修工法の作業工程

a．既存部の撤去範囲，新設部のための下地処理，ならびに防水層および保護層等の新設について，実施する作業工程は，特記による.
b．既存部の撤去は5.4節による.
c．新設する防水層のための下地処理は5.5節による.
d．新規防水層および新規保護層の施工は5.6節による.

a．既存部の撤去範囲，新設する防水層のための下地処理，ならびに新設する防水層および保護層等の作業工程は特記による. 解説表5.1～解説表5.3は，既存防水工法と改修防水工法の標準的な組み合わせに対し，実施する作業工程や該当する仕様の記号を記入したものである.

b．～d．既存部の撤去，新設する防水層のための下地処理，ならびに防水層および保護層の新設について，実施する作業工程がある場合は，それぞれ5.4節，5.5節ならびに5.6節の該当する箇所の規定に従って施工することを，本章の標準的な工法としている.

解説表 5.1　防水改修工法の種類と適応（1）

既存防水工法		改修時工程								
防水種別	保護層または防水材料の種類	既存部の撤去					新設する防水層のための下地処理	防水層，保護層等の新設		
		既存保護層撤去		既存断熱層の撤去	既存防水層の撤去			改修防水層の種類（JASS 8 の仕様）	断熱材を付加する場合の改修防水層の種別（JASS 8 の仕様）	保護層の新設
		立上り部ドレン部	平場		立上り部ドレン部	平場				
保護防水　アスファルト防水改質アスファルトシート防水	現場打ちコンクリート	○	○	–	○	○	○	AC-PF・AM-PF・AM-PS AT-PF・AS-PF	AC-PF・AM-PF・AM-PS AT-PF・AS-PF（いずれも断熱工法）	○
		○	○	–	○	○	○	AM-MS・AT-MF・AS-MS S-RF・S-RM S-PF・S-PM・S-PC L-UFS・L-USS L-UFH・L-USH	AM-MT AT-MT・AS-MT S-RFT・S-RMT S-PFT・S-PMT	×
		○	○	–	○	×	○	AC-PF・AM-PF・AM-PS AT-PF・AS-PF	AC-PF・AM-PF AM-PS・AT-PF・AS-PF（いずれも断熱工法）	○
		○	○	–	○	×	○	AM-MS・AT-MF・AS-MS	AM-MT AT-MT・AS-MT	×
		○	×	–	○	×	○	AM-MS・AT-MF・AS-MS S-RF・S-RM S-PF・S-PM L-USS・L-USH	AM-MT AT-MT・AS-MT S-RFT・S-RMT S-PFT・S-PMT	×
	コンクリート平板類砂利	○	○	–	○	○	○	AM-PS・AT-PF AS-PF	AM-PS・AT-PF・AS-PF（いずれも断熱工法）	○
		○	○	–	○	○	○	AM-MS・AT-MF・AS-MS S-RF・S-RM S-PF・S-PM S-PC L-UFS・L-USS L-UFH・L-USH	AM-MT AT-MT・AS-MT S-RFT・S-RMT S-PFT・S-PMT	×
		○	○	–	○	×	○	AM-PS・AT-PF AS-PF	AM-PS・AT-PF・AS-PF（いずれも断熱工法）	○
		○	○	–	○	×	○	AM-MS AT-MF・AS-MS	AM-MT AT-MT・AS-MT	×
	アスファルトコンクリート	○	○	–	○	○	○	AM-PS ※ AT-PF ※ AS-PF	※ AM-PS ※ AT-PF ※ AS-PF（いずれも断熱工法）	○
		○	○	–	○	○	○	AM-MS・AT-MF・AS-MS S-RF・S-RM S-PF・S-PM S-PC L-UFS・L-USS L-UFH・L-USH	AM-MT AT-MT・AS-MT S-RFT・S-RMT S-PFT・S-PMT	×
		○	○	–	○	×	○	AM-PS ※ AC-PF ※ AT-PF ※ AS-PF	※ AC-PF ※ AM-PS ※ AT-PF ※ AS-PF（いずれも断熱工法）	○
		○	○	–	○	×	○	AM-MS AT-MF・AS-MS	AM-MT AT-MT・AS-MT	×
保護断熱防水　アスファルト防水改質アスファルトシート防水	現場打ちコンクリート	○	○	○	○	○	○	AC-PF・AM-PF・AM-PS AT-PF・AS-PF	AC-PF・AM-PF・AM-PS AT-PF・AS-PF（いずれも断熱工法）	○
		○	○	○	○	○	○	AM-MS・AT-MF・AS-MS S-RF・S-RM S-PF・S-PM S-PC L-UFS・L-USS L-UFH・L-USH	AM-MT AT-MT・AS-MT S-RFT・S-RMT S-PFT・S-PMT	×

					防水層種別	断熱付加改修防水層種別	保護層
○	○	○	○	×	○	AC-PF・AM-PF・AM-PS AT-PF・AS-PF	AC-PF・AM-PF AT-PF・AS-PF （いずれも断熱工法）	○
○	○	○	○	×	○	AM-MS AT-MF・AS-MS	AM-MT AT-MT・AS-MT	×
○	×	×	○	×	○	AM-MS・AT-MF・AS-MS S-RF・S-RM S-PF・S-PM L-USS・L-USH	AM-MT AT-MT・AS-MT S-RFT・S-RMT S-PFT・S-PMT	×

−：当該工程が存在しない　○：当該工程を実施　　×：当該工程を実施しない
※現場打ちコンクリートを改修防水層の保護層とする場合の改修防水層の種別

解説表 5.2　防水改修工法の種類と適応（2）

既存防水工法			改修時工程							
		既存部の撤去					新設する防水層のための下地処理	防水層，保護層等の新設		
		既存保護層撤去		既存断熱層の撤去	既存防水層の撤去					
防水種別	保護層または防水材料の種類	立上り部ドレン部	平場		立上り部ドレン部	平場		改修防水層の種別（JASS 8の仕様）	断熱材を付加する場合の改修防水層の種別（JASS 8の仕様）	保護層の新設
露出防水	アスファルト防水 改質アスファルトシート防水	−	−	−	○	○	○	AM-MS・AT-MF・AS-MS S-RF・S-RM S-PF・S-PM S-PC L-UFS・L-USS L-UFH・L-USH	AM-MT AT-MT・AS-MT S-RFT・S-RMT S-PFT・S-PMT	×
		−	−	−	○	×	○	AM-MS・AT-MF・AS-MS	AM-MT AT-MT・AS-MT	×
	合成高分子系シート防水 接着（密着）仕様 加硫ゴムシート系	−	−	−	○	○	○	S-RF・S-RM S-PF・S-PM S-PC AM-MS・AT-MF・AS-MS L-UFS・L-USS L-UFH・L-USH	S-RFT・S-RMT S-PFT・S-PMT AM-MT AT-MT・AS-MT	×
		−	−	−	○	×	○	S-RM・S-PM	S-RMT・S-PMT	×
	塩化ビニル樹脂系	−	−	−	○	○	○	S-PF・S-PM S-RF・S-RM S-PC AM-MS・AT-MF・AS-MS L-UFS・L-USS L-UFH・L-USH	S-PFT・S-PMT S-RFT・S-RMT AM-MT AT-MT・AS-MT	×
		−	−	−	○	×	○	S-PM・S-RM	S-PMT・S-RMT	×
	エチレン酢酸ビニル樹脂系	−	−	−	○	○	○	S-PC S-RF・S-RM S-PF・S-PM AM-MS・AT-MF・AS-MS L-UFS・L-USS L-UFH・L-USH	S-RFT・S-RMT S-PFT・S-PMT AM-MT AT-MT・AS-MT	×
		−	−	−	○	×	○	S-PC S-RF・S-RM S-PF・S-PM AM-MS・AT-MF・AS-MS L-UFS・L-USS L-UFH・L-USH	S-RFT・S-RMT S-PFT・S-PMT AM-MT AT-MT・AS-MT	×
	合成高分子系シート防水 機械的固定仕様 加硫ゴムシート系	−	−	−	○	○	○	S-RF・S-RM S-PF・S-PM S-PC AM-MS・AT-MF・AS-MS L-UFS・L-USS L-UFH・L-USH	S-RFT・S-RMT S-PFT・S-PMT AM-MT AT-MT・AS-MT	×
		−	−	−	○	×	○	S-RM・S-PM	S-RMT・S-PMT	×

塗膜防水	塩化ビニル樹脂系	−	−	−	○	○	○	S-PF・S-PM S-RF・S-RM S-PC AM-MS・AT-MF・AS-MS L-UFS・L-USS L-UFH・L-USH	S-PFT・S-PMT S-RFT・S-RMT AM-MT AT-MT・AS-MT	×
		−	−	−	○	×	○	S-PM・S-RM	S-PMT・S-RMT	×
	ウレタンゴム系 絶縁仕様	−	−	−	○	○	○	L-UFS・L-USS L-UFH・L-USH S-RF・S-RM S-PF・S-PM S-PC AM-MS・AT-MF・AS-MS	S-RFT・S-RMT S-PFT・S-PMT AM-MT AT-MT・AS-MT	×
		−	−	−	×	×	○	L-UFS・L-UFH	S-RMT・S-PMT	×
	ウレタンゴム系 密着仕様	−	−	−	×	×	○	L-UFS・L-UFH	S-RMT・S-PMT	×
	FRP系密着 仕様	−	−	−	○	×	○	L-FF	S-RMT・S-PMT	×

−：当該工程が存在しない　　○：当該工程を実施　　×：当該工程を実施しない

［注］異種既存防水層の上に設置する改修防水層の種別がS-RM, S-RMT, S-PMおよびS-PMTの場合は，既存防水層上に絶縁シートを設置する

解説表 5.3　防水改修工法の種類と適応（3）

既存防水工法		改修時工程								
		既存部の撤去					新設する防水層のための下地処理	防水層，保護層等の新設		
防水種別	保護層または防水材料の種類	既存保護層撤去		既存断熱層の撤去	既存防水層の撤去			改修防水層の種別（JASS 8の仕様）	断熱材を付加する場合の改修防水層の種別（JASS 8の仕様）	保護層の新設
		立上り部ドレン部	平場		立上り部ドレン部	平場				
露出断熱防水	アスファルト防水 改質アスファルトシート防水	－	－	○	○	○	○	AM-MS・AT-MF・AS-MS S-RF・S-RM S-PF・S-PM S-PC L-UFS・L-USS L-UFH・L-USH	AM-MT AT-MT・AS-MT S-RFT・S-RMT S-PFT・S-PMT	×
		－	－	×	○	×	○	AM-MS・AT-MF・AS-MS	AM-MT AT-MT・AS-MT	×
	合成高分子系シート防水 接着（密着）仕様 — 加硫ゴムシート系	－	－	○	○	○	○	S-RF・S-RM S-PF・S-PM S-PC AM-MS・AT-MF・AS-MS L-UFS・L-USS L-UFH・L-USH	S-RFT・S-RMT S-PFT・S-PMT AM-MT AT-MT・AS-MT	×
		－	－	×	○	×	○	S-RM・S-PM	S-RMT・S-PMT	×
	合成高分子系シート防水 接着（密着）仕様 — 塩化ビニル樹脂系	－	－	○	○	○	○	S-PF・S-PM S-RF・S-RM S-PC AM-MS・AT-MF・AS-MS L-UFS・L-USS L-UFH・L-USH	S-PFT・S-PMT S-RFT・S-RMT AM-MT AT-MT・AS-MT	×
		－	－	×	○	×	○	S-PM・S-RM	S-PMT・S-RMT	×
	合成高分子系シート防水 機械的固定仕様 — 加硫ゴムシート系	－	－	○	○	○	○	S-RF・S-RM S-PF・S-PM S-PC AM-MS・AT-MF・AS-MS L-UFS・L-USS L-UFH・L-USH	S-RFT・S-RMT S-PFT・S-PMT AM-MT AT-MT・AS-MT	×
		－	－	×	○	×	○	S-RM・S-PM	S-RMT・S-PMT	×
	合成高分子系シート防水 機械的固定仕様 — 塩化ビニル樹脂系	－	－	○	○	○	○	S-PF・S-PM S-RF・S-RM S-PC AM-MS・AT-MF・AS-MS L-UFS・L-USS L-UFH・L-USH	S-PFT・S-PMT S-RFT・S-RMT AM-MT AT-MT・AS-MT	×
		－	－	×	○	×	○	S-PM・S-RM	S-PMT・S-RMT	×

－：当該工程が存在しない　　○：当該工程を実施　　×：当該工程を実施しない

[注] 異種既存防水層の上に設置する改修防水層の種別がS-RM, S-RMT, S-PM および S-PMT の場合は，既存防水層上に絶縁シートを設置する

5.4 既存部の撤去

5.4.1 共通事項

既存保護層および既存防水層等の撤去については，設計図書に定められた範囲を，以下の事項に留意して行う．
（1） 取合い部の仕上げや構造体など撤去部分の周辺に対し，損傷等の影響が最小限となるように行う．
（2） 撤去時に発生する塵埃，騒音および振動に関しては，周囲の環境および作業員の健康に悪影響を及ぼさないよう，必要な措置をとる．
（3） 落下物による事故が懸念される場合には，周辺部への立入りを禁止する．また，荷下ろし方法についても安全に行えるように十分考慮して決定する．
（4） 廃棄物の処分等は適切に行う．
（5） 撤去時および撤去後に漏水を生じないよう，必要な養生を行う．

（1） 既存保護層および既存防水層等の撤去に際しては，取合い部の仕上げや構造体など，撤去部分の周辺に対し，極力，損傷等を与えないよう留意する．

（2） 撤去時にはある程度の塵埃，騒音や振動等が発生するため，屋内を使用しながら防水改修工事を行う場合は，特に入居者等に悪影響を及ぼさないように，それらの防除対策にも十分に留意する．また，撤去工事を行う作業時間や工期についても，建物管理者や入居者等との合意がなされていることが必要である．既存保護層および既存防水層等の撤去に際しては，作業員の健康や安全対策に十分留意する．

（3） 撤去時や荷下ろし時には，工事関係者や居住者等の工事関係者以外の安全を確保するために周辺部への立入りを禁止するなどの必要な処置を講ずる．また，これらの処置に伴う一時的な道路の占有等による交通や安全を損なうことがないように所轄警察署や関係機関等と打合せのうえ，計画することが必要となる．

（4） 廃棄物関係法令等に従い，適切に処理する．

（5） 既存防水層を撤去する際は，工事中の漏水に注意し，適切な養生を行う．また，防水層施工後は機材等によって防水層を損傷しないよう十分注意するとともに，他職の作業員等が乗らないようにする．やむを得ない場合は必要な養生を行う．

5.4.2 既存保護層および既存断熱材の撤去

既存保護層および既存断熱材の撤去については，5.4.1項によるほか，以下の事項に留意して撤去する．
（1） 既存保護層等の撤去は取合い部の仕上げおよび構造体等に影響を及ぼさないように行う．
（2） 既存防水層非撤去の場合は，防水層に損傷を与えないように十分注意する．
（3） 平場の既存保護層等を残す場合でも，原則として，立上り部の既存保護層およびドレン周辺部の既存保護層は撤去する．ただし，改修用ドレンを使用する場合，ドレン周辺部の既存保護層を撤去するか否かは特記による．
（4） 撤去した既存保護層等を再生利用する場合は，分別したうえ適切に保管する．

（1） 既存保護コンクリート等の撤去で，質量15kg以上のハンドブレーカーを使用する場合は，振動や騒音の増加による影響や，仕上げおよび構造体等に与える影響を考慮して，工事監理者と協

議する．すべて手ばつりとする場合は，工期および費用の見直しを要する．なお，保護コンクリート上にタイル等を張り付けている場合，その浮き部や割れ部は撤去する．

（2）　既存防水層非撤去の場合は，ブレーカーやのみによって既存保護層を撤去する際に，既存防水層を傷つけないように，また，既存防水層が保護層に付着して損傷する場合があるため十分注意する．なお，既存防水層を傷つけた場合は，アスファルト防水工事用シール材や溶融アスファルトを用いて補修する．

（3）　ドレン周辺部についてはルーフドレン端部から 500 mm 程度まで保護コンクリート等の既存保護層を四角形に撤去する．改修用ドレンを使用する場合は，既存保護層内の残留水の影響を排除するため，ドレン周辺部の既存保護層を撤去するか否かと，撤去する場合の撤去範囲は特記による．

（4）　特記により，コンクリート平板などの保護層を再利用する場合は，再利用が可能なものと不可能なものを分別し，再利用可能なものは適切に保管する．

5.4.3　既存防水層の撤去

> 既存防水層の撤去については，5.4.1 項によるほか，下記による．
> （1）　既存防水層がウレタンゴム系塗膜防水層以外の場合は，平場の既存防水層を残す場合でも，原則として，立上り部およびドレン周辺部の既存防水層は撤去する．
> （2）　既存防水層がウレタン塗膜防水の場合は，立上り部およびドレン周辺部の既存防水層は撤去しないこととする．
> （3）　改修用ドレンを使用する場合，ドレン周辺部の既存防水層を撤去するか否かは特記による．

（1）　立上り部およびドレン部の既存防水層は，損傷していることが多いため，既存防水層がウレタンゴム系塗膜防水層以外の場合は，新規防水層の施工に支障をきたさないように，原則として撤去する．また，新規防水層と既存防水層の種別が異なる場合は，既存防水層のプライマーやはつりかす等が残らないように留意する．既存防水層非撤去の場合でも，立上り部およびルーフドレン回りの防水層は撤去するので雨養生に注意する．ルーフドレン周囲の既存防水層は，下地に損傷を与えないように，ルーフドレンの端部から 300 mm 程度の範囲の既存防水層を四角形に撤去する．ただし，改修用ドレンを使用する場合は，5.5.5 項に従って補修のうえ，新規防水層の施工を行うものとする．けれん棒やカッターナイフ等で適当な大きさに裁断しながら下地を損傷しないように注意し，丁寧に撤去する．

（2）　既存防水層がウレタンゴム系塗膜防水層では，防水層を全面撤去すると下地を損傷させるため，劣化の著しい部分，浮き部分，ふくれ部分等についてのみ，丁寧に撤去する．サンダー，けれん棒，皮すき等を使用して，下地を損傷しないように注意する．

（3）　改修用ドレンを使用する場合は，ドレン周辺部の既存防水層を撤去するか否かと，撤去する場合の撤去範囲は特記による．

5.5 新設する防水層のための下地処理

5.5.1 共 通 事 項

> 新設する防水層の下地を点検し，劣化部，脆弱部および撤去工事による損傷部を，下地の材料，工法および欠損・損傷の程度に応じて，適切な下地処理を行う．
> また，部分的な水はけ不良や勾配不足がある場合は，工事監理者と協議し，適切に処理する．

下地の補修および処置は，新規防水層の種類に適応した材料および工法とし，以下の事項に留意して行う．

　（1） 下地面は平坦にする．鉄筋の突起物等は新規防水層を損傷する原因となるので除去する．

　（2） 下地面は十分に乾燥させ，新規防水層に支障が生じないようにする．

　（3） 下地勾配は排水に支障がない程度とする．

部分的な排水勾配不良の修正のため，全体的なコンクリートの打込みやモルタルの厚塗りは，屋根荷重の増加や，剥離や割れ等の発生により，新規防水層に支障が生ずる原因となるため，安易に行ってはならない．下地の条件によって排水に支障が生ずる場合には，改修方法を工事監理者と協議のうえ，処理する．

5.5.2 既存現場打ち鉄筋コンクリートが新規防水層の下地となる場合

> a．既存防水層等を撤去した後の平場および立上り部等の現場打ち鉄筋コンクリートの下地処理は，5.5.1 項によるほか以下のように，下地の状況に応じて処理する．
> （1） 幅 0.3 mm 以上のひび割れの補修は，2.3 節による．
> （2） 下地の欠損部は，ポリマーセメントモルタルで平坦になるよう処理する．
> b．既存現場打ちコンクリートに付着しているプライマーや防水層等は新設防水層の施工および品質に支障をきたさないように除去して清掃を行う．

既存防水層等を撤去した後の現場打ち鉄筋コンクリートが防水改修工事の下地となる場合の補修は5.5.1 項によるほか，以下の事項に留意する．

　a．構造体である既存現場打ち鉄筋コンクリートに幅の広いひび割れがある場合は，2.3 節に従い，補修する．新規防水層が機械的固定工法の場合は，防水層を固定金具と固定用アンカーで固定する工法であるため，十分な固定強度が得られるように，下地となる既存現場打ち鉄筋コンクリートの欠損部の補修を行うことが必要である．

　b．既存防水層と種別の異なる防水材料で防水改修を行う場合は，新規防水層の下地となる既存現場打ち鉄筋コンクリートの表面に付着している既存防水層のはつり残しやプライマー等は完全に除去する必要がある．ただし，既存防水層がアスファルト系材料で新規防水層がアスファルト系の場合は，はつり残し等はバーナー等であぶって平滑にしたうえで，5.6.2 項で示した適切な下地調整を行うことにより，施工することができる．

5.5.3　既存防水層が新規防水層の下地となる場合

平場の既存防水層を下地とする場合の下地処理は，5.5.1項によるほか，以下に従って行う．
a．既存保護層を撤去した後の既存アスファルト防水層の場合
　（1）　既存防水層等に付着している保護コンクリート等は，既存防水層等を損傷しないように除去し，清掃を行う．
　（2）　既存防水層の損傷箇所，継目等の剥離箇所または浮き部分等は，切開し，バーナーで熱した後，防水工事用アスファルトを充填し，張り合わせる．
　（3）　既存防水層の表面が含水している場合，および既存防水層に有害なふくれや浮きが全体にわたっている場合は，工事監理者と協議する．
b．既存露出防水層がアスファルト防水層（改質アスファルトシート防水層を含む）の場合
　（1）　既存防水層表面の砂は，既存防水層を損傷しないように可能な限り取り除き，清掃を行う．
　（2）　既存防水層の損傷箇所，継目等の剥離箇所または浮き部分等は本項a．（2）による．
c．既存露出防水層が合成高分子系ルーフィングシート防水層（接着工法）の場合
　（1）　既存防水層表面のゴミ等の異物を取り除き，水洗いを行う．
　（2）　既存防水層の損傷箇所，継目等の剥離箇所または浮き部分等は，切除し，ポリマーセメントモルタル等で平坦になるよう処理する．
　（3）　ふくれや浮きが全体にわたっている場合は，工事監理者と協議する．
d．既存露出防水層が合成高分子系ルーフィングシート防水層（機械的固定工法）の場合
　（1）　既存防水層表面のゴミ等の異物を取り除き，清掃する．
　（2）　既存防水層の損傷箇所，継目等の剥離箇所または浮き部分等は，切除し，平坦に処理する．
e．既存露出防水層がウレタンゴム系塗膜防水層の場合
　（1）　既存防水層表面のゴミ等の異物を取り除き，水洗いを行う．
　（2）　既存防水層の破断，浮き部分およびふくれ部分は，切除し，ポリマーセメントモルタルで平坦になるよう処理する．
f．既存露出防水層がFRP系塗膜防水層の場合
　（1）　既存防水層表面のゴミ等の異物を取り除き，水洗いを行う．
　（2）　既存防水層の破断，浮き部分およびふくれ部分は，切除し，ポリマーセメントモルタルまたはポリエステル樹脂系パテで平坦になるよう処理する．

　　a．既存保護層を撤去した既存防水層が新規防水層の下地となる場合は，保護層のコンクリートやモルタルの残存物が付着していると，新規防水層の密着不良による浮きおよび損傷等の原因となるので，既存防水層を傷めないように取り除く．既存防水層の接合部に，剥離または浮きがある部分は，新規防水層が密着不良とならないよう，平坦にする．また，接合部の浮き部分等は，水分を含んでいるか，水が溜まっている場合が多い．水分を含んでいると気泡が生じ，新規防水層の剥離の原因となるので，布等で拭き取りバーナーであぶり，十分に乾燥させる．既存防水層表面が全体的に劣化しており，バーナーで熱したとき気泡が生ずる場合および既存防水層に有害なふくれや浮きが全体にわたっている場合は，撤去範囲の拡大も含めて工事監理者と協議する．

　　b．既存防水層の露出アスファルト防水層または改質アスファルトシート防水層が新規防水層の下地となる場合は，既存防水層の砂付アスファルトルーフィング等の砂がはがれやすくなっているので，可能な限り取り除く．

　　c．既存防水層の合成高分子系ルーフィングシート防水層（接着工法）が新規防水層の下地となる場合，既存防水層と下地との接着力が不十分な場合は全面撤去工法に変更することが望ましい．

　d．既存防水層の合成高分子系ルーフィングシート防水層（機械的固定工法）が新規防水層の下地となる場合，損傷箇所，ルーフィング相互の接合部等の剥離箇所および固定金具の浮き部分は，切り取って平坦にする．既存防水層の合成高分子系ルーフィングシート防水層（機械的固定工法）を残置する場合は，新規防水層の種別は機械的固定工法に限定される．この場合，固定金物のアンカーの下地からの引抜き強度を測定し，アンカーの本数等を決める．

　e．既存防水層のウレタンゴム系塗膜防水層が新規防水層の下地となる場合は，既存防水層表面の劣化によるチョーキング（白亜化）部分やゴミ等の異物をデッキブラシ等で水洗いする．この場合，高圧洗浄を行うと効果的である．

　f．既存防水層のFRP系塗膜防水層が新規防水層の下地となる場合は，既存防水層表面の劣化によるチョーキング（白亜化）部分やゴミ等の異物をデッキブラシ等で水洗いする．

5.5.4　既存保護コンクリートが新規防水層の下地となる場合

> 　新規防水層の下地となる平場の既存保護コンクリートの下地処理は，5.5.1項によるほか，欠損および損傷の状況に応じてポリマーセメントモルタル等を用いて行う．その詳細は，以下による．
> （1）　保護コンクリートに付着している異物は除去し，全面をデッキブラシ等で清掃を行う．ただし，改修防水工法が機械的固定工法の場合は下地に付着している異物は除去し清掃する．
> （2）　保護コンクリート表面のひび割れ部は，ポリマーセメントペースト等で処理する．
> （3）　保護コンクリートの欠損部，支障のある浮き部や脆弱部は撤去し，ポリマーセメントモルタル等で平坦になるよう処理する．
> （4）　既存伸縮調整目地材の欠損部はバックアップ材を挿入のうえ，シール材等を充填する．また，既存伸縮調整目地材が突出している場合または劣化が著しい場合は，撤去し，バックアップ材を挿入のうえ，シール材等を充填する．

　既存保護コンクリートが新規防水層の下地となる場合の補修は，5.5.1項によるほか，以下の事項に留意する．既存保護層および既存防水層を撤去した立上り部の補修は5.5.2項による．

　（1）　既存保護コンクリートの上に新規防水層を施工する場合には，接着性に支障をきたさないよう，また，平坦な仕上がりが可能となるように，異物は除去し，全面をデッキブラシ等で清掃を行う．ただし，改修防水工法が機械的固定工法の場合は接着性に支障を生ずる可能性が低いため，デッキブラシ等での清掃は省略できる．

　（2）　既存保護コンクリートには鉄筋が挿入されていない場合もあり，また，外気温や日射の影響を受けやすいため，構造体に比べてひび割れ幅が大きく，新設する防水層に支障が生じないよう，適切に処理する．

　（3）　既存保護コンクリートは，風雨にさらされ，外気温や日射の影響を受けているため，欠損，浮きや脆弱が著しい場合は，新設する防水層に支障が生じないよう，適切に処理する．特に新規防水層が機械的固定工法の場合は，防水層を固定金具と固定用アンカーで固定する工法であるため，十分な固定強度が得られる下地であるかどうかの確認が必要である．

　（4）　既存保護コンクリートの伸縮調整目地の撤去部，欠損部や突出部は，既存保護コンクリートの動きを阻害しないよう，また新設する防水層に支障が生じないよう，シール材等で処理し，ポ

リマーセメントモルタル等を充填しないようにする.

　なお，保護コンクリートの上にタイル等が施工されている場合で，タイル等の浮き部や割れ部は改修防水層の接着性や平坦な仕上がりに支障があるため，撤去してポリマーセメントモルタル等で全面を平坦に補修する.

5.5.5　ルーフドレン回りの下地処理

---
　a．ルーフドレンを交換する場合，新設するドレン周囲の隙間は水はけよくポリマーセメントモルタル等を充填する.
　b．防水層および保護層の撤去端部は，既存の防水層や保護層を含め，ポリマーセメントモルタルやシール材等で，排水に支障のない形状に仕上げる.
　c．改修用ドレンを用いる場合，既存ドレンのボルト等の凸部は撤去し，ドレン回りの改修防水層は，水はけよく施工する.
---

　a．ドレンを交換する場合，ドレン部は雨水が集中する場所であり，新設するドレン周囲は新規防水層の排水に支障がないように特に留意して，段差をなくすようにする.

　b．ドレン部周囲の保護層および防水層の撤去端部は，既存の防水層や保護層を含め，ポリマーセメントモルタルやシール材等で，この部分の段差を勾配1/2程度に仕上げ，排水に支障のない下地形状にする必要がある.

　c．改修用ドレンを使用する場合は，既存のストレーナ，防水層押えおよび防水層押え締付用ボルトを撤去し，排水に支障のない納まりとする.

5.6　新規防水層，新規保護層等の施工
5.6.1　共 通 事 項

---
　a．既存防水層が新規防水層の下地となる場合の下地調整は5.6.2項による.
　b．新規防水層の施工は5.6.3項による.
　c．新規保護層の施工は5.6.4項による.

5.6.2　既存防水層が新規防水層の下地となる場合の下地調整

　既存防水層が新規防水層の下地となる場合の平場既存防水層の下地調整は，新規防水層の種別・工法に応じ，以下に従って行う.
（1）　新規防水層が改質アスファルトシート防水工法を含むアスファルト防水工法の場合は，平場の既存防水層上に防水工事用アスファルトまたはアスファルト系下地調整材を1.0kg/m² 程度塗布する.
（2）　新規防水層がウレタンゴム系塗膜防水工法の場合は，既存防水層上に層間接着用プライマーを塗布する.
（3）　新規防水層がFRP系塗膜防水工法の場合は，表層のトナー層が現れるまで既存防水層をサンディングにより目荒らしを行い，水洗いする.

　平場の既存防水層上に新規防水層を施工する場合，既存防水層と新規防水層の種別が異なると，

接着性等に支障が出る場合がある．そのため，既存防水層と新規防水層の種別は同じものを用いることを原則とし，既存防水層の表面処理は，以下に従って行う．

（1）　新規防水層が，改質アスファルトシート防水工法を含むアスファルト防水工法の場合，既存防水層と新規防水層の十分な接着力を確保するために，平場の既存防水層上に防水工事用アスファルトまたはアスファルト系下地調整材を 1.0kg/m² 程度塗布する．

（2）　新規防水層が，ウレタンゴム系塗膜防水工法の場合，既存防水層と新規防水層の十分な接着力を確保するために，既存防水層上に層間接着用プライマーを塗布する．

（3）　新規防水層が，FRP 系塗膜防水工法の場合，既存防水層と新規防水層の十分な接着力を確保するために，既存防水層の表層はトナー層が現れるまでサンディングにより目荒らしを行い，水洗いを行う．

5.6.3　新規防水層の施工

> a．既存保護層および既存防水層をすべて撤去する場合および既存保護層または既存防水層を残置する場合の新規防水層の施工は JASS 8 による．
> b．新規防水層が合成高分子系ルーフィングシート防水層の機械的固定工法の場合は，平場の新規防水層の施工に先立ち，絶縁用シートを敷き込む．
> c．改修用ドレンを用いる場合の，新規防水層と改修用ドレンの取合い部の施工は，適切な方法を選定し，工事監理者の承認を受ける．

　a．5.5 節の下地処理および 5.6.1 項の下地調整を実施した後の，新規防水層の施工は JASS 8 によるものとしている．新規防水層が FRP 系塗膜防水工法の場合は既存防水層と新規防水層の十分な接着力を確保するために，5.6.1 項 c の下地調整を行ったうえでプライマーを塗布する必要がある．ただし，改質アスファルトシート防水工法を含む新規防水層がアスファルト防水工法またはウレタンゴム系塗膜防水工法の場合で 5.6.1 項 a または b の下地調整を行った場合は，既存防水層と新規防水層の接着力が確保できるため，プライマー塗布の工程は行わない．

　b．新規防水層が合成高分子系ルーフィングシート防水工法（機械的固定工法）の場合は，可塑剤等の移行防止や下地不陸による防水層の損傷防止のために，絶縁用シートの敷設が必要となる．

　c．改修用ドレンを用いる場合の施工は，主防水材料製造所によりその施工方法が異なるため，防水材料製造所の材料・工法によるものとする．

5.6.4　新規保護層の施工

> 　新規保護層の施工は，JASS 8 による．

　新規防水層の上に設置する新規保護層には，保護コンクリート，アスファルトコンクリートまたはコンクリート平板類があり，それらに用いる材料・工法は JASS 8 によるものとする．また，立上り部の保護仕上げに用いる材料・工法は JASS 8 によるものとする．新規防水層の仕上げに用いる仕上塗料および工法は JASS 8 によるものとする．

5.7　品質管理・検査

a．改修工事中に行う品質管理は下記による．
（1）　既存部を撤去した場合は，撤去後の状態が次の工程に支障がないことを確認する．
（2）　新設する防水層のための下地処理を行った場合は，防水層の下地として支障がない状態に仕上がっていることを確認する．
（3）　新規防水層を施工後，防水層が所定の状態に仕上がっていることを確認する．
（4）　保護層を施工した場合は，保護層が所定の状態に仕上がっていることを確認する．
b．検　　査
工事完了後，1.6節に従い，検査を行う．

　a．新規防水層に期待される機能は，施工段階の品質管理によって左右される．そのため，防水改修工事の施工の各段階における適切な時期に，適切な作業が行われていることを確認する．

　b．工事完了後の完成検査は1.6節によるが，露出防水で仕上塗料を塗布する場合は仕上塗料の塗布前，保護防水の場合は絶縁シートの施工前，保護断熱防水の場合は，断熱材の施工前に実施するのが一般的である．

建築保全標準・同解説

JAMS 4-RC　補修・改修設計規準——鉄筋コンクリート造建築物
JAMS 5-RC　補修・改修工事標準仕様書——鉄筋コンクリート造建築物

2021 年 2 月 25 日　第 1 版第 1 刷
2022 年 11 月 10 日　第 1 版第 2 刷

編　　集
著 作 人　一般社団法人　日本建築学会
印 刷 所　昭和情報プロセス株式会社
発 行 所　一般社団法人　日本建築学会

108-8414 東京都港区芝 5-26-20
電 話・(03) 3456-2051
Ｆ Ａ Ｘ・(03) 3456-2058
http://www.aij.or.jp/

発 売 所　丸善出版株式会社
101-0051 東京都千代田区神田神保町 2-17
神田神保町ビル
電 話・(03) 3512-3256

ISBN978-4-8189-1092-8 C3352